中國佛教典籍選刊

宗鏡録校注

四

〔五代〕延　壽集
富世平　校注

中華書局

宗鏡録卷第二十八

慧日永明寺主智覺禪師延壽集

夫宗鏡緣起自在法門，皆談如理實德，法如是故，非約變化對治權巧。所説一一法，皆得全力，非是分力，盡爲法界體，各住真如位。如大寶積經云：「若人欲解一切法相，欲知一切衆生心界皆悉同等，當學般若波羅蜜。」〔一〕故知不歸宗鏡，何以照明？斯即無礙法門，無有一毫所隔。

校注

〔一〕見大寶積經卷一一六。

約華嚴宗，有十種無礙〔二〕：一、性相無礙，二、廣狹無礙，三、一多無礙，四、相入無礙，五、相即〔三〕無礙，六、隱顯無礙，七、微細無礙，八、帝網無礙，九、十世無礙，十、主伴無礙。今於事法上辯此十無礙，例餘法准知。

一、性相無礙者。如經云〔三〕：此蓮華葉即具此十義。謂此華葉即同真性，不礙事相宛然。

二、廣狹無礙。即此華葉，其必普周無有邊際，而恒不捨本位分劑。此則分即無分，無分即分。經云：此諸華葉普覆法界〔四〕。

三、一多無礙。即此華葉，具無邊德，不可言一；融無二相，不可言多。

四、相入無礙。此一華葉舒已，徧入一切差別法中，復能攝取彼一切法令入己內，是故即舒恒攝，同時無礙。

五、相即無礙。此一華葉必廢己同他，舉體全是彼一切法，而恒攝他同己，令彼一切即是己體。是故己即是他，己不立；他即是己，他不存。他、己存亡，同時顯現。

六、隱顯無礙。此華葉既徧一切，彼一切法亦皆普徧。此能徧彼，則此顯彼隱；彼能徧此，則彼顯此隱。如是，此、彼各有隱、顯無礙。

七、微細無礙。又此華葉中，悉能顯現微細刹土，炳然齊現，無不具足。經云：一塵中微細國土，曠然安住〔五〕。

八、帝網無礙。又此華葉一一塵中，各有無邊諸世界海，世界海中復有微塵，此微塵内復有世界，如是重重不可窮盡，非是心識思量境界。

九、十世無礙。此一華葉横徧十方，豎該九世，以時無别體，依華以立，華既無礙，時亦如之。

十、主伴無礙。又此華葉，理無孤起，必攝無量眷屬圍繞。經云：此蓮華有世界海微塵數蓮華以爲眷屬〔六〕。此經所有眷屬，互爲主伴，具德圓滿。是故見此華葉，即是見於無盡法界，非是託此别有所表。經云：此華葉〔七〕等皆從無生法忍所起。

此一華葉既具十種無礙，餘一切事，皆亦如是〔八〕。

校注

〔一〕按，此後詳見法藏華嚴經旨歸顯經義第七。

〔二〕「即」，原作「是」，據嘉興藏本改。

〔三〕「如經云」，華嚴經旨歸作「具如經中」。按，此後所引，非經原文。

〔四〕佛陀跋陀羅譯大方廣佛華嚴經卷五三：「於其蓋中，有菩提樹，枝葉榮茂，普覆法界，以無量莊嚴而莊嚴之。」

〔五〕佛陀跋陀羅譯大方廣佛華嚴經卷三：「一毛孔中，無量佛刹，莊嚴清浄，曠然安住。」

〔六〕佛陀跋陀羅譯大方廣佛華嚴經卷四：「乃往久遠過世界海微塵數劫，復過是數，爾時，有世界海，名浄光普眼，中有世界性，名勝妙音，依止摩尼華網海住，清浄無穢，有須彌山塵數世界以爲眷屬。」

〔七〕「葉」，諸校本作「蓋」。

〔八〕法藏華嚴經探玄記卷一：「義海宏深，微言浩瀚，略舉十門，撮其綱要：一、同時具足相應門，二、廣狹自在無礙門，三、一多相容不同門，四、諸法相即自在門，五、隱密顯了俱成門，六、微細相容安立門，七、因陀羅網法界門，八、託事顯法生解門，九、十世隔法異成門，十、主伴圓明具德門。然此十門，同一緣起，無礙圓融，隨有一門，即具一切。」

斯十玄門，不出事、理。若從事、理無礙交參，則有因陁羅網門、微細相容門、純雜具德門等；若依事、理逆順相融，則有具足相應門、隱顯俱成門、相即自在門等。是以一多相入而非一，以相資不壞自相各各現故非一；以一多相即而非異，以一多相攝互泯絶故非異。則宗鏡之内，凡有一法一塵，悉各具此十無礙門，如一蓮華葉，法爾如是。若不見者，圓信不成，皆局方隅，盡爲權漸，終不能一多即入，心境融通耳。

記〔二〕釋蓮華十玄門，一、同時具足相應門者，夫十玄十對，凡舉一事，必具十玄。凡一玄門，必收十對。泛明一法，一一圓收。十對者，一、教義，二、事理，三、境智，四、行位，五、因果，六、依正，七、體用，八、人法，九、逆順，十、感應。如一蓮華具兹十對，萬法例爾。一、教義，謂見此蓮華，能生解故；二、事理，華即是事，舉體同真故；三、境智，華是所觀，同智性故；四、行位，是萬行華，隨位别故；五、因果，因事之華，攬成果故；六、依正，全是所依，亦能依故；七、體用，體同真性，用應機故；八、人法，恒攬爲人，攝爲法故；九、逆順，逆同五熱，順十度故；十、感應，徧應一切，亦能感故〔二〕。如一華既爾，餘一切事，准以知之。如事法既爾，餘教義等一切皆然，准思可見〔三〕。

校注

〔一〕記：指澄觀述大方廣佛華嚴經隨疏演義鈔。具體所引，詳參後注。
〔二〕「同時具足相應門者」至此，參見澄觀述大方廣佛華嚴經隨疏演義鈔卷二四。
〔三〕「如一華既爾」至此，見澄觀述大方廣佛華嚴經隨疏演義鈔卷一〇。

妙嚴品喻佛身云：「譬如虚空，具含衆像。」〔一〕此舉佛身具足諸法也。又，晉經性起品頌云：「三世一切劫，佛刹及諸法，諸根心心所，一切虚妄法。於一佛身中，此法皆悉現，是故説菩提，無量無有邊。」〔二〕亦約佛身心具也。又，普賢三昧品云：能令一切國土所有微塵，悉能容受無邊法界〔三〕。據能具之言，但以業用，揔由德相，本自具足，即是德相，令揔見之，即爲業用，下業用准之。十行品云：此菩薩「於其身中，現一切刹、一切衆生、一切諸佛」〔四〕。入法界品云：善財見普賢一一身分、一一毛孔，皆有十方一切世界，三千界中地、水等輪，諸山、河、海、人、天、宫殿，種種時劫諸佛菩薩，如見現在世界，如是前際、後際一切世界中悉爾明見。乃至十方刹塵中，現三世一切境界、一切佛刹、一切衆生、一切佛出興、一切菩薩及聞佛菩薩衆會言音〔五〕。斯並是同時具足相應門也〔六〕。

校注

〔一〕見實叉難陀譯大方廣佛華嚴經卷一。
〔二〕見佛陀跋陀羅譯大方廣佛華嚴經卷三五。
〔三〕詳見實叉難陀譯大方廣佛華嚴經卷七。
〔四〕見實叉難陀譯大方廣佛華嚴經卷二〇。
〔五〕詳見實叉難陀譯大方廣佛華嚴經卷八〇。
〔六〕「妙嚴品喻佛身云」至此，見澄觀述大方廣佛華嚴經隨疏演義鈔卷一〇。

二、廣狹自在門者，先明廣狹，後會通純雜。先明廣狹者，如善財歎樓閣云：「不動本處而能普詣一切佛刹者之所住處。」〔二〕入法界品摩耶夫人云：「又，善男子，彼妙光明入我身時，我身形量雖不踰本，然其實已超過世間。所以者何？我身爾時量同虚空，悉能容受十方菩薩受生莊嚴諸宫殿故。」〔三〕如是等文，皆廣狹自在也〔三〕。

次、會通純雜者，如云「萬行紛披，比華開錦上」〔四〕。此是諸藏純雜具德門，然有二意：一者、若以契理爲純，萬行爲雜，則是事理無礙，非事事無礙。設如菩薩大悲爲純，盡未來際唯見行悲，餘行如虚空。若約雜門即萬行俱修者，此二門異，亦不成事事無礙。二者、如一施門，一切萬法皆悉名施，所以名純。而此施門，即具諸度行，故名爲雜。如是純之與雜，不相障礙，故名具德者，則事事無礙義成。而復一中具諸度，諸度存即相入門。若一即諸度，復似相即門，故不存之，賢首改爲廣狹自在門〔五〕。若華開錦上者，意取五綵相宣，華色雖異，一一之線皆悉通過。通喻於純，異喻於雜。故常通常異，名爲無礙，不同繡畫，但異不通〔六〕。

釋曰：若異而不通，失一性圓融之道；若通而不異，無萬行莊嚴之門。今常異常通，無間無斷，則真體冥寂，不礙隨緣，大用現前，無妨正性，可謂比華開錦上，猶雲起長空矣。

又，賢首意云：萬行純雜，有通事理無礙及單約事説，故廢之耳。謂同一法界故純，不壞事相故雜，此即事理無礙也；一行長行故純，不妨餘行故雜，此但約事也。故昔廢之而立廣狹，今欲會取即事同理而偏故純、不壞一多故雜，則亦有事事無礙義耳。如以入門取之，則一切皆入，入中有多法門故名爲雜。如妙嚴品説諸衆海各各唯一解脱門，純也；普賢菩薩得不思議解脱，雜也〔七〕。入法界品中慈行童女云：「我於三十六恒河沙佛所，修得此法，彼諸如來各以異門，令我入是般若波羅蜜普莊嚴門。」〔八〕即純雜無礙也。又，善財童子所求諸善知識，各言唯知此法門，又云多劫唯修此門者，即純門也。諸善知識皆推進云，如諸菩薩種種知見、種種修行、種種證得者，此雜門也。自言知一，推他有多，自、他雖異，然屬一身，此亦純雜無礙門也〔九〕。

校注

〔一〕見實叉難陀譯大方廣佛華嚴經卷七七。

〔二〕見實叉難陀譯大方廣佛華嚴經卷七六。

〔三〕「廣狹自在門者」至此，見澄觀述大方廣佛華嚴經隨疏演義鈔卷一〇。

〔四〕見澄觀撰大方廣佛華嚴經疏序。

〔五〕賢首：即法藏。法藏華嚴經探玄記中，改智儼立十玄門中「諸藏純雜具德門」爲「廣狹自在無礙門」。澄觀述大方廣佛華嚴經隨疏演義鈔卷一〇：「廣狹自在門，同法界觀中廣容普遍之義，而名小異此門。賢首新立，以替至相十玄諸藏純雜具德門，意云一行爲純，萬行爲雜等，即事事無礙義。若一理爲純，萬行爲雜，即事理無礙。恐濫事理無礙，所以改之。主伴一門，至相所無，而有唯心迴轉善成門。今爲玄門所以，故不立之。而列名次，亦異於彼。彼云：一、同時具足相應門，二、因陀羅網境界門，三、祕密隱顯俱成門，四、微細相容安立門，五、十世隔法異成門，六、諸藏純雜具德門，七、一多相容不同門，八、諸法相即自在門，九、唯心迴轉善成門，十、託事顯法生解門。今此十門不依至相者，以賢首所立有次第故。」至相，即華嚴二祖智儼。至相十玄，見本書卷一注及本書卷三八。法藏立十玄門，參前文及注中引華嚴經探玄記。

〔六〕「一者、若以契理爲純」至此，參見澄觀述大方廣佛華嚴經隨疏演義鈔卷二。

〔七〕參見實叉難陀譯大方廣佛華嚴經卷五。

〔八〕見實叉難陀譯大方廣佛華嚴經卷六五。

〔九〕「賢首意云」至此，見澄觀述大方廣佛華嚴經隨疏演義鈔卷一〇。

三、一多相容不同門者，一多無礙，等虚室之千光。由一與多互爲緣起，力用交徹，故相涉入，是曰「相容」；不壞其相，故云「不同」。如一室内千燈並照，燈隨盞異，一一不同；燈逐光通，光光涉入。常别、常入，恒異、恒融。故經頌云：「一中解無量，無量中解一，了彼互生起，當成無所畏。」〔一〕

又，即如理之徧、如理之包，舒攝同時。若具作者，一、或唯入，以一入一切故；二、或唯攝，以一攝一切故；三、即入即攝，同時無礙故；四、非入非攝，以入即攝故非入，攝即入故非攝；五、或具前四，以是解境故；六、或絶前五，以是行境故，行起解絶故。華嚴經云：「此菩薩於一毛孔中，普能容納一切國土。」〔二〕又云：「一切身中，悉能包納盡法界不可説不可説身，而衆生界無增無減。如一身，乃至徧法界一切身悉亦如是。」〔三〕

故寂照神變三摩地經云：「於其一切有情身中，普能示現一有情身，又能於一有情身中，普現一切有情之身。有情身中，能現法身，又能於法身中，現有情身。乃至〔四〕能以一心，隨念悟入一切衆生無際劫數，普現所作業果異熟，隨其所應，開悟有情，悉令現見，皆得善巧。」

校注

〔一〕見實叉難陀譯大方廣佛華嚴經卷一三。又，「由一與多互爲緣起」至此，詳見澄觀述大方廣佛華嚴經隨疏演義鈔卷二一。

〔二〕見實叉難陀譯大方廣佛華嚴經卷三〇。

〔三〕見實叉難陀譯大方廣佛華嚴經卷三一。又，「即如理之徧、如理之包」至此，詳見澄觀述大方廣佛華嚴經隨疏演義鈔卷一〇。

〔四〕乃至：表示引文中間有删略。

四、相即門者，廢己同他者，是相即義。以上相入，則此彼互存，如兩鏡相照，但約力用交徹明耳。今此約有體、無體，故言廢己。廢己，即己無體也；同他，即他有體也。如經頌云：「一即是多多即一，文隨於義義隨文，如是一切展轉成，此不退人應爲説。」〔一〕既言「展轉成」，即異體類相望也。不思議法品云：「諸佛知一切佛語即一佛語。」〔二〕此同類相即也。初發心品云：「心以發故，即與三世一切諸佛體性平等，乃至云真實智慧等者。」〔三〕此顯位上下相即也。入法界品云：「彌勒告大衆言：餘諸菩薩，經無量百千億那由他劫，乃能滿足菩薩行願，乃能親近諸佛菩提。此長者子，於一生内，則能浄佛刹等。」〔四〕

校注

〔一〕見實叉難陀譯大方廣佛華嚴經卷一六。

〔二〕見實叉難陀譯大方廣佛華嚴經卷四七。

〔三〕見實叉難陀譯大方廣佛華嚴經卷一七。

〔四〕見實叉難陀譯大方廣佛華嚴經卷七八。又，「廢己同他者」至此，詳見澄觀述大方廣佛華嚴經隨疏演義鈔卷一一。

五、隱顯門者，如八日月者，即取明處爲顯，暗處爲隱，而必同時，故云「俱成」，不同十五日唯顯，月晦日唯隱。又，暗處非無明，明處非無暗，但明顯處暗隱，暗處明隱，亦得云隱顯俱成，故云隱顯俱成〔一〕。似秋空之片月，如八日月半顯半隱，正顯即隱，不同晦日隱時無顯，不同望日顯時無隱，則明下有晦，晦下有明，如東方入處，即於東起，如明下有闇；西方起處，即於西入，如暗下有明，故稱秘密俱成〔二〕。

亦如夜摩天偈云：「十方一切處，皆謂佛在此，或見在人間，或見在天宫。」〔三〕則見處爲顯，不見處爲隱，非佛不徧。十定品云：「或見佛身，其量七肘。或見佛身，其量八肘。或見佛身，其量九肘。乃至〔四〕或見佛身，不可説不可説佛刹微塵數世界量。」〔五〕則見七肘時七肘顯，餘量皆隱也，餘顯例然。故彼喻云：「譬如月輪，閻浮提人見其形小而亦不減，月中住者見其形大而亦不增。」〔六〕釋云：見其大，則大顯小隱；見小，則小顯大隱。而不增減，則是秘密俱成。餘一切法，類可知也。如經云：「摩耶夫人於此一處爲菩薩母，三千世界爲母亦然。然我此身，非一處住，非多處住。」〔七〕亦隱顯義。此處爲母，此顯彼隱等，非一處住，即是一隱，例有多顯；非多處住，即是多隱，例有一顯。亦是雙奪俱泯之句，非隱非顯秘密之義。然若約智幻，即業用門；約極位成，即德相門〔八〕。

校注

〔一〕「即取明處爲顯」至此，見澄觀述大方廣佛華嚴經隨疏演義鈔卷一一。

〔二〕「似秋空之片月」至此，參見澄觀述大方廣佛華嚴經隨疏演義鈔卷二。

〔三〕見實叉難陀譯大方廣佛華嚴經卷一九。

〔四〕乃至：表示引文中間有删略。按，此删略爲大方廣佛華嚴經隨疏演義鈔引時所删。

〔五〕見實叉難陀譯大方廣佛華嚴經卷四一。

〔六〕見實叉難陀譯大方廣佛華嚴經卷四一。
〔七〕見實叉難陀譯大方廣佛華嚴經卷七六。
〔八〕「夜摩天偈云」至此，詳見澄觀述大方廣佛華嚴經隨疏演義鈔卷一一。

六、微細相容門者。經頌云：一一毛孔内，各現無數刹〔一〕。即業用門。又德雲比丘云：「住微細念佛門，於一毛端處，有不可説如來出現，悉至其所而承事故。」〔二〕此通於德相業用。刊定記云：「此微細德，不同相在德。彼約別體別德、相望相在，此但當法即具一切，炳然齊著。」〔三〕

校注

〔一〕實叉難陀譯大方廣佛華嚴經卷六八：「一一毛孔内，示現無量刹。」
〔二〕見實叉難陀譯大方廣佛華嚴經卷六二。德雲比丘，爲善財五十三參中第一位善知識。
〔三〕見慧苑撰續華嚴經略疏刊定記卷一。又，「微細相容門者」至此，參見澄觀述大方廣佛華嚴經隨疏演義鈔卷一一。

七、因陁羅網門者，此帝網觀，如一華一塵，以稱性故，能攝一切餘塵餘法，亦皆稱性，何有一法而不攝耶？應以塵對餘刹，以辯重重，欲令易見，且以一塵望餘塵，謂一塵之内所含諸刹，彼所含刹亦攬塵成。此能成塵，亦須稱性。塵既稱性，亦須含刹。第二重内所含諸刹，亦攬塵成，塵復稱性，亦須含刹。第三重塵含第四重刹，第四重塵含第五重刹，重重塵成，重重稱性，無窮無盡，猶如鏡燈，以喻帝網。若言帝網，從喻受名；若就法立，應名重現無盡門。如一珠之内頓現萬像，如一塵内頓現諸法，但是一重。一珠現於諸珠，方成重重之義，珠皆明浄，如塵稱性。一珠現於多珠，猶如一塵現於多刹塵，所現珠影，復能現影。如塵内刹塵，復能現刹，重重影明，重重互現，故言至無盡〔一〕。

釋曰：重重無盡者，即是一一法皆含真如心性無盡之理，所以互徧重重。如無盡意菩薩經云：「無盡意言：以一念慧成阿耨多羅三藐三菩提，我當如是覺了分别。舍利弗，是名菩薩一道無盡。」〔二〕

校　注

〔一〕「因陀羅網門者」至此，參見澄觀述大方廣佛華嚴經隨疏演義鈔卷一一。

〔二〕見大方等大集經卷三〇無盡意菩薩品第十二之四。

又，菩薩瓔珞本業經云：「佛子，法門者，所謂十信心，是一切行本。是故十信心中，一信心有十品信心，爲百法明門。復從是百〔一〕法明心中，一心有百心，故爲千法明門。復從千法明心中，一心有千心，爲萬法明門。如是增進至無量明，轉勝進上上法，故爲明明法門。百萬阿僧祇〔二〕功德，一切行盡入此明門。」〔三〕

釋曰：何以入此明門？以自心明故，能通萬法故，名之爲門。況帝珠瑩净，影現重重，比塵刹性明，能含萬法。

校注

〔一〕「百」，原作「有」，據嘉興藏本及菩薩瓔珞本業經改。

〔二〕「祇」，原作「秖」，據嘉興藏本改。「阿僧祇」，意譯「無數」，是無量數或極大數之意。

〔三〕見菩薩瓔珞本業經卷下佛母品。

如觀佛三昧海經云：「佛告阿難：善法者，所謂一切無量禪定。諸念佛法，從諸心想生，是名功德藏。」〔一〕

校注

〔一〕見觀佛三昧海經卷一〇觀佛密行品。

雜華嚴經一乘修行者秘密義記〔一〕云：緣起陀羅尼者，一起而一切起，見一而見一切，故一切諸法不可説。不可説一法中，有十重重現顯。此一法中所顯，一切法中亦復如是，十重重顯現，無盡無盡，如摩尼雨寳，經十不可説十無盡故，以此陀羅尼無盡寳，雨一切諸十不可説十無盡寳。此所雨寳中，又雨十無盡寳，乃至無盡無盡，故名因陀羅尼。此中所明陀羅尼，不有餘處，不出大日毗盧遮那法界身，此身即是一切衆生身，摠持十不可説十無盡法，故名陁羅尼。

此身中有八種五摩尼。若約圓融，不問佛衆生，皆俱圓融顯現，不可具説。凡夫不解故，不得根互〔二〕用；聖者解故，得根互用。得互根用者，通名二種陀羅尼，即根本因陀羅尼、縁起陀羅尼。

八種五摩尼者〔三〕，一者、上方體著有五摩尼：一、眼，二、耳，三、鼻，四、舌，五、口。二者、左方有五摩尼：一、大指，二、頭指，三、中指，四、無名指，五、小指。三者、右方五種摩尼，即右手五指。四者、下方足亦五摩尼：一、大指，二、頭指，三、中指，四、無名指，五、小指。五者、下右方五摩尼義，即右足五指。六者、就全身又五摩尼：一、頭，二、左手，三、右手，四、左足，五、右足。七者、就五大五摩尼：一、地，二、水，三、火，四、風，五、空。八者、就五内又五摩尼：一、心，二、肺，三、腎，四、脾，五、肝。

辯業用者，一、眼。此雨能徧照分別十方所有善惡法，十無盡佛國土微塵數諸佛、菩薩、聲聞、緣覺十不可説體相、心行，又照見世間種種所有十不可説衆生十無盡苦樂等事。此光明寶摩尼王，若不善用，一剎那中沉苦輪迴，無有窮已；若善用，一剎那中究竟無上菩提。如一剎那，一切剎那亦爾。二、耳。此雨能分別世間種種苦樂等音聲，又無漏聖者音聲。此光明寶摩尼王，若善用，即一剎那中究竟無上菩提；若不善用，一剎那中招無出期苦。三、鼻。此雨能分別一切世間種種名香、凡聖正報身分、依報宫殿等香，又人間中種種作善作惡、念善念惡，乃至念無上菩提等香。此光明寶摩尼王，若善用，一剎那中究竟無上菩提；若不善用，一剎那中招十無盡苦。四、舌。此雨能分別演説十無盡佛剎塵數，一切諸佛、菩薩等十不可説無漏妙法，乃至一切世間善、不善身、口、意業行等。此光明寶摩尼王，若善用，一剎那中究竟無上菩提；若不善用，一剎那中招無出期苦。五、口。此雨能分別演説十佛剎塵數佛、菩薩十不可説三業行，十無盡諸衆生所有邪正等法。此光明寶摩尼王，若善用，一剎那中究竟無上菩提；若不善用，一剎那中招無出期苦。

二者、上左方摩尼，一一摩尼，周徧十不可説法界，能雨十不可説天衣、天饌、華香等種種莊嚴雲。此光明寶摩尼王，若善用，一剎那中究竟無上菩提；若不善用，一剎那中招無出期苦。

三者、上右方五摩尼，如左方亦爾。

四者、下方左五摩尼，雨能令飛行十方不可説十無盡法界、虚空界、佛國土海歷事諸佛，承給供養。以此無礙神足，一刹那中，徧至十不可説一切衆生界，示教利喜，迴向佛道，無疲無猒。此光明寶摩尼王，若善用，一刹那中究竟無上菩提；若不善用，一刹那中招無出期苦。

五者、下方右五摩尼，雨無盡寶，如左亦爾。

如上所説，一一身分中法界，法爾十重重、十無盡，不可窮極。如不思議品云「一切法界、虚空等世界，悉以毛端周徧度量。一一毛端處，於一一念中，化不可説不可説佛刹微塵等身。乃至〔四〕一一法中，説不可説不可説佛刹微塵等名、句、文身〔五〕，充滿法界，一切衆生，無不聞者，盡一切未來際劫，常轉法輪」〔六〕等。此則處以毛端，該於法界；時以刹那，盡於劫海。謂於此處頓起業用，謂於此時常起業用，此亦不待因緣，諸佛法爾。

六者、全身五摩尼者，若善用，名金剛輪；若不善用，名地獄猛火輪。上方摩尼者，名日月星宿摩尼，若善用，不起風雷雲霧；若不善用，現種種不吉祥事。其餘四摩尼，揔名拒敵劒輪。

七者、五大五摩尼，揔名莊嚴佛國土，成就衆生。

八者、五内摩尼，此有十義：一名因陀羅網，體備五珠者，重重無盡義。二名錠光頗梨〔七〕，如頗梨鏡，頓現萬像故。三名圓鏡，普現諸法，無分別義。此二鏡，二名一義。四名滿月，清涼解脱義，息煩惱燄故。五名烈火，令無遺餘義，如劫火故。六名金剛杵，拒敵義，破煩惱軍故。七名閻浮金，無鑛無價義。八名無價摩尼，雨寶無量，亦無類義。九名無畏印，如持世間大王印，隨所至處得無畏故。十名大日如來，奪千電烈宿，百千億十不可説日月光明義。

校注

〔一〕雜華嚴經一乘修行者秘密義記：或説即健拏標訶一乘修行者秘密義記。法藏述華嚴經探玄記卷一：「『華嚴』之稱，梵語名爲『健拏驃訶』。『健拏』名『雜華』，『驃訶』名『嚴飾』。日照三藏説云：西國別有一供養具，名爲驃訶，其狀六重，下闊上狹，飾以華寶，一一重内，皆安佛像。良以此經六位重疊，位位成佛，正類彼事，故立此名。」澄觀大方廣佛華嚴經疏卷三：「依今梵本，云摩訶毗佛略勃陀健拏驃訶修多羅，此云大方廣佛雜華嚴飾經，今略『雜』『飾』字耳。」按，健拏標訶一乘修行者秘密義記，署「大香山隱士釋法藏述。」開頭有云：「法藏比丘者，平壤新城人也。」見房山石經第二八册。然本書中兩處引秘密義記（另一處見本書卷三五），均不見此健拏標訶一乘修行者秘密義記。房山石經第二八册收健拏標訶一乘修行者秘密義記或非全本，或有別本。

〔二〕「互」，原作「五」，據文意改。此後兩「互」同。根互用者，即六根互用。大明三藏法數卷二一：「六根互用者，謂眼等六根更互而有其用也。如涅槃經云，如來一根則能見色、聞聲、齅香、別味、覺觸、知法，一根既爾，餘根亦然，此真六根互用也。若據法華經法師功德品中所明，謂人以持經力故，得勝根用，雖未入初地，亦能一根具五根用，此相似六根互用也。」

〔三〕健拏標訶一乘修行者秘密義記：「上方體著五摩尼，雨光明，避衆難，若不善用，致衆苦；左、右方各五摩尼，雨衣、食、諸珍寶，供一切人，若不善用，致苦亦爾；下方各五摩尼，雨寶如前，招善惡果亦爾。理實通融無礙，一中具一切，此即支末因陁羅。」

〔四〕乃至：表示引文中間有删略。

〔五〕名、句、文身：名指事物的名稱，相當於單字，兩個以上的名稱爲名身。句指由單字組成的句子。楞伽阿跋多羅寶經卷二：「句身者，謂句有義身，自性決定究竟，是名句身。」文指構成單字的音節、字母；兩個以上的文爲文身。身是集合之意。普光述俱舍論記卷五：「梵云『迦耶』，唐言『身』，是聚集義，謂衆多名等聚集，是身義也。」

〔六〕見佛馱跋陀羅譯大方廣佛華嚴經卷三一。

〔七〕法藏述華嚴經探玄記卷八：「如白浄寶網轉輪聖王有錠光頗梨珠，照十佛刹塵數世界海。」

又，因陀羅網者，約喻説。網主即天主，由宿世十不可説劫，歷事供養諸釋梵王，是故得此果報。以此寶網莊嚴天宫殿，以化諸天衆，悉令知一切善惡業報。諸天衆見此事已，皆悉不放逸，令勤行精進。乃以此網令類知十無盡重重法界法門故，顯其體德備五珠者，如是無盡五珠，五五爲部，其數無量。何故得如是依報莊嚴者？由一念中，如是以十無盡戒、定、慧、解脱、解脱知見五分法身等，乃至演説十不可説十無盡法門海，熏修自身心故，得如是十無盡依報，所有世界海中十不可説諸天衆，皆悉流入大日毗盧遮那果海中。如一念，一切中亦如是，不可窮盡。此皆去情思之，是名體德備五珠也。

五珠者，白珠、赤珠、青珠、黄珠、黑珠。一爲本法，攝餘四珠。如舉一爲本法，餘四隨舉爲本法亦如是。又，白珠中餘四現及本白影，影又影現，如白珠現，影中又影現，一切珠亦如是，如是十重重、十無盡〔一〕，不可具説。又，諸衆生所造作業影現，善、惡、無記現。又，無漏聖人所證因果，上、中、下位分，於中皆具現。如天珠中現，一切宫殿樓閣、柱楹梠桷現如是。是時諸天見此事已，深起慈悲心、救護心，三業中不作惡心，勤行精進，不敢放逸。又，此五色珠中，隨衆生業影現：白中，天清浄業現；赤中，無記業現；青中，餓鬼、畜生業現；黄中，人間種種輪轉不相捨離世善業現；黑中，地獄種種苦業現。乃至十方諸佛八相成道，靡不於中重重影現〔二〕。心等五色珠因陀羅網亦如是，於中有業識細相、轉識中相、現識麁相。目見可貪色時，眼脉走黄，黄熏隨色〔三〕摩尼黄色現，是名貪業現五道業作。目見可瞋色時，目脉走青，青熏隨色摩尼青色現，是名瞋業現五道業作；目見可善可惡不識不知色時，目脉走黑，黑熏隨色摩尼黑色現，是名癡業現五道業作；純白色時，此諸天業現，表而可知。約實而言，一一業中皆具一切。如是重重無盡，即德用自在門，是根本因陀羅尼〔四〕。並是實義，非變化成。此是如理智中，如量境界也，皆是法性實德，法爾如是〔五〕。十重重藏、十無盡藏，此約圓教法，以十數顯重重，亦以十數顯無盡。

校注

〔一〕「如是十重重、十無盡」，健拏標訶一乘修行者秘密義記作「如是重重重重重重重重重重，無盡無盡無盡無盡無盡無盡無盡無盡無盡無盡」。

〔二〕「乃至十方諸佛八相成道，靡不於中重重影現」，健拏標訶一乘修行者秘密義記作「以要而言，諸天此没善道惡道中，生得聖果遠近乃至諸菩薩得道、坐道場樹王下、降魔軍、轉法輪、劫住遠近、入涅盤、流布舍利，皆於中現」。

〔三〕「色」，原作「五」，據健拏標訶一乘修行者秘密義記改。

〔四〕「一爲本法」至此，詳見健拏標訶一乘修行者秘密義記。

〔五〕「並是實義」至此，見法藏述華嚴一乘教義分齊章卷四。

又，此天網能現一切影，即是意業；能雨一切寶，即是身業；能出一切音聲，即是口業。然一切諸法皆從果海中出，然還無不歸於果海中。「約實而言」至「意此中在」者〔一〕，正此果海之文處，此中有三：一、德用自在，如珠喻；二、知根海；三、如根互〔二〕用，如前已辯。

校注

〔一〕健拏標訶一乘修行者秘密義記：「約實而言，一一業中，具一切如是重重無盡，不可具説，是即德用自在門。此諸業用、業轉二相，秘密難知。佛菩薩境界現相，相現凡夫境界，根互用等一切法，意此中在，是即根本因陁羅。」

〔二〕「互」，原作「五」，據文意改。參前注。

此知根海一種，能知者有三種人：一、佛，二、菩薩、聲聞、緣覺，三、凡夫。云何根海？謂大日毗盧遮那智藏海。此海中有三種波，此上三種人次第能知。此海本來寂，云何生波浪？由忽爾念無明風，起於波浪。云何波相？此無明風動智藏海，中生波浪。譬如以鐺盛清水，初置火邊，初時細動有如粒子，漸大動有如細流，漸大動有如涌騰。然此自然隨風之色，或得破種種穀、破諸草木，或滋萌五穀、成熟一切果實。若欲起此風時，最初雲霞於外顯現，然後起大風，若此拔草木根栽及諸五穀，海上起黑雲；若此破五穀一切果實，不拔草木根栽，海上起青雲；若此成熟五穀，滋萌一切華草，海上起白黄雲；若此非善非惡，海上起慶色赤雲。由此三種能知，若此極細，一船師所知；若此中，一船師所知；若此極麁相於上現，凡夫所知。如是毗盧遮那智藏海中，有三風三波，秘密難知，良以一切衆生自心處内有八辦普晒反。即一切衆生心腹内有八辦，爲革五藏，其八辦相狀，一似牛黄也。和合成蓮華。此蓮華中有正徧知海，是名毗盧遮那智藏，亦名蓮華藏莊嚴世界海。此海有三種波者，一、業相，二、轉相，三、現相。然此蓮華藏海有二種門：一、大藏金剛門，二、差别金剛門。然凡夫華未開發，聖者華已開發。此未開發華蕚上有九孔，名差别金剛門；此華莖上有一大孔，是名大藏金剛門。凡衆生業將起，從大藏門風起，飄動心海，乃至涌出差别門中已，後眼等五根面上乃至諸根中周流，不知手舞足踏，手擎足擾動。初發微細，是名業相，諸佛境界；次漸麁，涌出差别門，未現面貌，是名轉相，諸菩薩、聲聞、緣覺境界；後於諸根貌面中，顯現善惡相極麁，是名現相，諸凡夫境界。若諸佛現在一刹那中，了知十世九世無礙，如一刹那，一切刹那亦爾，是名知根海。

又，若綱所張處，謂諸宫殿。若配法者，宫殿即是支末因陀羅；無盡五體德備五珠，即是根本因陀羅。若秘密釋者，此天主因陀羅，乃是一切衆生身中實性，往昔由與毗盧遮那如來俱同一因，及諸釋師子俱同一善根故。

又，此十不可説一切諸天衆，此皆謂諸十不可説同類、十無量異類，清浄緣慮心是也。其餘一切不可説所現雜染業影，一切皆欲界一切雜染心是也。

又云：圓融國土、差别世界海等種種境界〔一〕，不在心外。此有師子臆中，五華藏互交踄〔二〕入十重重、十無盡，由逆順成十華藏，猶如因陀羅網互現影故。

校注

〔一〕健拏標訶一乘修行者秘密義記：「若夫圓融國土海，汪洋無崖；差别世界海，宏深不測。」

〔二〕「踄」，嘉興藏本作「涉」。説文卷二足部：「踄，蹈也。从足步聲。」

又云：五華藏者，過多不六，減少不四，一切五部，准此可知。類八五相，亦復如是。五華藏者，即五色蓮：一、白蓮，二、赤蓮，三、青蓮，四、黄蓮，五、黑蓮。是五蓮華皆悉由無生法忍所起，從大悲胎藏所生。此華相色，即師子臆中五種色大蓮華，此即經中所説師子勝相國〔一〕是也。一、約世間之五行方處釋色相者，一者肺華，三葉，白色，似半月；二者心華，赤色，有三角；三者肝華，八葉，青色，具五色；四者脾華，一葉，黄色，有四隅；五者腎華，八葉，黑色。二、約五大者，一風，黑色，似半月；二火，赤色，三角；三空，青色，具五；四地，黄色，四方；五水，白色，圓。

校注

〔一〕楞伽阿跋多羅寶經卷一：「云何日月形？須彌及蓮華，師子勝相剎，側住覆世界，如因陀羅網。」宗泐、如㲉楞伽阿跋多羅寶經注解卷一：「此問世界形相。須彌者，妙高山也，統一四天下，一日月所繞。蓮華者，華藏世界也。師子世界，於諸刹土最勝。世界如器，有側、有覆，有仰、有横。因陀羅網，即帝網，網有千珠，珠光交映，喻世界重重無盡。」

問：何故所配初、後相違耶？

答：肺名金，金者西方，白，良由肺内有息風，故名風；腎名水，水者北方，黑，良由有腎爲水，能形物體，性不相違也。此五華藏，若異體，謂諸華各各差别；若同體，謂住一徧應故。諸華中，各皆由一華徧應多華故，各多華全爲其一華，是故能有多箇一華。然彼多一華，由本一華應多華故，雖有多一華，然彼多一華與本一華體無差别故，是故名同體。以諸緣起門内有三義故，一、不相由義，謂具自德故；二、相由義，謂差别故；三、無礙義，不可説故。乃至由此緣起是法界家實德故，普賢境界具德自在無障礙故，即是圓滿教主大日毗盧遮那如來，以如是圓滿鎔融廣大身，於如圓滿鎔融廣大蓮華藏莊嚴世界海中，攝其餘樹形等圓滿鎔融廣大世界海。以如是圓滿鎔融廣大十不可説法界海爲境界，坐如是圓滿鎔融廣大蓮華藏半月形摩尼師子座，示如是圓滿鎔融廣大無盡攝生威儀身雲，差别業用無邊無邊，如是重重無盡無盡，而如來無來往、無功用，此皆海印三昧中炳然顯現故，亦法界法爾，故能如是。如摩尼雨寶，天鼓出音，雖無功用，所作得成就。如是所現雖廣大，而論時不過一剎那，論處不出一塵。如是一切，皆一剎那所現。如一剎那，一切剎那中亦如是；如一塵，一切塵中亦如是也。故知是心大海中，有大菩提心龍無邊無盡。是心所有一切法無邊無盡，故名閻浮提中人之力所不能受持。如海雲比丘〔一〕所持性起一品，雖須彌山聚筆、四天下塵數四海墨不能書者〔二〕，良由是心性無盡故，智者不須遠求矣。

校注

〔一〕海雲比丘：即華嚴經所云善財童子五十三參中之第二位善知識。法藏述華嚴經探玄記卷一八：「海雲者，此比丘常在海岸，觀緣起大海及彼海上人法莊嚴，遍覆如雲，從所觀爲名。」

〔二〕實叉難陀譯大方廣佛華嚴經卷六二：「我從於彼如來之所聞此法門，受持讀誦，憶念觀察。假使有人，以大海量墨，須彌聚筆，書寫於此普眼法門，一品中一門，一門中一法，一法中一義，一義中一句，不得少分，何況能盡？」普眼法門於一法之中能見無量法。

問：何故蓮唯八葉？

答：謂三乘果德，體周〔一〕照而用未周，故云八葉耳。若化周塵道中，德滿十方，乃名十葉。今約少分，四攝四無量，故名取八也。一葉表一實，五葉表五乘。又，心內辦正八，和合爲蓮華體，故名八葉。又，一切凡夫心處，雖未能自了，其内心亦自然而有八辯，合成蓮華形。今但視照此心，令其開敷，即是三昧實故。若視此心八葉之華，即得與理相應。此八葉者，四方即是表四攝，四隅即表如來四智。此華本來無生，即是菩提心。當知一切法門，皆是從心而所有也。若解是者，心華自然開，能見佛。如云心開意解，即此義也。開心者，即入無生門也。

校注

〔一〕「周」，諸校本作「同」。

又，心内有四種摩尼：一者、月藏，即是聲聞人。月者清涼義，由有息煩惱焰暑氣，故名戒月藏。二者、日藏，即緣覺。日即慧義，以大利慧，能乾十二因緣大河，故名慧日藏。三者、萎華寶，即菩薩。三藏揔持，辯才無邊，可得佛果寶故，菩薩如愚如朴。凡夫不知爲知，如新浄華；菩薩知爲不知，如萎華，故名萎華寶。四者、寶浄，即諸佛是也。摩尼寶清浄光明成就，故名寶浄。此中諸寶，凡夫愚癡不實，實不能知，須試而後能知實寶〔一〕也。譬如有伽陀羅等四種炭火，投於其中可試。以月藏投火中，雖不出、出俱變色，以此當知非真寶；又以日藏投火中，火中則變，出則歸本色，以此當知非實；又以萎華寶投火中，雖不出、出俱不變，假使不變，猶雨寶有失，以此當知非勝寶；又以寶淨摩尼寶投火中，雖不出，出俱不變，又雨寶無盡。初二寶爲下寶，中一寶爲中寶，後一寶爲勝寶。

校注

〔一〕「寶」，原作「實」，據諸校本改。

如是心内四種真摩尼，試實不實，何以得知？有無量四魔，以聲聞投小叫喚地獄中已，雖不出、出俱生疲猒心，以此當知下劣性；又以緣覺投大叫喚地獄中已，於其中則生疲猒心，出則得本心；又以菩薩投火燒熱地獄中，雖不出、出俱不變，而恭敬善知識處漸有闕。由是當知，雖不變，少有失乎？又以佛投阿鼻大地獄中，雖不出、出俱不變，亦無怖畏心。亦復供養善知識，度諸衆生，示現八相而不休息，常於諸道中，代一切衆生受諸苦惱，無疲猒心。譬如輪王寶馬，一刹那周行四天下，而復於一切時中、一切刹那中，周行塵方，不生疲猒。

又云：一切諸衆生從本以來，同一實性相，覺時不增，迷時不減，不問凡、聖，唯此一大日毗盧遮那之善巧性相及妄念時不改。凡夫時善、惡、無記，種種一切煩惱妄想、所見種種一切諸法，國土、山河、沙石、瓦礫、樹木、叢林，群獸雌、雄，卵鷇强、弱，互相食噉，牝牡婬欲，窟穴相奪；人間男女，偷盜劫掠，貪財貪色，貪名貪利，互相殺奪。乃至已生、當生、現生一切惡法性相，乃至一切諸善法已作、當作、現作，乃至璧玉、金銀，赤白銅鐵、珠珍珂貝，一切華香幡蓋、宫殿樓閣，凡一切諸所用物像，皆此大日毗盧遮那度生德用，全此法界身雲。何以故？若離此相已外，諸佛以何方便化度一切衆生類？是故法界一法，皆諸佛法。然一切凡夫違諸差别相，起種種異見，由不知忽爾無明，計種種異見，如經中所説。依正論釋，但是一善巧方便，盤迴屈曲，成所依華藏。於一一華葉中顯十佛，令知相雖萬差，皆是毗盧遮那十身所作。十身差别，機感多端耳。

又，緣起陀羅尼有二：一、浄緣起，如清渚起波；二、染緣起，猶濁河鼓浪。清、濁雖異，濕性無差。如浄緣返流聖地之中，染緣隨流凡境之内，凡、聖雖别，一心湛然，此猶約迷悟似分。若直了一心，全成性起，無復凡、聖之號，曷有清、濁之文？

問：所云五根作用，皆稱光明寶摩尼王，悉能雨寶，凡夫根器，亦如是耶？

答：經云：「六自在王常清浄。」〔一〕所以稱王，王是自在義。是以眼根任運觀色，自在無礙。經云：「譬如眼光，照了前境，其光圓滿，得無憎〔二〕愛。」〔三〕又，常在現量，本性不遷，豈非如王常得自在？所稱摩尼者，是雨寶義。如云：「應眼時，若千日，萬像不能逃影質。」〔四〕豈非雨寶義？又云：「眼門放光，照破山河大地。」〔五〕豈非放光義？則玄鑒無遺，幽微洞察。五根隨用，亦復如是，乃至意根一念千里，無有障礙。如云：「應意時，絶分別，照燭森羅終〔六〕不歇。透過山河石壁間，要且照時常寂滅。」〔七〕

故知六根不惡，還同正覺，智者無爲，愚人自縛，可謂身之寶藏，心之明珠，不説不知，空沉苦海。先聖悲愍，意在於斯矣！

校注

〔一〕見摩訶般若波羅蜜經卷五廣乘品。

〔二〕「憎」，原作「增」，據嘉興藏本及大方廣圓覺修多羅了義經改。

〔三〕見大方廣圓覺修多羅了義經。

〔四〕見高城和尚歌。全詩見祖堂集卷一四高城和尚、禪門諸祖師偈頌卷上等。

〔五〕據祖堂集卷一七、景德傳燈録卷九，此説出大安禪師。大安，俗姓陳，洪州百丈懷海禪師法嗣。傳見宋高僧傳卷一二唐福州怡山院大安傳、祖堂集卷一七福州西院和尚。詳參景德傳燈録卷九福州大安禪師。

〔六〕「終」，祖堂集作「長」。

〔七〕見高城和尚歌。全詩見祖堂集卷一四高城和尚、禪門諸祖師偈頌卷上等。

又，所陳法喻，爲未信之人，此是世間摩尼，況我心之雨寶，如將大海比我心之宏深。

且摩尼是質礙之色法，豈同丹臺無盡之法財？大海是有限之波瀾，寧等靈源不窮之性水？乃略況於少分，可謂天地懸殊，尋萬丈而未得毫釐，指百分而纔言一二。切忌自屈，不肯承當耳。

八、託事顯法生解門者，華嚴經云：「百千億那由他不可説先住兜率宮諸菩薩衆，以從超過三界法所生，離諸煩惱行所生，周徧無礙心所生，甚深方便法所生，無量廣大智所生，堅固清淨信所增長，不思議善根所起，阿僧祇善巧變化所成就，供養佛心之所現，無作法門之所印。」〔一〕

釋曰：「此上併出因也。又云『出過諸天諸供養具，供養於佛』〔二〕者，即説多果也。次一因成一果。經云：『以從波羅蜜所生一切寶蓋，於一切佛境界清淨所生一切華帳，無生法忍所生一切衣，乃至〔三〕解諸法如夢歡喜心所生佛所住一切寶宮殿。』〔四〕既以無生忍唯生於衣等，故云『一因一果』。後一因成多果，謂但舉無生爲因，總生諸果故。經云『無著善根、無生善根所生一切寶蓮華雲、一切堅固香雲、一切無邊色華雲』等，隨一事即是無盡，況一事皆是稱性故，皆即是無盡法界，但隨一義，以名目之。如顯可重圓明，即名爲寶；若云自在，即稱爲王；若爲潤益，即名雲等。故金色世界，即是本性；彌勒樓閣，即是法門〔五〕；勝熱婆羅門火聚刀山，即是般若、無分別智等〔六〕，皆其事也。故一一事即具無

盡之法，故立具足無盡之德，不出於此。」〔七〕

校注

〔一〕見實叉難陀譯大方廣佛華嚴經卷二三。

〔二〕見實叉難陀譯大方廣佛華嚴經卷二二。

〔三〕乃至：表示引文中間有删略。按，此乃是大方廣佛華嚴經隨疏演義鈔引時已删。

〔四〕見實叉難陀譯大方廣佛華嚴經卷二二。下二「經云」同。

〔五〕詳見實叉難陀譯大方廣佛華嚴經卷七九。彌勒爲善財童子五十三參中之第五十一位善知識。

〔六〕詳見實叉難陀譯大方廣佛華嚴經卷六四。勝熱婆羅門爲善財童子五十三參中之第九位善知識。

〔七〕見澄觀述大方廣佛華嚴經隨疏演義鈔卷一一。

九、十世隔法異成門者，以時無別體，依華以立，一念該攝，十世融通。所以如見華開，知是芳春；茂盛結果，知是朱夏；彫落爲秋，收藏爲冬，皆因於物知四時也〔一〕。又，一念九世成十世者，九約於義，一約實體，體用相融故，常九常一，無有障礙。體、用相奪，離九一相，故同果海。今時融通，無礙自在，略有四重：一、相泯俱盡，二、相與兩存，三、相隨互攝，四、相是互即。初中以本從末，唯事而無理；以末歸本，唯理而無事。二中全事之理非事，故一相無時；全理之事非理，故九世不亂。三中由隨事之理故，令一時能容一切時；

由隨理之事故，令一切時隨理入一時中。多一反上，互入可知。四中由即理之事故，令一時即一切時；由即事之理故，令一切時即一時。故唯理，無物可相即入；唯事，相礙不可即入。要以事理相從無礙，方有即入，思之可見〔二〕。

又如善財一生能辦多劫之行者，如毗目仙人執手，既善友力，瞬息之間，或有佛所，見經不可説不可説佛刹微塵數劫修行不倦〔三〕。何得一生不經多劫？仙人之力，長短自在故。如世王質，遇仙人碁，令斧柯爛，三歲尚謂食頃〔四〕。既能以長爲短，亦能以短爲長。如周穆隨於幻人，雖經多年，實唯瞬息〔五〕。故知世法、佛法，俱不可思議。世法尚不可量，何況佛法？不應以長短之時、廣狹之處，定其旨也〔六〕。

校注

〔一〕「如見華開」至此，見澄觀述大方廣佛華嚴經隨疏演義鈔卷一一。

〔二〕「一念九世成十世者」至此，見澄觀述大方廣佛華嚴經隨疏演義鈔卷八一。

〔三〕詳見實叉難陀譯大方廣佛華嚴經卷六四。毗目仙人：即毗目瞿沙，善財童子五十三參中之第八位善知識。

〔四〕任昉述異記卷上：「信安郡石室山，晉時王質伐木至，見童子數人棋而歌，質因聽之。童子以一物與質，如棗核，質含之而不覺饑。俄頃，童子謂曰：『何不去？』質起視，斧柯盡爛。既歸，無復時人。」

〔五〕詳見列子周穆王。文繁不録。
〔六〕「善財一生能辨多劫之行者」至此，見澄觀述大方廣佛華嚴經隨疏演義鈔卷八六。

十、主伴圓明具德者，華嚴現相品云：「眉間出勝音菩薩，與無量諸眷屬俱出。」即人眷屬。「佛放眉間光明，無量百千億光明以爲眷屬。」〔一〕即光明眷屬。又，「法界脩多羅以佛刹微塵數脩多羅而爲眷屬」〔二〕，即法眷屬，故隨一一皆有眷屬。若以餘經望，但爲眷屬，不爲主伴。今言眷屬者，約當經中事以爲眷屬，眷屬即伴，故證主、伴〔三〕。

校注

〔一〕詳見實叉難陀譯大方廣佛華嚴經卷六。
〔二〕見實叉難陀譯大方廣佛華嚴經卷一一。
〔三〕「華嚴現相品云」至此，見澄觀述大方廣佛華嚴經隨疏演義鈔卷一一。

此華事十玄，例於餘事，舉華既爾，一塵等事亦然。華上十門，唯約事説，謂華事上一切事、同時具足事、廣狹無礙事、一多事乃至主伴事。此事華既帶同時十義，又具餘教義等十門，謂事上有教義同時具足、教義廣狹、教義一多乃至主伴教義〔一〕。又，「教義」至「感應各有同時」等爲百門〔二〕。

以事所依，例餘所依，謂事法既有百門，一教義爲百門，乃至〔三〕感應具百門，故有千門。如教義等有此千門，以所依例能依門，亦成千門，謂前以所依體事爲首，今以能依玄門爲首，謂同時門中具同時教義、同時事理、同時境智，乃至同時感應，故有十門。同時門中具廣狹等，其廣狹等有廣狹教義等，故成百門。二、廣狹具百，例同時門；三、相入門具百；四、相即門具百。乃至第十主伴門具百，故成千門。然其後千不異前千，但互舉爲首而成異耳。若重重取之，至於無盡者，結成無盡。

言重重取者，謂如初一門中具十，十中取一，此一亦須具十、具百、具千，以不相離故。如一既尔，千門各十亦然，則具十千。十千之中，隨取其一，亦具十千。如一千錢共爲緣起，一錢爲首，則具一千錢。餘亦如是，則有千千，千千之中隨取其一，亦具千千，故至無盡。又，重重者，一事之中亦有多境，一智之中復有多智等，更相涉入，亦無盡也。以是具德無盡法門，唯普眼境界上智能入，故當勤修，必成大益〔四〕！

校注

〔一〕「華上十門」至此，見澄觀述大方廣佛華嚴經隨疏演義鈔卷一一。「乃至主伴教義」，大方廣佛華嚴經隨疏演義鈔作「教義相即，乃至教義主伴」。參後注。

〔二〕澄觀述大方廣佛華嚴經隨疏演義鈔卷一一：「『而此事等具餘教等十門』者，謂事上有教義同時具足、教義廣狹、教義一多、教義相即乃至教義主伴，復爲二十也。一境智同時具足、廣狹、相容乃至主伴，復爲三十也。三行位同時具足、廣狹乃至主伴，復爲四十。四因果同時具足相應等，復爲五十。五依正、六體用、七人法、八逆順、九感應各有同時等，添爲百門，故云『而此事等具餘教等十門，則爲百門』。」

〔三〕按，「乃至」前，大方廣佛華嚴經隨疏演義鈔卷一一還有「三境智爲百門」。

〔四〕「以事所依」至此，見澄觀述大方廣佛華嚴經隨疏演義鈔卷一一。

問：如何是十玄門安立所以？

答：本是一心真如妙性無盡之理，因體用卷舒、性相即入、理事包偏、緣性依持，義分多種，略即六相，廣乃十玄，乃是諸佛菩薩德相業用，一行一法，皆具十玄，悉入宗鏡之中一心無盡之旨。

如華嚴演義云：「一、同時具足相應門，以是總故，貫於九門之初。二、廣狹門，别中先辯此者，是别門之由，由上事理無礙中事理相偏故，生下諸門。且約事如理偏故廣，不壞事相故狹，故爲事事無礙之始。三、由廣狹無礙，所偏有多，以一〔一〕望多，故有一多相容，相容則二體俱存，但力用交徹耳。四、由此容彼，彼便即此；由此偏彼，此便即彼等，故有相即門。五、由互相攝，則互有隱顯，謂攝他他所見故，有相入門；攝他他無體故，有相即門；攝他他雖存而不可見故，有隱顯門。以爲門别故，故此三門，皆由相攝而有。相入則如二鏡互照，相即則如波水相收，隱顯則如片月相映。六、由此攝他，一切齊攝，彼攝亦然，故有微細相容。七、由互攝重重，故有帝網無盡。八、由既如帝網，隨一即是一切無盡故，有託事顯法。九、由上八皆是所依，所依之法既融，次辯能依，能依之時亦爾。十、由法法皆然故，隨舉其一，則便爲主，連帶緣起，便有伴生門〔二〕。

「又刊定記分德相、業用，各有十玄〔三〕。德相十玄者，一、同時具足相應德，二、相即德，三、相在德，四、隱顯德，五、主伴德，六、同體成即德，七、具足無盡德，八、純雜德，九、微細德，十、因陁羅網德。二、業用十玄者，一、同時具足相應用，二、相即用，三、相在用，四、相入用，五、相作用，六、純雜用，七、隱顯用，八、主伴用，九、微細用，十、因陁羅網用。」〔四〕

校注

〔一〕「二」，原作「已」，據嘉興藏本改。

〔二〕「伴生門」，大正藏本大方廣佛華嚴經隨疏演義鈔作「主伴」，但據其校勘記，有本（正慶元年刊，小野玄妙氏藏本）作「伴生」。

〔三〕按，刊定記，即慧苑述續華嚴經略疏刊定記。「分德相、業用，各有十玄」者，詳見續華嚴經略疏刊定記卷一。

〔四〕見澄觀述大方廣佛華嚴經隨疏演義鈔卷一〇。

故知無有一法不具無邊性德真如妙用矣。是以此重玄門，名言路絶，隨智所演，以廣見聞，唯證方知，非情所解。若親證時，悉是現量之境，處處入法界，念念見遮那。若但隨文義所解，只是陰識依通，當逆順境時，還成滯礙；遇差別問處，皆墮疑情。如鹽官和尚勘講華嚴，大師云：「華嚴經有幾種法界？」對云：「略而言之，有十種法界；廣而言之，重重無盡。」師竪起拂子云：「是第幾種法界？」當時低頭擬祇對次，師訶云：「思而知，慮而解，是鬼家活計。日下孤燈，果然失照。出去！」〔一〕

校注

〔一〕鹽官和尚：釋齊安，傳見宋高僧傳卷一一唐杭州鹽官海昌院齊安傳。「大師」者，釋道一，傳見宋高僧傳卷一〇唐洪州開元寺道一傳。此事亦見景德傳燈録卷七杭州鹽官齊安禪師。

問：諸總持陁羅尼門，差別句義，數若恒沙，云何但於一心悉皆開演？

答：離心無説，離説無心。舒則恒沙法門，卷則一心妙旨。微塵經卷，盡大千而未展全文；普眼法門，竭大海而不書一偈。如忉利天鼓，演莫測之真詮〔一〕；雷音寶林，説無生之妙偈〔二〕。安養國〔三〕内，水鳥皆談苦空；華藏海中，雲臺盡敷圓旨。所以華嚴經云：「譬如諸天有大法鼓，名爲覺悟。若諸天子行放逸時，於虚空中出聲告言：『汝等當知：一切欲樂，皆悉無常，虚妄顛倒，須臾變壞。但誑愚夫，令其戀著。汝莫放逸，若放逸者，墮諸惡趣，後悔無及。』放逸諸天聞此音已，生大憂怖，捨自宫中所有欲樂，詣天王所，求法行道。佛子，彼天鼓音，無主無作，無起無滅，而能利益無量衆生。」〔四〕

校注

〔一〕天鼓：忉利天善法堂不擊而自發妙音的鼓。實叉難陀譯大方廣佛華嚴經卷一五：「忉利天中有天鼓，從天業報而生得。知諸天衆放逸時，空中自然出此音。（中略）三十三天聞此音，悉共來昇善法堂。帝釋爲説微妙法，咸令順寂除貪愛。」亦參後文所引經文。

〔二〕鳩摩羅什譯阿彌陀經：「彼佛國土，微風吹動，諸寶行樹及寶羅網出微妙音，譬如百千種樂同時俱作。聞是音者，皆自然生念佛、念法、念僧之心。」亦參後文所引經文。明袾宏述阿彌陀經疏鈔事義：「雷音，例忉利；寶林，例天鼓。」

〔三〕安養國：西方極樂世界的異稱。

〔四〕見實叉難陀譯大方廣佛華嚴經卷五一。

阿彌陁經云：「復次，舍利弗，彼國常有種種奇妙雜色之鳥：白鶴、孔雀、鸚鵡、舍利〔一〕、迦陵頻伽〔二〕、共命之鳥〔三〕，是諸衆鳥晝夜六時出和雅音。其音演暢五根、五力〔四〕、七菩提分〔五〕、八聖道分〔六〕如是等法。其土衆生聞如是音已，皆悉念佛、念法、念僧。」〔七〕斯則皆是頓悟自心，更無餘法。

校注

〔一〕舍利：此云「春鶯」，或翻「鶖鷺」。

〔二〕迦陵頻伽：妙音鳥。智圓阿彌陀經疏：「迦陵頻伽，此云『妙聲』，在㲉中其音已超衆鳥故。」

〔三〕共命之鳥：一身二頭之鳥。雜寶藏經卷三共命鳥緣：「昔雪山中有鳥，名爲共命，一身二頭。」智圓阿彌陀經疏：「共命之鳥者，兩首一身，異神識，同報命，故名共命。法華云『命命』，天王云『生』，涅槃云『耆婆耆婆』，悉此鳥耳。」

〔四〕五根：謂信、進、念、定、慧，能生曰根。五根增長，不爲煩惱所壞，是名爲力。

〔五〕七菩提分：又稱七覺分、七覺支，即擇法、精進、喜、輕安、念、定、行捨。智圓阿彌陀經疏：「七菩提分者，云覺分，亦支也，諸經云『七覺支』是也。七者，謂念、擇、進、喜、輕安、定、捨，前一兼定慧，次三是慧，後三是定。」詳見本書卷九注。

〔六〕八聖道分：即八正道。智圓阿彌陀經疏：「八聖道分者，諸經謂八正道是也。八者，正見、正思惟、正語、正業、正精進、正定、正念、正命。」

〔七〕見鳩摩羅什譯阿彌陀經。

此一心法界，是諸經通體，故如來所説十二分教，親從大悲心中之所流出，大悲心從後得智，後得智從根本智，根本智從清淨法界流出，即是本原，更無所從，無有法離於法界而有。此一心門，是一字中王，亦名一語，亦名一句。

思益經云：「『如佛所説：汝等集會，當行二事：若聖説法、若聖默然。何謂説法？何謂默然？』答言：『若説法，不違佛、不違法、不違僧，是名説法。若知法即是佛，離相即是法，無爲即是僧，是名聖默然。又，善男子，因四念處而有所説，名聖説法；於一切法無所憶念，名聖默然。』」〔一〕斯正説時心契法理，即不説耳，明非緘口名不説也〔二〕。

校注

〔一〕見思益梵天所問經卷三論寂品。

〔二〕「思益經云」至此，見澄觀述大方廣佛華嚴經隨疏演義鈔卷九。

如入佛境界經云：「佛言：文殊師利，諸佛如來無有人見，無有人聞，無有人現在供養，無有人未來供養。文殊師利，諸佛如來不説諸法一，不説諸法多。文殊師利，諸佛如來不證菩提，諸佛如來不依一法得名，亦非多法得名。文殊師利，諸佛如來不見諸法，不聞諸法，不念諸法，不知諸法，不覺諸法。文殊師利，諸佛如來不説一法，不示諸法。」〔一〕

校注

〔一〕見如來莊嚴智慧光明入一切佛境界經卷下。

瓔珞經云：「以一句偈，訓誨八萬四千國邑。」〔一〕

校注

〔一〕見賢劫經卷三聞持品。按，瓔珞經中未見此説。

大集經偈云：「無量智者佛真子，數如十方微塵等，於無量劫諮問佛，不盡如來一字義。」〔一〕又云：「能以一字入一切法爲衆生説，是名般若波羅蜜。」〔二〕

校注

〔一〕見大方等大集經卷一瓔珞品。

〔二〕見大方等大集經卷四六。

無涯際總持經云：是般若波羅蜜一語，能答萬億之心〔一〕。

校　注

〔一〕無涯際總持法門經：「若有諷誦此總持者，（中略）其人兩手如摩尼珠，常出七寶而無窮盡，能淨佛國，成就衆生。（中略）所説無窮，辯才無礙，一語能報萬億之音。」

首楞嚴三昧經云：「文殊言：若人得聞一句之法，即解其中千萬句義，百千萬劫敷演解説，智慧辯才不可窮盡，是名多聞。」〔一〕

校　注

〔一〕見首楞嚴三昧經卷下。

大涅槃經云：「若見如來常不説法，是名具足多聞。」〔一〕又云：「寧願少聞，多解義理，不願多聞，於義不了。」〔二〕

校　注

〔一〕見大般涅槃經卷二六，南本見卷二四。
〔二〕見大般涅槃經卷二八，南本見卷二六。

即是入此宗鏡，一解千從，雖廣引文，只證此義，上根一覽，已斷纖疑；中、下再披，方能具信。對根故爾，非法合然。

所以勝天王般若經云：「佛復告善思惟菩薩言：『賢德天子已於過去無量百千億劫修習陁羅尼門，窮劫説法，亦無終盡。』善思惟菩薩白佛言：『世尊，何等陀羅尼？』佛言：『善男子，名衆法不入陁羅尼。善男子，此陁羅尼過諸文字，言不能入，心不能量，内外衆法，皆不可得。善男子，無有少法能入此者，故名衆法不入陁羅尼。何以故？此法平等，無有高下，亦無出入，無一文字從外來入，亦無一字從此法出，又無一字住此法中，亦無文字共相見者，亦不分別法與非法。是諸文字説亦不減、不説無增，從本以來，無起造者、無壞滅者。善男子，如文字，心亦如是；如心，一切法亦如是。何以故？法離言語，亦離思量，本無生滅，故無出入，是名衆法不入陀羅尼。若能通達此法門者，辯才無盡。何以故？通達不斷無盡法故。善男子，能入虚空者，則能入此陀羅尼門。』」〔一〕

校注

〔一〕見勝天王般若波羅蜜經卷六現化品。

華嚴出現品云：「佛子，菩薩摩訶薩應知如來音聲徧至，普徧無量諸音聲故；應知如來音聲隨其心樂，皆令歡喜，説法明了故；應知如來音聲隨其信解，皆令歡喜，心得清涼故；應知如來音聲化不失時，所應聞者無不聞故；應知如來音聲無生滅，如呼響故；應知如來音聲無主，修習一切業所起故；應知如來音聲甚深，難可度量故；應知如來音聲無邪曲，法界所生故；應知如來音聲無斷絶，普入法界故；應知如來音聲無變易，至於究竟故。佛子，菩薩摩訶薩應知如來音聲非量、非無量，非主、非無主，非示、非無示。」〔一〕

疏釋云：「收上十聲〔二〕，要不出三：約相則廣無量，約體則無主宰，約用則有顯示。今並雙非，以顯中道，謂莫窮其邊故非量，隨機隨時、有聞不聞故非無量；多緣集故非有主，純一法界生故非無主；當體無生故無能示，巧顯義理故非無示。更以四句，明體、用無礙，謂：一、以用從體，由體無不在故，能令上十類聲皆徧一切。非唯徧聲，亦徧一切時、處、衆生、如來、法界等。雖復於色等皆徧，恒不雜亂。若不等徧，則音非圓。若由等徧失其音曲，則圓非音。今不壞曲而等徧，不動徧而差韻，方成圓音。二、以體從用，其一一音皆具含真性。三、用即體故，上十類〔三〕聲皆不可得，唯第一義永離所執故，法螺恒震，妙音常寂，名寂静音。如空谷響，有而即虚。若不即虚，非但失於一音，亦不得圓融自在。四、體即用故，寂而恒宣。若天鼓無心而應一切，長風隨竅，萬吹不同。若不徧同，非但失於能圓，亦非真一。」〔四〕

故經云：「一切衆生種種語言，皆悉不離如來法輪。何以故？言音實相即法輪故。」〔五〕是以衆生言音，皆不出虚空性。以性無不在，則法輪徧一切處，無有間斷。

校注

〔一〕見實叉難陀譯大方廣佛華嚴經卷五一。

〔二〕「上十聲」，即上引華嚴經中所説如來音聲徧至、隨其心樂皆令歡喜、隨其信解皆令歡喜、化不失時、無生滅、無主、甚深、無邪曲、無斷絶、無變易。

〔三〕「類」，諸校本作「韻」。按，大方廣佛華嚴經疏作「類」。

〔四〕見澄觀撰大方廣佛華嚴經疏卷四九。

〔五〕見實叉難陀譯大方廣佛華嚴經卷五二。

止觀云：「觀心攝一切教者，毗婆沙論云〔一〕：心能爲一切法作名。若無心，則無一切名字。當知世、出世名字，悉從心起。若觀心僻越，順無明流，則有一切諸惡教起，所謂僧佉、衛世九十五種邪見教〔二〕生，亦有諸善教起。五行六甲、陰陽八卦、五經子史，世智無道名教，皆從心起。云何出世名教皆從心起？寶性論云：有一大經卷，如三千大千世界大，記大千界事，如中、如小、四天下三界等大者，皆記其事在一微塵中。一塵既然，一切塵亦爾。一人出世，以浄天眼見此大經卷而作是念：云何大經在微塵内，而不饒益一切衆生？即以方便，破出此經，以益於他。如來無礙智慧經卷，具在衆生身中，顛倒覆之，不信不見。佛教衆生修八聖道，破一切虚妄，見己智慧與如來等〔三〕。此約微塵附有爲喻。

「又約空爲喻者，發菩提心論云：譬如有人見佛法滅，以如來十二部經仰書虚空，宛然具足，一切衆生無有知者。久久之後，更有一人遊行於空，見經咄嗟，云何衆生不知不見？即便寫取，示導衆生〔四〕。云何寫經？謂令衆生修八正道，破虚空等。修有多種，若觀心因緣生滅無常，修八正道者，即寫三藏之經；若觀心因緣即空，修八聖道，即寫通教之經；若觀心分別校計有無量種，凡夫、二乘所不能測，法眼菩薩乃能見之，是修無量八正道，即寫别教之經；若觀心即是佛性，圓修八正道，即寫中道之經。明一切法悉出心中，心即大乘，心即佛性，自見己智慧與如來等。

「又，觀心即假即中者，即攝華嚴之經；若觀心因緣生法生滅者，即攝三藏四阿含教如乳之經；若觀心即空者，即攝共般若如酪之經；若其觀心因緣生法即空即假即中者，即攝方等生酥之經；若但用即空即假即中者，即攝大品熟酥之經；若用即中觀心者，即攝法華開佛知見大事正直醍醐之經；若用四句相即觀心，即有涅槃同見佛性醍醐之經〔五〕。

「又，若觀因緣，又觀因緣即是佛性，佛性即是如來，是名乳中殺人；若觀析空，又觀析空即是佛性，佛性即是如來，是名酪中殺人；若觀即空，又觀即空即是佛性，是名生酥殺人；若觀假名，又觀假名即是佛性，是爲熟酥殺人；若觀即中，又觀即中即是佛性，是名醍醐殺人。今通言殺人者，取二死已斷、三道清浄，名爲殺人，是名止觀攝不定教。」〔六〕

又，「心攝諸教有二：一者、一切衆生心中，具足一切法門，如來明審，照其心法，按彼心説，無量教法從心而出；二者、如來往昔曾作觀心〔七〕，偏圓具足。依此心觀爲衆生説，教化弟子，令學如來破塵出卷，仰寫空經，故有一切經教，一心止觀攝盡」〔八〕。

校注

〔一〕按，此説毗婆沙論中未見，出處俟考。

〔二〕九十五種邪見教：指佛陀前後印度流傳的九十五種外道。或云九十六種。僧佉：外道之一，即數論師。衛世：外道之一，意譯無勝，其論以六句義爲宗。其人在佛前八百年出世，時人以其晝避聲色，匿跡山藪，夜絶視聽，方行乞食，有似鵂鶹鳥，故名鵂鶹仙人。吉藏百論疏卷中：「僧佉、衛世，蓋是外道之宗，盛行天竺。僧佉經十萬偈，二十五諦爲宗，以神爲主諦。衛世師經亦十萬偈，用六諦爲宗，亦以神爲主諦。」或謂兩者皆外道之論名。智顗説妙法蓮華經文句卷九上：「衛世師論，優留佉造，此翻『最勝』，出世八百年，明六諦。迦毘羅，此翻『黄頭』，亦云『龜種』，造論名僧佉。『僧佉』，此云『無頂』，因人名論，故言『迦毘羅』，説二十五諦。」玄應一切經音義卷一〇：「『僧佉，此言訛也，應言『僧企耶』，此云『數』也。其論以二十五根爲宗，舊云二十五諦。」

〔三〕「寶性論云」者，詳見究竟一乘寶性論卷二僧寶品。

〔四〕「發菩提心論云」者，詳見天親造、鳩摩羅什譯發菩提心經論卷下空無相品。

〔五〕大般涅槃經卷一四：「譬如從牛出乳，從乳出酪，從酪出生穌，從生穌出熟穌，從熟穌出醍醐，醍醐最上，若有服者，衆病皆除，所有諸藥，悉入其中。善男子，佛亦如是，從佛出生十二部經，從十二部經出修多羅，從修多羅出方等經，從方等經出般若波羅蜜，從般若波羅蜜出大涅槃，猶如醍醐。言醍醐者，喻於佛性，佛性者即是如來。」

〔六〕見智顗説、灌頂記摩訶止觀卷三下。「乳中殺人」等者，借涅槃經中之喻。大般涅槃經卷二九：「譬如有人置毒乳中，乃至醍醐皆悉有毒，乳不名酪，酪不名乳，乃至醍醐亦復如是。名字雖變，毒性不失，遍五味中，皆悉如是，若服醍醐亦能殺人，實不置毒於醍醐中。衆生佛性，亦復如是，雖處五道，受别異身，而是佛性常一無變。」

〔七〕「觀心」，摩訶止觀作「漸頓觀心」。

〔八〕見智顗説、灌頂記摩訶止觀卷三下。又，「一心止觀攝盡」，摩訶止觀作「悉爲三止三觀所攝也」。

華嚴經頌云：「若欲三千大千界，教化一切諸群生，如雲廣布無不及，隨其根欲悉令喜。毛端佛衆無有數，衆生心樂亦無極，悉應其心與法門，一切法界皆如是。」〔一〕

華嚴演義云：「至聖垂誥，鏡一心之玄極；大士弘闡，燭微言之幽致。雖忘懷於詮旨

之域，而浩汗於文義之海。蓋欲寄象繫之迹，窮無盡之趣矣。」〔二〕

校注

〔一〕見實叉難陀譯大方廣佛華嚴經卷三八。

〔二〕出澄觀大方廣佛華嚴經隨疏演義序，見大方廣佛華嚴經隨疏演義鈔卷首。

故知非言無以立其文，非文無以廣其義，非義無以窮其玄。夫得其玄者，則宗鏡無盡之旨矣。旨既無盡，不說不知。今爲未知者言，不爲已知者說。脱或諸宗異執，見解差殊，或空、有相非，大、小各諍，斯乃不窮理本，强説異同。入宗鏡中，勝負俱息，如析金杖〔一〕，段段俱金；猶截瓊枝，寸寸是寶。

校注

〔一〕「杖」，原作「枝」，據諸校本改。湛然法華文句記卷一上：「如析金杖，不失金用。」又後相對者爲「瓊枝」，此作「金杖」，可避重複。

問：信入此法，還有退者不？

答：信有二種：一、若正信堅固，諦了無疑，理觀分明，乘戒兼急〔一〕，如此則一生可辨，誰論退耶？二、若依通之信，觀力麁浮，習重境强，遇緣即退。

校注

〔一〕乘戒兼急：即乘戒俱急，謂教法與戒律能够並重，既熱衷聞法又苛守戒律。因戒急，得生於人、天；由乘急，得聞法悟道。參見本書卷二六注。

如華嚴論云：「如涅槃經，聞『常住』二字，尚七世不墮地獄[一]。如華嚴經云：設聞如來名及所説法，不生信解，亦能成種，必得解脱，至成佛故[二]。何故經[三]言第六住心及從凡夫信位，猶言有退，此意若爲和會？解云：十信之中，勝解未成，未得謂得，便生憍慢，不近善友，不敬賢良。爲慢怠故，久處人天，惡業便起，能成就大地獄業。若一信不慢，常求勝友，即無此失。若權教中第六住心，可有退位。實教中爲稽滯者，責令進修。如舍利弗，是示現聲聞，非實聲聞，所[四]作方便，皆度衆生，使令進策。如權教中第六住心，可説實退。何以故？爲權教中地前三賢[五]揔未見道，所修作業，皆是有爲，所有無明，皆是折伏，功不强者，便生退還。若折伏有力，亦不退失。如虵有毒，爲呪力故，毒不能起。但於佛法中，種於信心，謙下無慢，敬順賢良，於諸惡人，心常慈忍；於諸勝己者，諮受未聞。所聞勝法，奉行無妄；所有虚妄，依教蠲除。於三菩提[六]道，常勤不息。夫爲人生之法，法

合如然，但不長惡而生，何須慮退？」〔七〕

校注

〔一〕大般涅槃經卷七：「若有能知如來常住、無有變異，或聞『常住』二字音聲，若一經耳即生天上，後解脱時乃能證知，如來常住無有變易。」卷三：「我從今始，當以佛、法、衆僧三事常住，啓悟父母，乃至七世，皆令奉持。」

〔二〕參見實叉難陀譯大方廣佛華嚴經卷五二。

〔三〕「經」，新華嚴經論作「今」。

〔四〕「所」，諸校本作「假」。按，新華嚴經論作「所」。

〔五〕地前三賢：即十地以前十住、十行、十回向諸菩薩。此諸位菩薩但斷見、思惑盡，尚有無明惑在，未入聖位，故名賢。

〔六〕三菩提：意譯「正等覺」，謂諸佛無上的正智。

〔七〕見李通玄撰新華嚴經論卷四。

華嚴疏云：「深心信解常清浄者，信煩惱即菩提，方爲常浄，由稱本性而發菩提心，本來是佛，更無所進，如在虚空，退至何所？」〔一〕

校注

〔一〕見澄觀撰大方廣佛華嚴經疏卷一六。

音義

炳，兵永反。　曠，苦謗反。　泛，孚梵反。　踰，羊朱反，過也。　刊，苦寒反，削也，定也。　緘，古咸反，緘封也。　竅，苦吊反，孔穴也。　僻，芳辟反，邪也。　咄，當没反，訶也。　脾，符支反，心也。　臆，於力反，胸臆。　胇，芳廢反，腑也。　脉，莫獲反，血體。　鑛，古猛反，璞也。　纇，盧對反，麁絲也。　楹，以成反，柱也。　桷，古學反，椽也。　鐺，楚庚反，鼎。　釐，理支反，理也。　粒，力入反，米粒。　滋，子之反，水名。　萌，莫耕反，芽也。　梠，力舉反，木名。　該，古哀反，備也。　饌，鄒皖反，盤也。　蕚，五各反，花也。　隅，虞俱反，角也。　踏，他合反，著也。　擎，渠京反，舉也。　擾，而沼反，亂也。　萎，於爲反，蔫也。　朴，疋角反，藥名。　噉，徒敢反，食啖。　渚，章与反，沚也。　卵，盧管反。　錠，徒徑反，錫屬也。　窟，苦骨反，穴窟。　牝，毗忍反。　穴，胡決反，窟穴。　掠，離灼反，約也。　瀾，落干反，波也。　眄，疋莧反，美目〔一〕。　　䁠，殼音。

丁未歲分司大藏都監開板

校注

〔一〕說文卷四目部：「眄，目偏合也。一曰衺視也。秦語，从目丏聲。莫甸切。」此音義，或誤「眄」爲「盼」。說文卷四目部：「盼，詩曰：『美目盼兮。』从目分聲。匹莧切。」

宗鏡録卷第二十九

慧日永明寺主智覺禪師延壽集

夫既法輪徧一切處，無有間斷，常恒説者，云何更逐會結集，説處不同，如華嚴九會〔一〕之文、法華三周〔二〕之説？

答：廣略不等，皆爲對機；以一顯多，令入無盡。如華嚴指歸云：「謂於一刹那中，則徧無盡之處，頓説如此無邊法海〔三〕。問云：准此所説，説華嚴會揔無了時，何容有此一部經教？答：爲下劣衆生，於無盡説中，略取此等結集流通，故有此部，令其見聞，方便引入無際限中。如觀牖隙，見無際虚空。當知此中道理亦爾，視此一部，見無邊法海。」〔四〕故知若提綱撮要，一塵尚含法界，一字即演無邊，豈況九會、三周之説乎？如是解者，則一時一切時，一説一切説。

又，問：若此多劫常恒説者，何故如來有涅槃耶？答：説此經佛本不涅槃，法界品中開栴檀塔，見三世佛無涅槃者〔五〕。又以攝化儀之中涅槃，亦是説法攝生，與成道説法無差別故。復次，舍那佛常在華藏，恒時説法，元〔六〕無涅槃，常住〔七〕故〔八〕。乃知出世、涅槃，皆是衆生自見，諸佛本不出世，亦不涅槃故。入宗鏡中，自然二見俱絶。

校注

〔一〕華嚴九會：謂如來與菩薩、四衆、天龍八部於菩提場等處九番聚會而廣説華嚴。第一會，於菩提場，普賢菩薩説如來依報因果法門；第二會，於普光明殿，文殊師利菩薩等説十信等法門；第三會，於忉利天宫，法慧菩薩説十住等法門；第四會，於夜摩天宫，功德林菩薩説十行等法門；第五會，於兜率天宫，金剛幢菩薩説十迴向等法門；第六會，於他化天宫，金剛藏菩薩説十地法門；第七會，復於普光明殿，毗盧遮那如來説阿僧衹數量法門，普賢菩薩亦説十大三昧等及等覺法門；第八會，復於普光明殿，普賢菩薩説離世間法門；第九會，於逝多林，文殊師利菩薩等説入法界法門。

〔二〕法華三周：即説法周、譬喻周和宿世因緣周，謂佛爲令聲聞之人悟入一乘實相，因其上、中、下三根之機而説法三回。一、法説周，佛爲上根之人，作三乘一乘説，開三乘之權，顯一乘之實，即方便品及譬喻品前部中所談是。二、譬喻周，佛爲中根之人，於法説周中不悟，更作三車一車説。初許三車，是施權；後等賜大車，是顯實。即譬喻品、信解品、藥草喻品、授記品等中所談是。三、宿世因緣周，佛爲下根之人，於法説、譬喻二周之中不能解了，遂説宿世曾於大通智勝佛時同下一乘之種，令其得悟，即化城喻品、五百弟子受記品、授學無學人記品等中所談是。周者，周足、具足，一周有正説、領解、述成、授記四部分。

〔三〕按，華嚴經旨歸説經時第二：「常恒之説，徧前後際而無涯，況念劫圓融，豈可辨其時分？今略舉短脩分齊，析爲十重：初、唯一念，二、盡七日，三、遍三際，四、攝同類，五、收異劫，六、念攝劫，七、復重收，八、異界時，九、彼相入，十、本收末。」此句爲對「初、唯一念者」之解釋，後删略部分爲：「二、盡七日者，謂佛初成道，於第二七日，普遍如前處説此經法。三、遍三際者，謂盡前後際各無邊劫，常在彼界恒説此法，初無慚息，如不思議品説。四、攝同類者，謂彼一切無邊劫中，一一劫内各攝無量同類劫海，常説此法。五、收異劫者，謂一一劫各攝無量異類劫海，如長劫攝短劫等，恒説此經。六、念攝劫者，於一念中，即攝如上無量前後同異劫海，如是念念，盡前後際。一一念中，皆各普攝一切諸劫，皆亦如是。如是時劫，常説此法。七、復重收者，此一念中所攝劫内，復有諸念，而彼諸念復攝諸劫。是即念念既其不盡，劫劫亦復不窮，如因陀羅網，重重無盡，思之可見。八、異界時者，如樹形等無量無邊，異類世界，時劫不同，分齊各别，並盡彼時分，常説此經。九、彼相攝者，即彼異界所有時劫，亦各别相收，或互相攝，若念若劫，無盡同前，悉於彼時恒説此法。十、本收末者，如華藏界中，以非劫爲劫，劫即非劫。念等亦爾，以時無長短，離分限故，以染時分説彼劫故。以時無别體，依法上立，法既融通，時亦隨爾。於此無量時劫，常説華嚴，初無休息。」故後有云：「准此所説，説華嚴會總無了時」。

〔四〕見法藏述華嚴經旨歸説經時第二。

〔五〕佛陀跋陀羅譯大方廣佛華嚴經卷五〇：「於此南方有城名首婆波羅，彼有長者名曰安住，彼常供養栴檀佛塔。（中略）開栴檀佛塔户時，念念正受無盡佛性三昧門，於念念中得無量無邊勝妙諸法。（中略）入此三昧時，見此世界迦葉佛、拘那含牟尼佛、尸棄佛、毗婆尸佛、提舍佛、弗沙佛、無上勝佛、無上蓮華佛。」

〔六〕「元」，華嚴經旨歸作「初」。

〔七〕「常住」，華嚴經旨歸作「如常住」。

〔八〕「問：若此多劫常恒説者」至此，詳見法藏述華嚴經旨歸説經時第二。

問：法唯心説者，云何教立五時〔一〕、聽分四衆〔二〕？

答：諸佛無有色聲功德，唯有如如及如如智獨存，凡有見聞，皆是衆生自心影像，則説唯心説，聽唯心聽，離心之外，何處有法？如思益經云：「梵天言：『何故説不聽法者乃爲聽經？』文殊言：『眼、耳、鼻、舌、身、意不漏，是聽法也。所以者何？於内六入，不漏色、聲、香、味、觸、法，乃爲聽經。』乃至〔三〕梵天問得忍菩薩：『汝等豈不聽是經耶？』答：『如我等聽，以不聽爲聽。』」〔四〕

校　注

〔一〕教立五時：即把佛教經典按照次第分爲五個階段。具體分法，不盡相同。智顗分爲華嚴時，佛初成道，於三七日説華嚴經時；阿含時，又稱鹿苑時，説小乘四阿含經的時期；方等時，説大乘維摩、思益、楞伽、楞嚴、金光明、勝鬘等經典的時期；般若時，説摩訶般若等諸部般若經典的時期；法華涅槃時，佛陀在最後八年間説示法華經，更於涅槃之際宣説涅槃經的時期。參見本書卷三五及「五味」注。

〔二〕四衆：指佛陀説法會上聽法之四類大衆：一、發起衆，指能鑑知時機而發起集會者，或發起瑞相、問答等以安排佛陀説法者；二、當機衆，指宿植德本，緣合時熟，不起於座而聞即得度者；三、影響衆，指來助佛陀教化之古往諸佛、菩薩，隱其圓極之果而示現當機衆之形相，匡輔法王，如影隨形，如響應聲，雖無爲作而有巨益；四、結緣衆，指過去根機下劣，雖未獲立即證悟之益，因見佛聞法，已結下未來得度因緣者。

〔三〕乃至：表示引文中間有删略。

〔四〕見思益梵天所問經卷四建立法品。

古德云〔一〕：如來演出八辯〔二〕洪音，聞者託起自心所現，如依狀貌，變起毫端，本質已無，影像如在。群賢結集，自隨見聞，依所聞見，結集自語，良以離自心原，無有外境，離境亦無内心可得。諸傳法者，非授與他，但爲勝緣，令自得法。自解未起，無以悟他，自解不從他來，他解寧非自起？是故結集及傳授者，皆得影像，不得本質，無有自心得他境故，是知結集乃是自心所變之經。至傳授者，傳授自心所變之法，得影非質，思而可知。若能常善分别自心所現，能知一切外性非性，此人知見，可與佛同，所説之法，與佛無異，悟入自覺聖智樂故。

校注

〔一〕按，此處引文亦見心賦注卷三引，「古德」者，不詳。

〔二〕八辯：如來具有的八種辯才。勝天王般若波羅蜜經卷一顯相品：「菩薩摩訶薩行般若波羅蜜，得清净辯才，所謂不嘶喝辯才、不迷亂辯才、不怖畏辯才、不高慢辯才、義具足辯才、味具足辯才、不拙澀辯才、應時節辯才。」或謂爲八音七辯。宋净源撰仁王經疏卷二：「八辯者，即八音七辯也。八音如梵摩喻經云：一、美妙，二、易了，三、調和，四、柔輭，五、不誤，六、無雌，七、尊重，八、深遠。言七辯者，一、捷辯，須言即言，無蹇吃故；二、迅辯，懸河湕冷，不遲訥故；三、應辯，應時應機，不增減故；四、無疏謬辯，凡說契理，不邪錯故；五、無斷盡辯，相續連環，終無竭故；六、凡所演說，豐義味辯，一一言句，多事理故；七、一切世間最上妙辯，具足甚深，如雷等故。」仁王般若波羅蜜經卷上菩薩教化品：「八辯洪音爲衆說，時衆得道百萬億。」

寶性論偈云：「天妙法鼓聲，依自業而有，諸佛說法者，衆生自業聞。如妙聲遠離，功用處身心，令一切衆生，離怖得寂静。佛聲亦如是，離功用身心，令一切衆生，得證寂滅道。」〔二〕又偈云：「譬如虚空中，雨八功德水〔三〕，到鹹等住處，生種種異味。如來慈悲雲，雨八聖道水，到衆生心處，生種種解味。」

釋曰：如天鼓聲，應諸天所知之量；猶龍王雨，隨世間能感之緣。證自法而不同，成異味而有别。法亦如是，隨見差殊，於一乘而開出諸乘，從一法而分成多法。

校注

〔一〕見究竟一乘寶性論卷一自然不休息佛業品。下一處引文同。

〔二〕八功德水：謂有八種功德之水。稱讚淨土佛攝受經：「極樂世界淨佛土中，處處皆有七妙寶池，八功德水彌滿其中。何等名爲八功德水？一者、澄淨，二者、清冷，三者、甘美，四者、輕軟，五者、潤澤，六者、安和，七者、飲時除飢渴等無量過患，八者、飲已定能長養諸根四大。」阿毗達磨俱舍論卷一一：「妙高爲初，輪圍最後，中間八海。前七名内，七中皆具八功德水：一、甘，二、冷，三、軟，四、輕，五、清淨，六、不臭，七、飲時不損喉，八、飲已不傷腸。」

華嚴探玄記云：「緣起唯心門者，此上一切差别教法，無不皆是唯心所顯，是故俱以唯識爲體。然有二義：一、本影相對，二、説聽全收。

「初中通辯諸教，揔有四句：一、唯本無影〔一〕，如小乘教，以無唯識義故。達摩多羅〔二〕等諸論師，多立此義〔三〕。

「二、亦本亦影，如大乘始教，衆生心外，佛有微妙色、聲等法，由聞者善根增上緣力，擊佛利他種子爲因，於佛智上文義相生，爲本性相教；由佛此教增上緣力，擊聞法者有流善根種子，聞者識上文義相生，爲影像相教〔四〕。三十唯識論頌云：『展轉增上力，二識成決定。』〔五〕護法論師〔六〕等悉立此義〔七〕。

「三、唯影無本，如大乘終教，離衆生心，佛果無有色身、音聲、事相、功德，唯有如如及如如智，大悲大願爲增上緣，彼所化根熟衆生心中顯佛色聲説法，是故聖教唯是衆生心中影像。故經偈云：『一切諸如來，無有説佛法，隨其所應化，而爲演説法。』〔八〕又偈云：『如來法身不思議，無色無相無倫疋，示現色像爲衆生，十方受化靡不見。』〔九〕如是非一，龍軍〔一〇〕、堅慧〔一一〕諸論師等，並立此義〔一二〕。

「四、非本非影，如頓教中，非直心外無佛色等，衆生心内所顯之佛，亦當相空，以唯是識，無别影故；色等性離，無所有故；一切無言，無言亦無故。是故聖教即是無教之教。如經頌云：『如來不出世，亦無有涅槃。』〔一三〕又密嚴經明佛常在法界，無〔一四〕出世等〔一五〕。龍樹〔一六〕等宗，多立此義〔一七〕。

「此有四説，揔爲一教，圓融無礙，皆不相妨，以各聖教從淺至深攝衆生故，思之可見。

「第二説聽全收者，亦四句：一、離佛心外，無所化衆生，況所説教？是故唯是佛心所顯。此義云何？謂諸衆生無别自體，攬如來藏以成衆生。然此如來藏，即是智證爲自體，是故衆生舉體揔在佛智心中。經頌云：『諸佛悉了知，一切從心轉。』〔一八〕又云：如來菩提身中，悉見一切衆生發菩提心，成等正覺，乃至見一切衆生皆已寂滅，亦復如是，皆悉一性，以無性故〔一九〕。又頌云：『三世一切劫，佛刹及諸法。諸根心心法，一切虚妄法。於一佛身中，此法皆悉顯。』〔二〇〕是故離佛心智，無一法可得。

「二、揔在衆生心中，以離衆生無別佛德故。此義云何？謂佛證於衆生心中真如成佛，亦以始覺同本覺故。是故揔在衆生心中，從體起用，應、化身時，即是衆生心中真如用大，更無別佛。

「三、隨一聖教，全唯二心，以前二説不相離故。謂衆生心内佛，爲佛心中衆生説法；佛心中衆生，聽衆生心中佛説法。如是全收，説聽無礙，是謂甚深唯識道理。

「四、或彼聖教，俱非二心，以兩俱形奪不並顯故，雙融二位無不泯故，謂佛心中衆生無聽者故，衆生心中佛無説者故，兩俱雙辯二相盡故。經云：『夫説法者，無説無示；其聽法者，無聞無得。』〔二一〕又經頌云：『衆生所生不是生，亦無流轉生死中。』〔二二〕又經頌云如來不説法，亦不度衆生等〔二三〕。是故此四於一聖教圓融無礙，方爲究竟。」〔二四〕

校注

〔一〕宗密圓覺經大疏釋義鈔卷三之下：「既不知佛所説教唯是自己心識所變影像，謂自心外別有佛教，故云『唯本』。」

〔二〕達摩多羅：意譯「法救」，説一切有部之論師。阿毗達磨大毗婆沙論卷七七：「説一切有部有四大論師，各别建立三世有異，謂尊者法救説類有異，尊者妙音説相有異，尊者世友説位有異，尊者覺天説待有異。」

〔三〕圓測撰解深密經疏卷一：「如來聖教，四法爲體，所謂音聲、名、句、文身。如是四法，如來自説，名爲本質。聞者識變，名之爲影。如是本影有無差别，總約諸宗，有其四句：一、有本無影，諸説不同。且依諸部，有其三説。一、薩婆多宗，一切佛聲唯是有漏，亦説名等定唯無記。若廣分别，如婆沙等。二、大衆部、一説部、説出世部、雞胤部等，皆作是説。諸佛世尊皆是出世，無有漏法。諸如來語皆轉法輪，佛以一音説一切法。三、多聞部説。佛五種音是出世間，所謂苦、空、無常、無我、涅槃寂静，引聖道故。所餘諸聲，皆是世間。如是等部，皆作是説。唯本非影，彼宗不明唯識義故。」

〔四〕澄觀述華嚴經行願品疏卷二：「亦本亦影，即大乘初教。謂佛自説，若文若義，皆是如來妙觀察智相應净識之所顯現，名本質教。故佛地論云：『有義，聞者善根本願增上緣力，如來識上文義相生，此文義相是佛利他善根所起，名爲佛説。』若聞者識上所變文義，名爲影像。佛地論云：『如來慈悲本願增上緣力，聞者識上文義相生，此文義相雖親依自善根力起，而就强緣，名爲佛説。』」

〔五〕見唯識二十論。按，唯識三十論頌未見此説。華嚴經探玄記引，云「二十唯識論云」。

〔六〕護法：唯識十大論師之一。

〔七〕法藏撰入楞伽心玄義：「有本有影，謂由衆生聞法善根增上緣力，擊佛心中利他種因，於佛智上有文義相生，名本性相教。由佛此教增上緣力，擊聞法者漏無漏種，於聞者識上有文義相生，爲影像相教。是故本在心外，影在心内，以此宗許衆生心外有佛色聲諸功德故。護法等論師皆立此義。」

〔八〕見佛馱跋陀羅譯大方廣佛華嚴經卷一〇。

〔九〕見佛馱跋陀羅譯大方廣佛華嚴經卷三。

〔一〇〕龍軍：圓測撰解深密經疏卷一：「那伽犀那，此云『龍軍』，即是舊翻三身論主。彼説佛果唯有真如及真如智，無色、聲等麤相功德。堅慧論師及金剛軍皆同此釋。堅慧論師即是舊翻寶性論主，五印度北也。」

〔一一〕堅慧：佛滅後七百年那爛陀寺之僧，著有究竟一乘寶性論、大乘法界無差別論等，顯揚大乘。

〔一二〕法藏撰入楞伽心玄義：「唯影無本，謂離衆生心，佛果唯有如如及如如智。大悲大願增上緣力，令彼所化根熟衆生心中現佛色聲説法，無有心外如來色聲並相功德。龍軍論師及堅慧論師等並立此義。」

〔一三〕見佛馱跋陀羅譯大方廣佛華嚴經卷一四。

〔一四〕「無」，華嚴經探玄記作「無不」。

〔一五〕地婆訶羅譯大乘密嚴經卷上密嚴會品：「如來常住，恒不變易，是修念佛觀行之境名如來藏。猶如虚空，不可壞滅，名涅槃界，亦名法界。過、現、未來諸佛世尊，皆隨順此而宣説故，如來出世、不出世間此性常在，名法住性，亦名法尼夜摩性。」

〔一六〕龍樹：大乘佛教中觀學派創始人，造大智度論、中論、十二門論等衆多論著，有「千部論主」之稱。

〔一七〕法藏撰入楞伽心玄義：「非本非影，謂前心内所現之影離心無體，是故本影俱無所有。龍樹、提婆多立此義。」

〔一八〕見佛馱跋陀羅譯大方廣佛華嚴經卷一〇。

〔一九〕佛馱跋陀羅譯大方廣佛華嚴經卷三五：「如來身中，悉見一切衆生發菩提心，修菩薩行，成等正覺，乃至見一切衆生寂滅涅槃，亦復如是，皆悉一性，以無性故。」

〔二〇〕見佛馱跋陀羅譯大方廣佛華嚴經卷三五。

〔二一〕見維摩詰所説經卷上弟子品。

〔二二〕見佛馱跋陀羅譯大方廣佛華嚴經卷一五。

〔二三〕諸法無行經卷下：「佛不得佛道，亦不度衆生。」佛陀跋陀羅譯大方廣佛華嚴經卷一四：「如來不出世，亦無有涅槃。」

〔二四〕見法藏述華嚴經探玄記卷一。

華嚴演義問云：「生、佛約體雖同，相、用自別，豈得全同？釋云：從體起用，用不異體。體既衆生之體，用豈離於衆生？故依體起用，即是衆生心中真如用大，更無別佛。若爾，起信論中已有此義，何以獨明華嚴爲別教耶？釋云：起信雖明始覺、本覺不二，體、相、用三大攸同，而是自心各各修證，不言生、佛，二互全收。是則用起信之文，成華嚴之義。」〔一〕

又，説聽全收，生佛相在者，「略舉二喻：一者、如一明鏡，師弟同對説聽，以師取之，即是師鏡；弟子取之，是弟子鏡。鏡喻一心，師弟喻生佛。是謂弟子鏡中和尚，爲和尚鏡中弟子説法；和尚鏡中弟子，聽弟子鏡中和尚説法。諸有知識，請詳斯喻。此喻猶恐未曉，又如水乳和同一處，而互爲能和、所和，且順説聽：以能和爲説，所和爲聽。且將水喻於佛，乳喻衆生，應言乳中之水，和水中之乳；水中之乳，受乳中之水。雖同一味，能、所宛然。雖能、所宛然，而互相在，相徧相攝，思以准之」。

又，「『衆生心中佛』者，此明衆生稱性普周，而佛不壞相在衆生心内。言『爲佛心中衆生説法』者，此明佛心稱性普周，而衆生不壞相在佛心内也。更無別理，但説聽之異耳」。

校注

〔一〕見澄觀述大方廣佛華嚴經隨疏演義鈔卷一三。下兩處引文同。

是知一切衆生語言，皆法輪正體。若離衆生言説，即佛無所説。先德云：「若離方言，佛則無説。」〔二〕聖人無心，以萬物心爲心；聖人無身，亦以萬物身爲身。即知聖人無言，亦以萬物言爲言矣。

校注

〔二〕見隋慧遠大乘義章卷一八涅槃義五門分别，又見其大般涅槃經義記卷一之上，故「先德」者，隋慧遠也。

華嚴論云："一切凡、聖境界，莊嚴果報以爲教體，此乃見境發心，不待説故，見惡厭之，見善樂之，揔能起善故，又一切法無非佛事故。"又以"一切法自性清浄以爲教體，以觀察力心契自相應故，不待説故"。又"以行、住、坐、卧四威儀以爲教體，見敬發心，不待語故"〔一〕。

校注

〔一〕見李通玄撰新華嚴經論卷八。按，此三乃是新華嚴經論"依此大方廣佛華嚴經立其十種教體"中之第二、第三和第四種教體。

肇論云："爲莫之大，故乃反於小成；施莫之廣，故乃歸於無名。"〔一〕何謂小成？通百千恒沙之法門，在毛頭之心地。何謂無名？形教徧於三千，無名相之可得。故須宗、説雙通，方成師匠。所以經偈云：宗通自修行，説通示未悟〔二〕。

校注

〔一〕見肇論涅槃無名論位體第三。

〔二〕澄觀述大方廣佛華嚴經隨疏演義鈔卷五五："若準楞伽，宗通自修行，説通示未悟。宗、説即是教、證，則二全別。今明教、證皆有説者，有示有説。"楞伽阿跋多羅寶經卷三："佛告大慧：一切聲聞、緣覺、菩薩有二種通相，謂宗通及説通。大慧，宗通者，謂緣自得勝進相，遠離言説文字妄想，趣無漏界自覺地自相，遠離一切虚妄覺想，降伏一切外道衆魔，緣自覺趣光明暉發，是名宗通相。云何説通相？謂説九部種種教法，離異不異、有無等相，以巧方便，隨順衆生如應説法，令得度脱，是名説通相。大慧，汝及餘菩薩應當修學。」能悟宗旨，謂之宗通；能作説法，謂之説通。

真覺大師云：「宗亦通，説亦通，定慧圓明不滯空。」〔一〕宗通是定，説通是慧，則宗、説兼暢，定、慧雙明，二義相成，闕一不可。

校注

〔一〕見永嘉證道歌。

如法華經云：「定慧力莊嚴，以此度衆生。」〔一〕

校注

〔一〕見妙法蓮華經卷一方便品。

又，昔人頌云：「説通宗不通，如日被雲朦。宗通説亦通，如日處虚空。」〔一〕

校　注

〔一〕澄觀述大方廣佛華嚴經隨疏演義鈔卷一四：「妨云：楞伽第二云：大慧，一切法不生，不應立是宗。故今通云：斯言遣滯耳。若一向不立宗者，何以彼立宗通、説通？故經云：宗通自修行，説通示未悟。昔人云：宗通説不通，如日被雲曚。宗通説亦通，如日處虚空。既有二通，則非無宗矣，是爲無宗之宗。立而無立，爲宗説兼暢，是日處空耳。」按，「楞伽第二」者，當爲「楞伽第三」之誤。「宗通説不通」，大方廣佛華嚴經隨疏演義鈔卷八八引作「説通宗不通」。楞伽阿跋多羅寶經卷三：「大慧，一切法不生者，菩薩摩訶薩不應立是宗。所以者何？謂宗一切性非性故，及彼因生相故。説一切法不生宗，彼宗則壞。彼宗一切法不生彼宗壞者，以宗有待而生故。又彼宗不生，入一切法故，不壞相不生故。立一切法不生宗者，彼説則壞。大慧，有無不生宗，彼宗入一切性，有無相不可得。大慧，若使彼宗不生，一切性不生而立宗，如是彼宗壞。以有無性相不生故，不應立宗。五分論多過故，展轉因異相故，及爲作故，不應立宗分，謂一切法不生，如是一切法空、如是一切法無自性，不應立宗。」慧海撰頓悟入道要門論卷上：「問：云何是説通宗不通？答：言行相違，即是説通宗不通。問：云何是宗通説亦通？答：言行無差，即是説通宗亦通。」慧海，見祖堂集卷一四大珠和尚。

故知若先了宗，説則無過。故法華序品偈云：「又見諸菩薩，知法寂滅相，各於其國土，説法求佛道。」〔二〕

校注

〔一〕見妙法蓮華經卷一序品。

又，凡有詮表形於言教者，皆是明心，不詮餘法：或言廣大自在，此約德相以明心；或言寂滅無爲，此約離過以明心。乃至或説事，是心之事；或説理，是心之理。故云千經萬論，皆是言心〔一〕，豈止宗鏡耶？

校注

〔一〕寶藏論離微體浄品：「千經萬論，莫不説離身心。」

如法華經云：「爲一大事因緣故，出現於世。」〔一〕凡言大者，莫越於心。於五大之中，虚空最大，尚爲心之所含。故首楞嚴經云：「空生大覺中，如海一漚發。」〔二〕又云：「寂照含虚空。」此大非對數量稱大，又非形待稱大，故云「一大事」。又，此一非一。如法句經頌云：「森羅及萬像，一法之所印，一亦不爲一，爲欲破諸數。」〔三〕是知諸佛出世，祖師西來，皆明斯旨，非爲别事矣。

校注

〔一〕見妙法蓮華經卷一方便品。

〔二〕見大佛頂如來密因修證了義諸菩薩萬行首楞嚴經卷六。下一處引文同。

〔三〕見敦煌本法句經普光問如來慈偈答品第十一。

起信鈔云：「一心該於萬有，萬有不出一心者，此但意在出體〔一〕，不在收於萬法，恐存物外之見，故總該之。然諸教中皆説萬法一心，而淺深有異。今約五教，略而辯之：一、愚人法聲聞教，假説一心，謂世、出世間染、浄等法，皆由心造業之所感故，若推徵則一心之義不成，以立前境，故云假説；二、大乘權教，明異熟賴耶以爲一心，三界萬法唯識變故；三、終教，説如來藏以爲一心，識境諸法皆如夢故；四、頓教，泯絶染、浄以説一心，爲破諸數假名故；五、圓教，總該萬有以爲一心，事理、本末無別異故。如上所説，前淺後深，淺不至深，深必該淺。」〔二〕所以宗鏡雖備引五教一心證明，唯指歸圓教一心，總攝前故。

又如鈔云：「一心爲如來所説法之根本者，蓋緣如來依此一心而成就故。是則信解行證，皆依此心，從微至著，未嘗離此。若離於心得成佛者，無有是處。」〔三〕離此有説者，皆外道教也。

校　注

〔一〕出體：提出應該解釋的問題的主體。體，本體、體性。

〔二〕按，此説見起信論疏筆削記卷三，故此起信鈔者當即傳奥大乘起信論隨疏記，參見本書卷六注。

〔三〕按，此説見起信論疏筆削記卷五，故此鈔者當即傳奥大乘起信論隨疏記，參見本書卷六注。

所以起信論云：「所言法者，謂衆生心，是心則攝一切世間、出世間法，依於此心，顯示摩訶衍義。」〔一〕疏釋云：「辯法功能，以其此心體、相無礙，染、浄同依，隨流返流，唯轉此心，是故若隨染成於不覺，則攝世間法；若不變之本覺及返流之始覺，則攝出世間法。此猶約生滅門中辯。若約真如門者，則鎔融含攝，染、浄不殊。」〔二〕

校　注

〔一〕見真諦譯大乘起信論。

〔二〕見法藏撰大乘起信論義記卷上。

如上所指，盡理無過。然一切染、浄之法，法無自立，唯心所轉。是知因心成法，法豈非心？所依既全是心，能依何得有異？以能依從所依起故，如波從水起，器自金成，本末皆同，體用無際。

法苑義林云：「徧詳諸教所説一切唯識，不過五種：一、境唯識。阿毗達磨經頌云：『鬼傍生人天，各隨其所應，等事心異故，許義非真實。』[一]如是等文，但説唯識所觀境者，皆境唯識。

「二、教唯識。『由自心執著』[二]等頌，皆教唯識。

「三、理唯識。三十頌云：『是諸識轉變，分别所分别，由此彼皆無，故一切唯識。』[三]如是成立唯識道理，皆理唯識。

「四、行唯識。『菩薩於定位』[四]等頌，四種尋思、如實[五]等，皆行唯識。

「五、果唯識。佛地經言：大圓鏡智，諸處境識皆於中現[六]。又，如來功德莊嚴經頌云：『如來無垢識，是浄無漏界，解脱一切障，圓鏡智相應。』[七]如是諸説，唯識得果，皆果唯識。

「此中所説境、教、理、行、果等五種唯識，總攝一切唯識皆盡。然諸教中就義隨機，於境唯識種種異説。或依所執以辯唯識，楞伽經頌云：『由自心執著，心似外境現，以彼境非有，是故説唯心。』[八]但依執心虚妄現故。或依有漏以明唯識，華嚴經云[九]三界唯心[一〇]，就於世間説唯識故。或依所執及隨有爲以辯唯識，三十頌云：『由假説我法，有種種相轉，彼依識所變，依識自體起。』〔一一〕或依有情以辯唯識，無垢稱經云：『心清浄故，有情清浄。心雜染故，有情雜染。』〔一二〕或依一切無有諸法以辯唯識，解深密經云：『諸識所緣，唯識所現。』〔一三〕或隨指事以辯唯識，阿毗達磨論引契經頌云：『鬼傍生人天，各隨其所應。』〔一四〕隨指一事辯唯識故。如是等説無量教門類，攝諸教理義盡者，唯第五教揔説一切爲唯識故。

「乃至〔一五〕辯名、離合會釋者。離者，别也；合者，同也。諸經論各各别説諸觀等名，今合解之〔一六〕，但是唯識之差别義，非體異也。一名有三十二類：華嚴等經中遮境唯〔一七〕識，名爲唯心〔一八〕；辯中邊論遮邊執路，名爲中道〔一九〕；般若經中，明簡擇性，名爲般若〔二〇〕；法華經中，明究竟運載，名曰一乘〔二一〕。此之四名，通能、所觀。若約真俗境觀者，正智唯真；加行後得，並通真俗；若言證者，後得唯俗。勝鬘經中遮餘虚妄，名一實諦；顯法根本，亦名一依；由空而證，又是空性，亦名爲空；彰異出纏，顯攝佛德，佛從中出，名如來藏；明體不染真〔二二〕實法性，名自性清浄心；功德自體，亦名法身；能出四乘，能入二乘，亦名一乘。與法華一乘别。無垢稱經遮理有差别，名不二法門〔二三〕；大慧經中，表無起盡，亦名不生不滅〔二四〕；涅槃經中，彰法身因，多名佛性，離縛解脱，亦名涅槃〔二五〕；楞伽經中，表離言説，名不思議〔二六〕；瑜伽等中，顯不可施設，名非安立〔二七〕；攝大乘等，顯此徧常等，名圓成實〔二八〕；對法論等，明非妄倒，名曰真如〔二九〕。此之十五類名，唯所觀理，唯真智境，恐文繁廣，略舉爾所，非更無也。謂諸法界、法性、不虚妄性、不變異性、平等性、離生性、法定、法住、法位、真際、虚空界、無我、勝義、不思議界等。乃至瑜伽論中，施設、非施設淺深異故，名爲安立、非安立諦。即勝鬘經有作四聖諦、無作四聖諦〔三〇〕。涅槃經中，亦名勝義、世俗二諦。乃至解深密等，顯一切法有無事理種類差別，名爲三性；顯三俱無徧計所執，亦名三無性。」〔三一〕

校注

〔一〕見玄奘譯大乘阿毗達磨雜集論卷五。按，阿毗達磨經，諸經録中未見著録，無漢譯本。

〔二〕玄奘譯成唯識論卷二：「由自心執著，心似外境轉，彼所見非有，是故説唯心。」

〔三〕見唯識三十論頌。

〔四〕玄奘譯成唯識論卷九：「菩薩於定位，觀影唯是心，義想既滅除，審觀唯自想。如是住内心，知所取非有，次能取亦無，後觸無所得。」

〔五〕玄奘譯瑜伽師地論卷三六：「云何名爲四種尋思？一者、名尋思，二者、事尋思，三者、自性假立尋思，四者、差別假立尋思。名尋思者，謂諸菩薩於名唯見名，是名名尋思；事尋思者，謂諸菩薩於事唯見事，是名事尋思；自性假立尋思者，謂諸菩薩於自性假立唯見自性假立，是名自性假立尋思；差別假立尋思者，謂諸菩薩於差別假立唯見差別假立，是名差別假立尋思。（中略）云何名爲四如實智？一者、名尋思所引如實智，二者、事尋思所引如實智，三者、自性假立尋思所引如實智，四者、差別假立尋思所引如實智。云何名尋思所引如實智？謂諸菩薩於名尋思唯有名已，即於此名如實了知，謂如是名爲如是義於事假立，爲令世間起想、起見、起言説故。若於一切色等想事不假建立色等名者，無有能於色等想事起色等想，若無有想，則無有能起增益執。若無有執，則無言説。若能如是如實了知，是名名尋思所引如實智。云何事尋思所引如實智？謂諸菩薩於事尋思唯有事已，觀見一切色等想事，性離言説不可言説。若能如是如實了知，是名事尋思所引如實智。云何自性假立尋思所引如實智？謂諸菩薩於自性假立尋思，唯有自性假立已，如實通達了知色等想事中所有自性假立，非彼事自性而似彼事自性顯現，又能了知彼事自性猶如變化影像、響應光影、水月、焰火、夢幻，相似顯現而非彼體。若能如是如實了知最甚深義所行境界，是名自性假立尋思所引如實智。云何差別假立尋思所引如實智？謂諸菩薩於差別假立尋思，唯有差別假立已，如實通達了知色等想事中差別假立不二之義，謂彼諸事非有性、非無性，可言説性不成實故非有性，離言説性實成立故非無性，如是由勝義諦故非有色，於中無有諸色法故。由世俗諦故非無色，於中説有諸色法故。如有性無性、有色無色，如是有見無見等差別假立門，由如是道理一切皆應了知。若能如是如實了知差別假立不二之義，是名差別假立尋思所引如實智。」

〔六〕詳見佛地經。

〔七〕見玄奘譯成唯識論卷三。

〔八〕見玄奘譯成唯識論卷二引。

〔九〕「云」，大乘法苑義林章作「説」。

〔一〇〕佛陀跋陀羅譯大方廣佛華嚴經卷三八：「菩薩摩訶薩解心是三界，心是三世。」唐譯本卷五四：「菩薩摩訶薩知三界唯心，三世唯心。」

〔一一〕見唯識三十論頌。

〔二〕見説無垢稱經卷三聲聞品。

〔三〕見解深密經卷三分別瑜伽品。

〔四〕見玄奘譯大乘阿毗達磨雜集論卷五。

〔五〕乃至：表示引文中間有删略。下二「乃至」同。

〔六〕「之」，原作「云」，據大乘法苑義林章改。

〔七〕「唯」，大乘法苑義林章作「離」。

〔八〕日釋真興撰唯識義卷三：「是一名中，第一舉説唯心之名也。意云華嚴經中説三界唯心者，遮小乘等執離心外有實境，爲令知唯心道理，説三界唯心也。」

〔九〕日釋真興撰唯識義卷三：「是明名中道之名也。中邊疏云：中者，正善離過之目；邊者，邪惡有失之號。」

〔一〇〕日釋真興撰唯識義卷三：「是明名般若之名也。梵云『般若』，此云『智』。梵云『波羅蜜多』，此云『彼岸到』。言『簡擇』者，智惠之用也。」

〔一一〕窺基撰妙法蓮華經玄贊卷四：「由過此外，無別勝乘，依理究竟，最爲殊勝，故説爲一。」

〔一二〕「真」，原作「貞」，據諸校本及大乘法苑義林章改。

〔一三〕窺基撰説無垢稱經疏卷五：「今顯無相真如理唯是一，恐聞一定一，不説於一，但遮妄異，故言不二；

不二之理，可軌可模，故名爲法。此能通生死無漏智解，立以門名。據實真如非二非不二，非法非非法，非門非非門，遮二故强名不二，遮非法故名法，遮非門故名門。此品廣明，名不二法門品。」

〔二四〕大慧經：諸經録中未見，或謂即楞嚴經。日釋真興撰唯識義卷四：「護命曰：楞伽經名大慧經，告大慧菩薩故。或可曰華嚴經。（中略）四卷楞伽經第四曰：『爾時，大慧菩薩復白佛言：世尊，如世尊説，修多羅攝受不生不滅。又，世尊説不生不滅，是如來異名。云何世尊爲無性故，説不生不滅爲如來異名？佛告大慧：我説一切法不生不滅，有無品不現。』」

〔二五〕大般涅槃經卷二七：「善男子，佛性者，非陰界入、非本無今有、非已有還無，從善因緣衆生得見。譬如黑鐵，入火則赤，出冷還黑，而是黑色非内非外，因緣故有。佛性亦爾，一切衆生煩惱火滅，則得聞見。善男子，如種滅已，芽則得生，而是芽性非内非外，乃至花果亦復如是，從緣故有。善男子，是大涅槃微妙經典，成就具足無量功德。佛性亦爾，悉是無量無邊功德之所成就。」

〔二六〕日釋真興撰唯識義卷四：「十卷經第二云：『大慧，我説常不可思議，第一義常不可思議，與第一義相因果相應，以離有無故，以内身證相故。』」「十卷經第二」云者，即菩提流支譯入楞伽經卷二。

〔二七〕瑜伽師地論卷六四：「云何非安立真實？謂諸法真如圓成實自性，聖智所行，聖智境界，聖智所緣。」

〔二八〕玄奘譯攝大乘論本卷中：「若圓成實自性，是遍計所執永無有相，云何成圓成實？何因緣故名圓成實？由無變異性故名圓成實。又由清淨所緣性故，一切善法最勝性故，由最勝義名圓成實。」

〔二九〕玄奘譯大乘阿毗達磨雜集論卷二：「何故真如説名真如？由彼自性無變異故。謂一切時無我實性無改轉故，説無變異。當知此則是無我性，離二我故。」按，開元釋教録卷二〇：「大乘阿毗達磨雜集論，十六卷，亦呼爲對法論，二百五十五紙。唐玄奘譯。」

〔三〇〕窺基撰妙法蓮華經玄贊卷七末：「若依法體有麁有妙，能知之智有上有下。勝鬘依此説有八諦，謂有作四聖諦、無作四聖諦。如是八聖諦，非二乘所知，即新翻經云『安立諦、非安立諦』。有作四聖諦者，分段生死十二因緣名苦，煩惱及業名集，擇滅名滅，生空智品名道。無作四聖諦者，變易生死五蘊名苦，所知障名集，無住涅槃名滅，法空智品名道。」

〔三一〕見窺基撰大乘法苑義林章卷一唯識義林第三。

又，瑜伽等中，明離繫之方便，亦名三解脱門〔一〕。表印深理，名三無生忍〔二〕。大智度論顯示〔三〕差別，名四悉檀〔四〕。諸論以後觀細，亦名四如實智〔五〕。仁王經中，位別印可，亦名五忍〔六〕。如是一切，雖異名説，皆是此中唯識境智差別名也〔七〕。

校注

〔一〕瑜伽師地論卷二八：「復有三解脱門，一、空解脱門，二、無願解脱門，三、無相解脱門。」

〔二〕三無生忍：本性無生忍、自然無生忍、惑苦無生忍。瑜伽師地論卷七四：「謂由遍計所執自性故，立本性無生忍；由依他起自性故，立自然無生忍；由圓成實自性故，立煩惱苦垢無生忍。當知此忍無有退轉。」窺基撰説無垢稱經疏卷二：「忍者，智也。於三性上觀所執無，名無所得，體既無有，何有生等？觀此不生法而起忍可之智，即三無生忍也。一、本性無生忍，觀遍計所執，人法二相本無體故；二、自然無生忍，觀依他起，唯假因緣，非自然生故；三、惑苦無生忍，觀於真如，惑者本無生故。此三無生忍，地前學觀，入初地證，八地相續。」

〔三〕「示」，大乘法苑義林章作「宗」。

〔四〕四悉檀：佛化導衆生的教法，分爲世界悉檀、各各爲人悉檀、對治悉檀和第一義諦悉檀四類。悉，徧也；檀，梵語，具云「檀那」，華言「施」，華梵兼稱，故名「悉檀」。世界悉檀者，由衆生根器淺薄故，佛隨其所欲樂聞，爲之次第分別而説，令生歡喜；各各爲人悉檀者，謂佛欲説法，必先觀衆生機器之大小、宿種之淺深，然後稱其機宜而説之，令生正信，增長善根故；對治悉檀者，謂如衆生貪欲多者教觀不淨，瞋恚多者教修慈心，愚癡多者教觀因緣，爲對此等諸病説此法藥，徧施衆生；第一義諦悉檀者，謂佛知衆生善根已熟，即爲説法，令其得悟聖道。大智度論卷一：「有四種悉檀，一者、世界悉檀，二者、各各爲人悉檀，三者、對治悉檀，四者、第一義悉檀。四悉檀中，一切十二部經，八萬四千法藏，皆是實，無相違背。」

〔五〕如實智：真如實相的智慧，是唯佛所得之智。大智度論卷二三：「如實智者，一切法總相、別相，如實正知，無有罣礙。」玄奘譯瑜伽師地論卷三六：「云何名爲四如實智？一者、名尋思所引如實智，二者、事尋思所引如實智，三者、自性假立尋思所引如實智，四者、差別假立尋思所引如實智。」

〔六〕仁王護國般若波羅蜜多經卷一菩薩行品：「諸菩薩摩訶薩依五忍法以爲修行，所謂伏忍、信忍、順忍、無生忍——皆上中下，於寂滅忍而有上下，名爲菩薩修行般若波羅蜜多。」窺基撰大乘法苑義林章卷一唯識義林第三：「一、伏忍，在地前伏印故；二、信忍，在初、二、三地，創得不壞信，相同世間類故；三、順忍，在四、五、六地，順爲出世行故；四、無生忍，在七、八、九地，長時任運，觀無相理故；五、寂滅忍，在十地佛地，因果位中，圓滿寂故。」

〔七〕「瑜伽等中」至此，詳見窺基大乘法苑義林章卷一唯識義林第三。

又，「或説因果體，俱一識作用，成多一類菩薩義。或因果俱説二，決擇分中有心地説，謂本識及轉識。或唯因説三，辯中邊論頌云：『識生變似義，有情、我及了。』〔一〕或因果俱説三〔二〕，三十唯識論云：『謂異熟、思量，及了別境識。』〔三〕多異熟性故，偏説之。阿陁那名，理通果有〔四〕。或唯果説四，佛地經等説四智品〔五〕。或因果俱説此處闕第五義，諸本皆無〔六〕。六，隨順小乘經〔七〕中説六識。或因果俱説七，諸教説七心界〔八〕。或因果俱説八，謂八識。或因果合説九，楞伽經第九頌云：『八九種種識，如水中諸波。』〔九〕此依無相論、同性經中，彼取真如爲第九識，真一俗八，二合説故。今取淨位第八本識以爲第九，染、淨本識各別論故，所依本故，第九復名阿末羅識故，第八染、淨別説以爲九也〔一〇〕。如是所説諸識差別，一往而論，依成唯識論云：『八識自性，不可言定異。』〔一一〕因果性故，無定性故，如水波故，亦非定一，行相所依緣相應異故，起滅異故，熏習異故。楞伽經頌云：『心意識八種，俗故相有別，真故相無別，相所相無故。』〔一二〕如是一切識類差別，名爲唯識。此幻性識，若加行觀，唯共非自，若後得觀、自相觀，一一依他，各各證故」〔一三〕。

校注

〔一〕見彌勒説、玄奘譯辯中邊論頌辯相品第一。

〔二〕按，「或因果俱説三」，大乘法苑義林章作「或因果俱説三，謂心意識」，且在下文「理通果有」後、「或唯果説四」前。

〔三〕見唯識三十論頌。

〔四〕「有」，原無，據大乘法苑義林章補。

〔五〕詳見佛地經論卷七。四智者，一、成所作智，二、妙觀察智，三、平等性智，四、大圓鏡智。是轉前五識、第六識、第七識及第八識而次第成就的與佛心相應的智慧。

〔六〕「此處闕第五義，諸本皆無」，原爲正文大字，據諸校本改。按，「此處闕第五義，諸本皆無」顯非正文，是補充説明文字，且應置於「或因果俱説」前。

〔七〕「隨順小乘經」，大乘法苑義林章作「勝鬘經」。

〔八〕七心界：六識（眼、耳、鼻、舌、身、意）界及意根界。隋慧遠撰大乘義章卷八五陰義七門分别：「所謂六識，始從眼識乃至意識。或分爲七，謂七心界，前六識上加以意根，是其七也。」

〔九〕見入楞伽經卷九。

〔一〇〕按，成唯識論卷三：「或名無垢識，最極清淨諸無漏法所依止故，此名唯在如來地有，菩薩、二乘及異生位持有漏種可受熏習，未得善淨第八識故。如契經説：如來無垢識，是淨無漏界，解脱一切障，圓鏡智相應。」韓廷傑校釋曰：「『無垢識』，梵文Amala的意譯，音譯阿末羅識或阿摩羅，舊譯認爲是第九識，新譯認爲是第八識的净分，主張不再立第九識。述記卷三末稱：『唯無漏依，體性無垢，先名阿末羅識，或名阿摩羅識，古師立爲第九識者，非也。』」「『契經』，此指如來功德莊嚴經。」遁倫集撰瑜伽論記卷一：「第九名阿摩羅，此云『無垢』。基師云：依無相論、同性經中，彼取真如爲第九識，真一俗八，二合説故。今取净位第八識本以爲第九，染净本識各別説故。如來功德莊嚴經云：『如來無垢識，是净無漏界，解脱一切障，圓鏡智相應。』此中既言無垢識與圓鏡智俱，第九復名阿末羅識，故知第八識染、净別説以爲九也。」

〔一〕見玄奘譯成唯識論卷七。

〔二〕見玄奘譯成唯識論卷七引。

〔三〕見窺基撰大乘法苑義林章卷一唯識義林第三。

如上所引，是知諸佛所證、菩薩所修若教若理、若因若果、若行若位，乃至世間、出世間一切萬法，無有纖毫一法不是心者。

宗鏡大旨，見聞信向之者，如寶印所印，明鏡所照，可永絶纖疑矣。但一切毛道異生〔一〕，或居不定聚〔二〕者，習性易染，猶如白絲。如孟子云：人性猶湍水，決東則東，決西則西〔三〕。猶如尺蠖，食黄而身黄，食蒼而身蒼〔四〕。且八識藏中，十法界種子具有，隨所聞法，即發起現行。若聞宗鏡之文，即熏起佛乘種子，然須染神入心，窮源見性，不俟耳入口出，但記浮言。如荀卿子云：「君子之學，入乎神，著乎心，布乎四支，動静皆可爲法。小人之學，入乎耳，出乎口，口耳之間，則四寸耳，何足美七尺之軀者也？」〔五〕

校注

〔一〕毛道異生：即凡夫。毛道、異生，皆凡夫之異名。玄應一切經音義卷三：「毛道，此名誤也。舊譯云『婆羅必利他伽闍那』，此言『小兒別生』，以癡如小兒，不同聖生也。論中作『小兒凡夫』是也。正言『婆羅必栗託佉那』，『婆羅』，此云『愚』；『必栗託』，此云『異』；『佉那』，此云『生』，應云『愚異生』，以愚癡暗冥，无有智慧，但起我見，不生無漏。亦名『嬰愚凡夫』。凡夫者，義譯也。案梵語，『毛』言『嚩囉』，『愚』名『婆羅』，但『毛』與『愚』梵言相濫，此譯人之失，致有斯謬也。法集等經言『毛道凡夫』，或言『毛頭凡夫』者，皆誤也。」卷二一：「異生，愚異生也，言愚癡闇冥，不生無漏故也。舊言『小兒別生』，以癡如小兒也。或作『小兒凡夫』，又作『嬰愚凡夫』，義皆一也。有作『毛道凡夫』，或作『毛頭凡夫』者，失之久矣。」

〔二〕不定聚：即不定性聚，此性或邪或正，無一定向，故名不定性聚。詳見本書卷二六注。

〔三〕孟子告子上：「告子曰：人性猶湍水也，決諸東方則東流，決諸西方則西流。」

〔四〕晏子春秋卷八晏子没左右諛弦章諫景公賜之魚：「君好之，則臣服之；君嗜之，則臣食之。尺蠖食黄則黄，食蒼則蒼是也。」

〔五〕見荀子勸學。

問：十方諸佛無盡教海，廣大無邊，云何於十帙之中而言搜盡？

答：若歷事廣分，言過無窮之教海；若撮其妙旨，理盡百卷之要文。一言已達其原，況乎十帙！以無量經教，皆是一心，所以法華經云：「種種言詞，演説一法。」〔一〕

校注

〔一〕見妙法蓮華經卷三藥草喻品。

如傅大士行路難云：「君不見，心相微細最奇精，非作非緣非色名。雖復恬然非有相，若凡若聖己之靈。此靈無形而常應，雖復常應實無形。心性無來亦無去，緣慮流轉實無停。正覺覺此〔一〕真常覺，方便鹿苑制尊經。」〔二〕又云：「能知此心無隔礙，生死虛妄不能羈。而此一心皆悉具，八萬四千諸律儀。」〔三〕

校注

〔一〕「覺此」，善慧大士語録作「此是」。

〔二〕見善慧大士語録卷三行路難二十篇第三章明心相實相。

〔三〕見善慧大士語録卷三行路難二十篇第八章明本際不可得。

思益經云：「譬如大火，一切諸燄皆是燒相。如是，諸善男子所説法皆入法性。」〔一〕

校注

〔一〕見思益梵天所問經卷二難問品。

故知一切凡聖所有言説，皆入宗鏡之中，終無異法。所以經偈云：「麁言及細語，皆歸第一義。」〔二〕乃至前後横竪之説，廣略之文，一一皆爲引入第一義中。若實入其中，則佛法皆平現，不用記一字，念盡一切經；不用解一法，會盡無邊義；不用説一句，常轉正法輪；不用舉一步，徧參法界友。何者？若記得，是想邊際；若解得，落意根中；若説得，是辯才門；若參得，墮外學地。並不干自己事，宗鏡中不收。如手撮虚空，徒勞心力。所以迎之不見其首，隨之不見其後，存之一一皆空，亡之處處咸有。故志公和尚云：「佛祖言，外邊事，取著元來〔三〕還不是。作意搜求實勿〔三〕蹤，生死魔來任相試。」〔四〕

先德云：「第一不得於一機一教邊守文作解，實無有定法如來可説，我宗門中不論此事，但知自心即休，不更用思前慮後。」〔五〕

又偈云：「千般比不得，萬種〔六〕況不成，智者不能知，上賢〔七〕亦不識。」〔八〕

校注

〔一〕見大般涅槃經卷二〇，南本見卷一八。

〔二〕「取著元來」，景德傳燈録作「識取起時」。

〔三〕「勿」，景德傳燈録作「没」。

〔四〕見寶誌和尚十二時頌，景德傳燈録卷二九收録全詩。然寶誌和尚作品係後人依託，詳見本書卷一注。

〔五〕見裴休集黄檗山斷際禪師傳心法要。故此先德者，當即釋希運，傳見宋高僧傳卷二〇唐洪州黄蘗山希運傳。

〔六〕「種」，撫州曹山元證禪師語録作「物」。

〔七〕「賢」，撫州曹山元證禪師語録作「根」。

〔八〕撫州曹山元證禪師語録四種異類引，云「古人道」。元證禪師者，曹山本寂謚，傳見宋高僧傳卷一三梁撫州曹山本寂傳。

問：既談無言之道、絶相之真，云何徧引言詮，廣明行相？

答：非言何以知乎無言？非相何能顯乎無相？華嚴經偈云：「了法不在言，善入無言際，而能示言説，如響徧世間。」〔一〕

校注

〔一〕見實叉難陀譯大方廣佛華嚴經卷四四。

净名經云："夫説法者，無説無示。"〔一〕不言不説，故云"當如法説"。又云："無離文字説解脱也。"〔二〕

校注

〔一〕見維摩詰所説經卷上弟子品。下一處引文同。

〔二〕見維摩詰所説經卷中觀衆生品。又，"净名經云"至此，見澄觀述大方廣佛華嚴經隨疏演義鈔卷一。

法華經偈云："諸法寂滅相，不可以言宣，以方便力故，爲五比丘説。"〔一〕又偈云："又見菩薩，安禪合掌，以千萬偈，讚諸法王。"〔二〕斯皆以無言顯言，言顯無言也。

校注

〔一〕見妙法蓮華經卷一方便品。五比丘，佛陀成道後最初説法度化的五人。隋灌頂大般涅槃經疏卷一六："初轉法輪，爲五比丘，一、陳如，二、十力迦葉，三、跋提，四、頞鞞，五、摩男拘利。"五比丘名，諸説不完全相同。

〔三〕見妙法蓮華經卷一序品。

又，華嚴經頌云：「佛以法爲身，清淨如虚空，所現衆色像，令入此法中。」〔一〕又偈云：「色身非是佛，音聲亦復然，亦不離色聲，見佛神通力。」〔二〕

校注

〔一〕見實叉難陀譯大方廣佛華嚴經卷六。
〔二〕見實叉難陀譯大方廣佛華嚴經卷二三。

金剛經云：「若見諸相非相，則見如來。」〔一〕斯皆以相顯無相也，則無言不礙言，無相不礙相。故知無言即言，曾無别體；相即無相，豈有異形？故經偈云：「無中無有二，無二亦復無，三界一切空，是則諸佛見。」〔二〕

校注

〔一〕見鳩摩羅什譯金剛般若波羅蜜經。
〔二〕見實叉難陀譯大方廣佛華嚴經卷一六。

且諸佛見中，寧立有無同異見耶？故先德云：「是以佛證離言，流八音於聽表，演大藏於龍宫，故知至趣非遠，功行得之則甚深；言象非近，虚懷體之而目擊。言絶之理而非絶，繁興玄籍而非興，故即言亡言也。」[一]所以無言之言，横分教海；非有之有，高立義天。

校注

[一] 見澄觀述大方廣佛華嚴經隨疏演義鈔卷一。

如唯識疏序鈔[二]釋云：疏云：「無言之言，風警；非有之有，波騰。」[三]此四句疏文，前二句顯佛本質教，後二句顯聞者影像教[三]。何者？謂佛説之教，離心無體，名爲無言，從心現故，名之爲言。此爲能擊發，如似風警，即佛於利他後得智上，有三乘十二分教蔟然顯現，即與衆生爲增上緣，欲令聞者識上有文義相生，故云「無言之言，風警也」；「非有之有，波騰」者，即聞者識上文義相生，因質起教故，有似波騰。離心無體，名爲非有；從心現故，名之爲有。又云：悟之者，得理亡[四]言；迷之者，執文遺旨；證之者，言理一心。是知若入宗鏡，無旨外之文可執，無文外之旨可尊，理事雙消，悟迷俱絶。

校注

[一] 按，高麗義天録新編諸宗教藏總録卷三海東有本見行録下著録有從式述成唯識論疏序鈔一卷，日本善

珠撰成唯識論述記序釋卷尾附通印輯録支那日域相宗先德所撰成唯識論末章篇目，亦有從式成唯識論疏序鈔一卷。宋高僧傳卷二三晉太原永和三學院息塵傳中有云：「(息塵)復學因明、唯識，不虧敷演，學徒穎脱者數人，崇福寺辯才大師從式最爲高足。」可知從式是晚唐五代崇福寺僧人，曾隨息塵學唯識。此唯識疏序鈔，當即其所撰成唯識論疏序鈔。

〔二〕窺基撰成唯識論述記序：「無言之言，風驚，韜邃彩而月玄；非有之有，波騰，湛幽章而海濬。」日善珠成唯識論述記序釋：「此出佛所説言教也。驚，覺也。和風驚動卉木，即令生牙出花，佛教亦爾，驚覺有情，令生道牙，開七覺之花也。韜，吐勞切，藏也；邃，私醉切，深遠也；彩，光彩也。如高天玄月，帶光彩而應於萬水之中，皆影現也，佛教亦爾，適應萬機，現於衆生心鏡也。言『非有之有』等者，此出教玄標理深。言『海濬』者，濬，思閏切，深也。所説之理，湛然甚深也。湛，直斬切，滿也，安也，水不流也。幽，微也。有本作『涵』，下陷切，没也。『幽』字可也。章，美也，明也，又采也。」

〔三〕澄觀撰大方廣佛華嚴經疏卷三：「亦本亦影，謂大乘初教。謂佛自宣説，若文若義，皆是如來妙觀察智相應浄識之所顯現，名本質教。故佛地論第一云：『有義，聞者善根本願增上緣力，如來識上文義相生。此文義相，是佛利他善根所起，名爲佛説。』若聞者識上所變文義，名爲影像。佛地論云：『如來慈悲本願增上緣力，聞者識上文義相生。此文義相，雖親依自善根力起，而就强緣名爲佛説。』」

〔四〕「亡」，嘉興藏本作「忘」。

問：從禪定而發慧，因静慮以證真，何不令息念澄神，冥宗照體？故云禪能洗根情之欲垢，摧結使之高山，滅覺觀之猛風，遮煩惱之毒箭。曷乃廣論總别，説佛説心，惑亂初機，有違正典？

答：夫禪有四種：一、作異計，忻上猒下而修者，是外道禪；二、信正因果，亦以忻猒而修者，是凡夫禪；三、了生空理，證偏真之道而修者，是小乘禪；四、達人、法二空而修者，是大乘禪〔一〕。

若背教而唯成闇證，只爲己眼不明；守默而但坐癡禪，所以慧心弗朗。徒興邪行，空濫真修。入道之初，教觀須具。執觀門而棄教旨，終成上慢之愚；徇他説而背自心，實招數寶之誚〔二〕。所以華嚴明成就無生之慧，先賴多聞；佛藏説速入涅槃之門，皆因聽法。如佛藏經頌云：「百千啞羊僧〔三〕，無慧修静慮，設經百千劫，無一得涅槃。聰敏智慧人，能聽法説法，斂念須臾頃，必速至涅槃。」〔四〕此頌是自利入道也。又經頌云：「假使頂戴塵沙劫，身爲牀座偏三千，若不傳法利衆生，決定無能真報者。」〔五〕斯頌乃利他報恩也。華嚴明菩薩證無生慧光，皆因善巧多聞，又聞有助觀起信之功，能圓自行，説有斷疑成佛之力，可以化他。故華嚴經頌云：「譬如闇中寶，無燈不可見，佛法無人説，雖智不能了。」〔六〕

校注

〔一〕宗密禪源諸詮集都序卷上之一：「禪則有淺有深，階級殊等，謂帶異計，欣上壓下而修者，是外道禪；

正信因果，亦以欣厭而修者，是凡夫禪；悟我空偏真之理而修者，是小乘禪；悟我、法二空所顯真理而修者，是大乘禪。上四類，皆有四色四空之異也。若頓悟自心本來清淨，元無煩惱，無漏智性本自具足，此心即佛，畢竟無異。依此而修者，是最上乘禪，亦名如來清淨禪，亦名一行三昧，亦名真如三昧，此是一切三昧根本。」

〔二〕數寶：數他人寶，自己終無半分。實叉難陀譯大方廣佛華嚴經卷一三：「如人數他寶，自無半錢分，於法不修行，多聞亦如是。」晉譯卷五：「譬如貧窮人，日夜數他寶，自無半錢分，多聞亦如是。」

〔三〕啞羊僧：愚癡無智，不分善惡，如啞羊之僧。龍樹造、鳩摩羅什譯大智度論卷三：「云何名啞羊僧？雖不破戒，鈍根無慧，不別好醜，不知輕重，不知有罪無罪。若有僧事，二人共諍，不能斷決，默然無言。譬如白羊，乃至人殺，不能作聲，是名啞羊僧。」

〔四〕見玄奘譯本事經卷四。

〔五〕見澄觀撰大方廣佛華嚴經疏卷一五引。

〔六〕見實叉難陀譯大方廣佛華嚴經卷一六。

是以説圓頓教，印衆生心，開大施之門，成無邊之益。若不以此示人，雖有利他而不盡善，所益既尠，用力尤多。若直指自心，全提家寶，如傾囊倒藏，大施無遮，徹果該因，究竟常樂。所以輔行記云：「若以權法化人，法門雖開，不名傾藏。今於一心開利物門，傾秘密藏，示真實珠，心既不窮，藏亦無量。藏既無量，珠則無邊，含一切法，故名爲藏。理體無缺，譬之以珠。是則開示衆生本有覺藏，非餘外來。」〔一〕

校　注

〔一〕見湛然述止觀輔行傳弘決卷五之一。

維摩經云：「法施會者，無前無後，一時供養一切衆生，是名法施之會。」〔二〕什法師云：「若一起慈心，則十方同緣，施中之最，莫先於此，故曰無前後也。」〔三〕肇法師云：「夫以方會人，不可一息期；以財濟物，不可一時周。是以會通無隅者，彌綸而不漏；法澤冥被者，不易時而同覆。故能即無疆爲一會而道無不潤，虚心懷德而物自賓，曷爲存濡沫之小慧，捨江海之大益？置一時之法養，而設前後之俗施乎？夫財養養身，法養養神。養神之道，存乎冥益。何則？群生流轉以無窮，爲塵路，冥冥相承，莫能自返。故大士建德，不自爲身，一念之善，皆爲群生。以爲群生故，行願俱果。行果，則己功立；願果，則群生益。己功立，則有濟物之能；群生益，則有返流之分。然則菩薩始建德於内，群生以蒙益於外矣，何必待哺養啓導，然後爲益乎？菩提者，弘濟之道也。是以爲菩提而起慈者，一念一時，所益無際矣。」

校注

〔一〕見維摩詰所説經卷上菩薩品。

〔二〕見注維摩詰經卷四。下一處引文同。

則是承宗鏡之光，徧法界之照，寧有遺餘乎？如首楞嚴疏鈔〔一〕云：心靈萬變者，坐禪在定時，魔境千差俱不識。昔有禪師在山坐，見一孝子擎一死屍來，向禪師前著，便哭云：「何故殺我阿母？」禪師知是魔，思云：「此是魔境，我將斧斫，卻可不得解脱。」便於柱上取斧，遂斫一斧，孝子走去。後覺股上濕，便看，乃見血，不期自斫。斯乃正坐禪時，心中起見，遂感外魔來，入行人心，不知皆由自心。或自歌舞等，元是自心影像。故知若了唯心，諸境自滅，何處心外别有境魔耶？又，昔有禪師坐，時見一猪來在前。禪師將是魔，則緩擎把猪鼻拽，唱叫：「把火來。」乃見和尚自把鼻唱叫。明知由心變，但修正定，何有魔事？如經云：「汝心不明，認賊爲子。」〔二〕五十重魔境〔三〕，皆由妄心爲賊子，盜汝法界中法財智寶，處三界往來貧窮、孤露之苦。

校注

〔一〕按，錢謙益鈔楞嚴經疏解蒙鈔卷首古今疏解品目：「（延壽）撰宗鏡録一百卷，折衷法門，會歸心要，多取證於楞嚴。所引古釋，即慤、振、沇三家之説也。」慤，指唐崇福寺惟慤法師疏；振，指唐魏北館陶沙門慧振科判；沇，指唐蜀資中弘沇法師疏。錢謙益楞嚴經疏解蒙鈔中據此處引轉引，此首楞嚴疏鈔不知何指。

〔二〕見大佛頂如來密因修證了義諸菩薩萬行首楞嚴經卷九。

〔三〕五十重魔境：即五陰魔境，五陰中各有十魔，故成五十魔境。魔者，梵語「魔羅」之略，意譯「殺」，能殺人法身慧命故；亦名「奪」，能奪人善法故。魔障現前，即成魔境。五陰魔境，詳見大佛頂如來密因修證了義諸菩薩萬行首楞嚴經卷九、卷一〇。

問：世間染法，有貪、瞋、癡爲所治；出世浄法，有戒、定、慧爲能治。則真、俗互顯，能、所對治，行、相分明，理、事具足，云何但説一心之旨，能袪萬法乎？

答：古德云：「至道本乎其心，心法本乎無住。無住心體，靈知不昧。」〔一〕則萬法出生，皆依無住一心爲體，離心之外，無别有法。如群波依水，離水無波；萬像依空，離空無像。

大莊嚴論偈云：「遠離於法界，無别有貪法，是故諸佛説，貪出貪餘爾。」「如佛先説，我不説有異貪之法，能出於貪，瞋、癡亦爾，由離法界别法無體故。是故貪等法性得貪等名，此説貪等法性能出貪等，此義是經旨趣。」〔二〕又頌云：「於貪起正思，於貪得解脱，故説貪出貪，瞋、癡出亦爾。」

釋曰：離貪之外，無别有法。以貪法界故，則一切法趣貪，是趣不過。何者？若於貪趣正思，了貪無自性，則於貪得解脱；若於貪起邪想，迷貪生執著，則於貪被繫縛。繫縛、解脱，遂成真、俗二門。於真、俗二門，則收盡染、浄諸法。貪一法既爾，餘瞋、癡等八萬四千煩惱塵勞門亦然，一一徧含法界故。斯乃是諸經旨趣之門，亦可全證宗鏡大意矣。

校注

〔一〕出澄觀撰心要法門。心要法門，景德傳燈録卷三〇收，題作五臺山鎮國大師澄觀答皇太子問心要。亦見卍新續藏第五八册收澄觀撰、宗密注華嚴心要法門注。方廣錩先生據黑城本整理之注心要法門，收藏外佛教文獻第七册。

〔二〕見大乘莊嚴經論卷六。下一處引文同。

若迷方便，貪諸義門，則疑餤水〔二〕以漂人，望乾城〔二〕而投足，憑虚自失，得實何憂？此一心之旨，萬德攸歸。若善若惡，皆能迴轉；若逆若順，悉使善成。所以十玄門中，有唯心迴轉善成門〔三〕。古釋云：「所言唯心迴轉者，前諸義門等，並是如來藏性清浄真心之所建立，若善若惡，隨心所轉，故云『迴轉善成』。心外無别境，故言『唯心』也。若順轉，即名涅槃。經云：『心造諸如來。』〔四〕若逆轉，即是生死。經云：『三界虚妄，皆一心作。』〔五〕生死涅槃，皆不出心，是故不得定説性是淨及與不淨也。故涅槃經云：『佛性非淨，亦非不淨。』〔六〕淨與不淨，皆唯心故，離心更無別法也。楞伽經偈云：『唯心無境界，無塵虚妄見。』」〔七〕

校注

〔一〕燄水：陽燄如水，言其幻也。慧琳一切經音義卷七：「陽焰，熱時遥望地上、屋上陽氣也，似焰非焰，故名陽焰，如幻如化。」

〔二〕乾城：「乾闥婆城」之略，謂幻化而出的城郭。湛然述止觀輔行傳弘決卷一之四：「乾城，俗云『蜃氣』。蜃，大蛤也。朝起海洲，遠視似有樓、櫓、人、物，而無其實。」曇曠撰大乘入道次第開決（敦煌遺書斯二四六三寫卷，大正藏第八五册收）：「海中有蟲名蜃，狀如蜂蛤，來遊水上，吐氣爲戲，日光初照，氣狀似樓，人遠見之，謂樓實有，但是蜃氣，非有實樓。」

〔三〕詳見本書卷三八。

〔四〕見佛陀跋陀羅譯大方廣佛華嚴經卷一〇。

〔五〕見佛陀跋陀羅譯大方廣佛華嚴經卷二五。

〔六〕見大般涅槃經卷二五，南本見卷二三。

〔七〕見智儼撰華嚴一乘十玄門。

故知逆、順唯由人轉，苦、樂自逐緣分。一念無住真心，塵劫未曾改變，但隨智分別，所見不同。涅槃疏云：「若言心性本淨，爲惑所覆，猶屬教道，且順權説。若云本心清淨，衆生聞者，起於邪見，謂心即是，不肯修道，爲令衆生斷除貪等，方見佛性，故云『終不定説』〔一〕等。若依實理，心性本來未淨，猶如無始，唯冰無水，雖全是冰，則不得云冰不是水。衆生心性，亦復如是，雖本是無明，則不得云非是三德秘藏〔二〕。是故圓人唯觀無始三道即三德故，不同權人，卻覆方見。」〔三〕

校注

〔一〕大般涅槃經卷二五：「諸佛、菩薩終不定説因中有果、因中無果及有無果、非有非無果。」

〔二〕三德：法身德（佛之本體，以常住不滅之法性爲身者）、般若德（般若即智慧，法相如實覺了者）、解脱德（遠離一切繫縛而得大自在者）。此三者，各有常、樂、我、淨四德，故名三德。不一不異，不縱不横，如伊字之三點，首羅之三目，稱爲大涅槃之秘密藏。

〔三〕見道暹述涅槃經疏私記卷七。按，道暹涅槃經疏私記，是補充注釋灌頂大般涅槃經疏的著作。

金剛三昧經云：「梵行長者言：『諸法一味，云何三乘其智有異？』佛言：『長者，譬如江、河、淮、海，大小異故、深淺殊故、名文别故，水在江中名爲江水，在淮中名爲淮水，在河

中名爲河水，俱在海中，唯名海水。法亦如是，俱在真如，唯名佛道。』」〔一〕

校注

〔一〕見金剛三昧經如來藏品。

是以縱横幻境，在一性而融真；寂滅靈空，寄森羅而顯相。如華嚴經頌云：「譬如一心力，能生種種心，如是一佛身，普現一切佛。」〔一〕

校注

〔一〕見實叉難陀譯大方廣佛華嚴經卷二三。

華手經偈云：「若欲以一念，偏知一切心，是心無形色，如幻不堅固。」〔一〕

校注

〔一〕見華手經卷六求法品。

賢劫定意經云：「見於證明，三界如幻，一切本元，無所違失，是曰一心。」〔一〕又云：

「以是名号，爲無所有，有所覩見，見一切本，是曰一心。」〔二〕如經偈云：「廣博諸世界，無量無有邊，知種種是一，知一是種種。」〔三〕何者？一是萬法之一，以心爲自性故。所以古頌云：萬法由心生，心清萬法清，五通無障礙，心王如眼睛。

校注

〔一〕見賢劫經卷五十八不共品。

〔二〕見賢劫經卷六八等品。

〔三〕見實叉難陀譯大方廣佛華嚴經卷四九。

月燈三昧經云：「爾時，世尊知月光童子心所默念而作偈問，告月光童子言：『若菩薩與一法相應，皆悉能獲最勝功德，速成阿耨多羅三藐三菩提。何謂一法？童子，若菩薩於一切法體性如實了知。乃至〔一〕偈言：諸法但説一，所謂法無相，是智者所説，如實而了知。若説如是法，菩薩了知者，彼得無礙辯，説億脩多羅。導師所加護，顯示於實際，不分別假名，曾無有所説。以一知一切，以一切知一，雖有種種説，而不起於慢。其心能了知，一切法無名，隨順學諸名，而演説真實。』」〔二〕

釋曰：若如實了知一切法體性即自心體性，觀一切法悉皆無名無相，以假名相説演其真實，令歸無相之真原、無名之實際，則入脩多羅教海，辯說無窮。

校注

〔一〕乃至：表示引文中間有删略。

〔二〕見月燈三昧經卷三。

又如經云：「童子，其心無性，又無形色，不可覩見。童子，如是心體性，即是佛功德體性。如是佛功德體性，即是一切諸法體性。以是義故，童子，若菩薩説一切法體性一義如實知者，名爲菩薩寂滅於心，善解三界出離善根。如實了知、如實知見、能如實説、無有異説，乃至〔一〕善解離文字法、善解分別字智、善解離語言法等。」〔二〕

校注

〔一〕乃至：表示引文中間有删略。

〔二〕見月燈三昧經卷三。又，「等」字表省略，非原經文。

入〔一〕楞伽經偈云：「不生現於生，不退常現退，同時如水月，萬億國土現。一身及無量，燃〔二〕火及霔雨，心心體不異，故說但是心。心中但是心，心無心而生，種種色形相，所

見唯是心。」〔三〕

又偈云：「心中無斷常，身資生住處，唯心愚無智，無物而見有。」〔四〕又偈云：「佛子見世間，唯心無諸法，種類非身作，得力自在成。」何以故？若得心王，一切自在，要成即成，非他所礙。如持地菩薩云：「我常於一切要路津口、田地、險隘，有不如法妨損車馬，我皆平填。乃至〔五〕遇毗舍如來摩頂謂我：『當平心地，則世界地一切皆平。』」〔六〕何以故？由心不平，其地即不平。如舍利弗心有高下，見丘陵坑坎〔七〕。是知提綱撮要，莫越觀心，見道不隔刹那，取證猶如反掌。

校注

〔一〕「入」，原作「又」，據諸校本改。

〔二〕「燃」，磧砂藏、嘉興藏本作「然」。

〔三〕見入楞伽經卷九。

〔四〕見入楞伽經卷三。下一處引文同。

〔五〕乃至：表示引文中間有刪略。

〔六〕見大佛頂如來密因修證了義諸菩薩萬行首楞嚴經卷五。

〔七〕維摩詰所説經卷上佛國品：「舍利弗言：『我見此土丘陵坑坎、荆蕀沙礫、土石諸山，穢惡充滿。』螺髻梵王言：『仁者心有高下，不依佛慧，故見此土爲不净耳。舍利弗，菩薩於一切衆生，悉皆平等，深心清淨，依佛智慧，則能見此佛土清淨。』」

陳文帝法華懺文云：「理無二極，趣必同歸。但因業因心，禀萬類之識；隨見隨著，異群生之相。」〔一〕

校注

〔一〕出陳文帝妙法蓮華經懺文，見廣弘明集卷二八。

梁武帝金剛懺云：「得之於心，然後爲法。是以無言童子，妙得不言之妙；不説菩薩，深見無説之深。」〔一〕所云「理無二極，趣必同歸」者，則一法標宗，異途泯跡；「不言之妙，無説之深」者，若不親證自心，曷乃洞其深妙？則言思道斷，冥合斯宗矣。

校注

〔一〕出梁武帝金剛般若懺文，見廣弘明集卷二八。

唐德宗皇帝云：夫萬有之法，本緣於心，心生法生，心滅法滅。故以心觀心，心外無法。心性常住，道其遠乎〔一〕？

校注

〔一〕此説出處俟考。隋慧遠大乘起信論義疏卷上之下：「心生法生，心滅法滅，三界虚妄，但一心作。」大乘義章卷三末：「三界唯心所依，如夢所見，如鏡中像，無有自體，離心則無六識境界。以從心故，心生法生，心滅法滅，諸法生滅，皆隨於心。」

如先德云：夫修道之體，自識常身本來清淨，不生不滅，無有分別，自性圓滿清淨之心，此是本師〔一〕。故知自真心自然而有，不從外來，於三界中所有至親，莫過於心。

校注

〔一〕唐弘忍述修心法要：「夫修道之本體，自識當身本來清淨，不生不滅，無有分別，自性圓滿清淨之心，此是本師，乃勝念十方諸佛。」唐慧淨般若心經疏（卍新續藏第二六册）：「夫言修道之體，自識當身本來清淨，不生不滅，無有分別，自性圓滿清淨之心，此是本師，乃勝念十方諸佛。」慧淨，傳見續高僧傳卷三唐京師紀國寺沙門釋慧淨傳，生年略早於弘忍。然此般若心經疏，方廣錩先生認爲不是慧淨疏的原貌，而是在慧淨疏的基礎上衍出，在智詵疏的基礎上重編（見敦煌遺書中的般若心經譯注）。而智詵爲弘忍弟子，故此説當出修心法要，「先德」者，亦當爲弘忍。

問：生、佛同體，何故苦樂有殊？

答：諸佛悟達法性，皆自然了心原，妄想不生，不失正念，我所心滅，故不受生死，即究竟常寂滅。以寂滅故，萬樂自歸。一切衆生，迷於真性，不達本心，種種妄想，不得正念，故即憎愛。以憎愛故，心器破壞，即受生死，故諸苦自現。欲知法要，守心第一。若一人不守真心得成佛者，無有是處，故云：「制心一處，無事不辦。」〔一〕一切萬法，不出自心。八萬法門，三乘位體，一切賢聖，論其宗教，莫非自心是本〔二〕。

校注

〔一〕見佛垂般涅槃略説教誡經。

〔二〕前文「如先德云」至此，皆見弘忍述修心要論，然次序、表述不盡相同。此或出當時流傳的不同於敦煌本的修心要論。

文句疏云：若尋教迹，迹廣，徒自疲勞；若尋理本，本高，高不可極。「日夜數他寶，自無半錢分。」〔一〕但觀己心之高廣，扣無窮之聖應，機成致感，逮得己利，故用觀心釋。當知種種聲教，若微若著，若權若實，皆爲佛道而作筌罤。大經偈云：「麁言及軟語，皆歸第一義。」〔二〕此之謂也。法華方便品偈云：「我本立誓願，普令一切衆，亦同得此道，如我等無異。」〔三〕又偈云：「正直捨方便，但説無上道。」此正，不指世間爲正，不指螢光析智爲正，不指燈炬體法智爲正，不指星月道種智爲正，乃指日光一切種智爲正。此流通，非爲楊葉、木牛、木馬〔四〕而作流通，非流通半字、非流通共字、非流通別字，純是流通圓滿脩多羅滿字法也〔五〕。

校注

〔一〕出佛陀跋陀羅譯大方廣佛華嚴經卷五。

〔二〕見大般涅槃經卷二〇，南本見卷一八。

〔三〕見妙法蓮華經卷一方便品。下一處引文同。

〔四〕大般涅槃經卷二〇：「嬰兒行者，如彼嬰兒啼哭之時，父母即以楊樹黄葉而語之言：『莫啼莫啼，我與汝金。』嬰兒見已，生真金想，便止不啼。然此楊葉，實非金也。木牛木馬、木男木女，嬰兒見已，亦復生於男女等想，即止不啼，實非男女。」

〔五〕「文句疏云」至此，詳見智顗説妙法蓮華經文句卷一上。智雲撰妙經文句私志記卷二：「半字喻九部小法，即三藏教，以其詮理未滿，故名爲半。次共、別字，經論無文，但例前後約法義作，以論中有共教、別教之名，教即文字故也，並從所詮之義以得其名，可知通本通正，正既是妙，並已絶此等麤，既無此等，何所可流通耶？經中滿字喻方等十二部，此名猶通，故云『圓滿』。滿之字，即是大般涅槃圓妙十二部也。」

如宗鏡一光，更無餘照，不唯位高行滿，亦乃因深果圓，巧拙頓殊，遲速莫等。如大智度論云：「譬如治病，苦藥針灸，痛而得差。如有妙藥，名蘇陀扇陀〔一〕，病人眼見，衆疾皆愈。除病雖同，優劣法異。聲聞、菩薩教化度人，亦復如是。苦行頭陁，初、中、後夜勤心禪觀，苦而得道，聲聞教也；觀諸法相，無縛無解，心得清淨，菩薩教也。」〔二〕

校注

〔一〕蘇陀扇陀：良藥名。

〔二〕見龍樹造、鳩摩羅什譯大智度論卷六。

是以了心實相，悟在刹那；積行而成，因賒果遠。但有一毫之善，悉隨喜迴向實相之心。乃至四威儀中，觸途成觀，念念契旨，步步入玄，不令一塵而失真智，如箭射地，無不中者。故論云：「復次，正迴向，菩薩應作是念：『如十方三世諸佛所知，用無上智慧知諸善根相。』一切智人中，佛第一勝。佛所知諸善根，必是實相〔一〕。如佛所知，我亦用如是善根相迴向。譬如射地，無不著時。若射餘物，或著或不著。如諸佛所知隨喜，如射地無不著。若用餘道隨喜，如射餘物，或著或不著。如是迴向，是爲不謗諸佛。」〔二〕

校注

〔一〕「相」，諸校本作「根」。按，大智度論作「相」。

〔二〕見龍樹造、鳩摩羅什譯大智度論卷六一。

故知信解實相心，入宗鏡内，舉念皆是，無往不真，方順佛所知，不謗三寶。若得實相智慧所廕，一切萬行悉皆成就，如大鵬影覆其子，令子增長。如今學人，但自直下内了自心，莫疑外境，心若得了，外境皆虚。一法纔通，萬像盡歸心地；一輪有阻，千車悉滯脩途。明明而只在自知，念念而無非真實。外奄叵鑒，不慮他疑；内密難窮，唯應親證。如龐居士偈云：「中人樂寂静，下士好威儀，菩薩心無礙，同凡凡不知。佛是無相體，何須有相持？但令心了事，遮莫外人疑。如人渴飲水，冷暖自心知。」〔一〕

校注

〔一〕見于頔編集龐居士語録卷中。

又如外書中云，有威名於世者，若呼其名，則可以止兒啼。魏略云：「張遼爲孫權所圍。遼復入，權衆破走，由是威震江東。兒啼不止，其父母以遼名恐之，便止。」〔二〕又，燉煌實録云：「宋質直破虜有威名，兒啼，恐之即止。」〔二〕且孩兒未識其人，聞名即能止啼者，全證唯心矣。乃至如念觀音名号，火不能燒等〔三〕，此託觀音爲增上緣，並是自心所感，致兹靈驗。災祥成敗，榮辱昇沉，無不由心者矣。所以融大師頌云：「亦不從天生，亦不從地出，但是空心性，照世間如日。」〔四〕

校注

〔二〕魏略：五十卷，三國魏魚豢著，已佚，清人王仁俊、張鵬一等皆有輯本。

〔三〕燉煌實録：二十卷，東晉十六國時劉昞著，已佚。清人張澍有輯本。

〔三〕妙法蓮華經卷七觀世音菩薩普門品：「若有持是觀世音菩薩名者，設入大火，火不能燒，由是菩薩威神力故。」

〔四〕融大師：即法融。參見本書卷四五引。

若如日照世間，何光明而不透？則觸目寓情，無非我心矣。皆成法寶，盡作家珍，自利、利他，用而無盡。

傅大士三諫謌〔一〕云：「捨世榮，捨世榮華道理長。怒〔二〕力殷勤學三諫，諫我身心還本鄉。諫意意根莫令起，諫口口根莫説彰，諫手手根莫鞭杖。三諫三王王自香，虚空自得到仙堂。仙堂不近亦不遠，徘徊只是衆中央。若欲行住仙堂裏，不用匍匐在他鄉。若欲求念彌陁佛，東西南北是西方。西方彌陁觸處是，面前背後七重行。或黄或赤或紅白，或大或小或短長。天蓋正是彌陁屋，木孔木穿彌陁房。天上空中彌陁路，草木正是彌陁鄉。日夜前後嘈嘈閙，正是彌陁口放光。若欲禮拜彌陁佛，不用思想强干忙。若不誔人是禮拜，若不求人是道場。努力自使三功作，殷勤肆力種衣粮。山河是家無盡藏，草木是人常滿倉。泥水是人常滿庫，藤蘿是人無底囊。多作功夫自成就，自行手脚熟嚴裝。若欲往生安樂國，只是箇物是西方。」

又謌云：「諸佛村鄉在世界，四海三田〔三〕偏滿生。佛共衆生同一體，衆生是佛之假名。若欲見佛看三郡，田宅園林處處停。或飛虚空中擾擾，或擲山水口轟轟。或結群朋往來去，或復孤單而獨行。或使白日東西走，或使暗夜巡五更。或烏或赤而復白，或紫或黑而黄青。或大或小而新養，或老或少舊時生。或身腰上有燈火，或羽翼上有琴箏。或遊虚空亂上下，或在草木亂縱横。或無言行自出宅，或入土坑暫寄生。或攢木孔爲鄉貫，或徧草木作窠城。或轉羅網爲村巷，或卧土石作階廳。諸佛菩薩家〔四〕如是，只箇名爲舍衛城。」

校注

〔一〕按，此歌未見他處，全唐詩據此處引收録。

〔二〕「怒」，嘉興藏本作「努」。説文段注：「按，古無『努』字，衹用『怒』。」

〔三〕三田：即三種田，佛經中喻指菩薩、聲聞和闡提。大般涅槃經卷三三：「如三種田，一者、渠流便易，無諸沙鹵、瓦石、棘刺，種一得百；二者、雖無沙鹵、瓦石、棘刺，渠流險難，收實減半；三者、渠流險難，多諸沙鹵、瓦石、棘刺，種一得一，爲稾草故。」這裏指各種田。明曾鳳儀楞嚴經宗通卷一引「傅大士偈云」中作「山田」，誤。

〔四〕「家」，明曾鳳儀楞嚴經宗通卷一引「傅大士偈云」中作「盡」。

音義

捜，所鳩反。　羈，居宜反。　誚，才笑反，責也。　啞，烏下反，不言也。　敏，眉殞反，才也，敬也，聰也。　尠，息淺反，少也。　該，古哀反。　傾，去營反。　缺，苦穴反，破也。　綸，力迍反。　濡，人朱反。　沫，莫割反。　哺，薄故反，食在口也。　淮，户乖反。　霔，之戍反。　扣，苦后反，繫也。　筌，此縁反，魚器也。　罤，杜奚反，兔網也。　賖，式車反。　鵬，步崩反。　叵，普火反。

宗鏡録卷第三十

慧日永明寺主智覺禪師延壽集

夫菩薩欲報佛恩，皆須不惜身命，護持如來正法，云何唯述一心，能報慈化？

答：覺王最後慈敕，唯令於念處修真；首祖當初所傳，只但指人心是佛。若能信受，是真報恩。示他則不負前機，自究則剋成大事。如智者觀心論偈云：「大師將涅槃，慈父有遺囑：『四念處〔一〕修道，當依木叉〔二〕住。』我等非佛子，不念此遺囑，乘緩内無道，戒緩墮三塗〔三〕。由不問觀心，令他信漸薄。烏鵶不施食，豈報白鵶恩？非但田不良，無平等種子，法雨若不降，法種必燋枯。各無來世粮，失三利〔四〕致苦，大法將欲頽，哀哉見此事！爲是因緣故，須造觀心論。平等真法界，無行亦無到，若能問觀心，能行亦能到。即是四念處，能依木叉住，乘急内有道，戒急生人天。此是真佛子，不乖慈父囑，天龍皆慶喜，一切豈不忻！能報白鵶恩，普施烏鵶食。既有好良田，有平等種子，法雨應時降，法種皆生長。各有未來資，俱獲三利樂。爲是因緣故，須造觀心論。諸來求法者，欲聞無上道，不知問觀心，聞慧〔五〕終不發。諸來求法者，欲思無上道，不知問觀心，思慧終不生。諸來求法者，欲修無上道，不知問觀心，修慧終不成。諸來求法者，勤修四三昧〔六〕，不知問觀心，困苦無所獲。諸來求法者，多聽得言語，不知問觀心，未得真實樂。諸來求法者，修三昧得定，不知問觀心，盲禪無所見。諸來求法者，欲懺悔衆罪，不知問觀心，罪終難得脱。諸來求法者，意欲離煩惱，不知問觀心，煩惱終不滅。諸來求法者，本欲利益他，不知問觀心，退轉令他謗。諸來求法者，欲興顯佛法，不知問觀心，退還大汙損。如此衆得失，非偈可具傳，有此諸得失，無人覺悟者。爲是因緣故，須造觀心論。末世修觀心，得邪定發見，辯才無窮盡，自謂人間寶。無智者鼻齅，野狐氣衝眼，舉尾共卻行，次第墮坑殞。爲是因緣故，須造觀心論。守鼻隔〔七〕安般〔八〕，及修不浄觀，安般得四禪，不免泥犁苦。不浄謂無學，覆鉢受女飯，設得隨禪生，墮長壽天難〔九〕。爲是因緣故，須造觀心論。依事法用心，無慧發鬼定〔一〇〕，顯異動物心，事發壞佛法。命終生鬼趣，九十六眷屬，像法決定明，三師破佛法。爲是因緣故，須造觀心論。内心不爲道，邪諂念名利，詐現坐禪相，得名利眷屬。事發壞他信，毁損佛正道，此是扇提羅〔一一〕，死墮無間獄。爲是因緣故，須造觀心論。説法得解脱，聽法衆亦然，不知問觀心，如貧數他寶〔一二〕。説者問觀心，無説亦無示，聽者問觀心，無聞亦無得。爲是因緣故，須造觀心論。戒爲制心馬，雖持五部律，不知問觀心，心馬終不調。律住持佛法，解外不解内，净名訶上首〔一三〕，乃名真奉律。爲是因緣故，須造觀心論。誦經得解脱，非爲世財利。若能問觀心，破一微塵中，出大千經卷，受持讀誦者，聞持無遺忘，心開得解脱。爲是因緣故，須造觀心論。勸化修供養，興顯安行人，密心爲自利，倚託以資身。壞他喜捨善，驢驢以償人，若能問觀心，即如驢驃也〔一四〕。爲是因緣故，須造觀心論。諸道各有法，了不自尋研，忽窺窬釋教，動經十數年，非但彼法拙，亦有謀壞心，此是迦毗梨，仙聖豈聽説〔一五〕？爲是因緣故，須造觀心論。富貴而無道，多增長憍逸，若能問觀心，得真法富貴。雖高而不危，雖滿而不溢，不著世富貴，心常在道法。爲是因緣故，須造觀心論。貧賤多奸諂，窺窬造衆惡，現被王法治，死墮三惡道。若能問觀心，即安貧養道，有道即真實，無爲即富樂。爲是因緣故，須造觀心論。四衆皆佛子，無非是法親，因執善法諍，遂結未來怨。若能問觀心，和合如水乳，皆師子之子，悉是栴檀林。爲是因緣故，須造觀心論。年衰身帶疾，眼闇耳漸聾，心惛多忘漏，年不如一年。死王金翅鳥，不久吞命根，一旦業繩斷，氣絶豈能言！爲是因緣故，須造觀心論。稽首十方佛，深慈觀心者，勸善諦觀察，發正覺妙樂。稽首十方法，深悲觀心者，善勸諦觀察，得真免諸苦。稽首十方僧，大衆和合海，若能善觀察，歡喜心無量。稽首龍樹師，願加觀心者〔一六〕，令速得開曉，亦加捨三心。今承三寶力，起三十六問，其間諸細問，對事難可數。若觀一念心，能答此問者，當知心眼開，得入清涼池。

不能答此問，奈何盲瞑也，少義尚不見，那能行大道！哀哉末法中，無復行道人，設令有三數，寧别此問也？故生悲愍心，歸命禮三寶。作此問心論，令觀者開朗，願諸見聞者，莫生疑謗心，信受勤修習，必獲大法利。」

乃至偈問云：「問觀自生心，云何四不説？離戲論執諍，心浄如虚空。問觀自生心，云何是魔行？業煩惱所繫，三界火宅燒。問觀自生心，云何是外道？諸見煩惱業，流轉於六道。問觀自生心，云何是三業？拙度〔二七〕斷見思，出三界火宅。問觀自生心，云何是巧度〔二八〕？三乘不斷結，得入二涅槃。問觀自生心，云何是别教？求大乘常果，菩薩斷别惑。問觀自生心，云何圓教乘？不破壞法界，住三德涅槃〔二九〕。問觀自生心，云何爲涅槃？修四種三昧，得真無生忍。問觀自生心，云何巧成就？二十五方便〔三〇〕，調心入正道。問觀自生心，云何知自心？起十種境界，成一心三智。問觀自生心，云何知十境？各成十法乘，遊四方快樂。問觀自生心，云何不住法？入初發心住，及四十二位。問觀自生心，云何六度成？能得諸三昧，及諸陁羅尼。問觀自生心，云何得六通？用四攝行化，四辯無罣礙。問觀自生心，云何得相好？成真應二身，對緣如鏡像。問觀自生心，云何具十力？人四無所畏，内外照用圓。問觀自生心，云何於觀心？能得十八種，不共世間法。問觀自生心，云何得大慈？大悲三念處，愍衆無異想。問觀自生心，云何巧方便？成就諸衆生，嚴浄一切刹。

問觀自生心，云何於此心？莊嚴菩提樹，建清浄道場。問觀自生心，云何降魔怨？能制諸外道，令衆悉歸敬。問觀自生心，云何坐道場？現四種成佛，赴機無差殊。問觀自生心，云何轉四教？清浄妙法輪，一切得甘露。問觀自生心，云何現四佛？四種涅槃相，究竟滅無餘。問觀自生心，云何知依正？四土天器同，而飯色有異。問觀自生心，云何於〔二一〕此心？是〔二二〕一切根緣，通達無罣礙。問觀自生心，云何知悉檀？無形無所説，現形廣説法。問觀自生心，云何知漸頓？秘密不定教，一音説此四。問觀自生心，云何知四教？各開出四門，及一切法門。問觀自生心，云何於四教？四門十六門，作論通衆經。問觀自生心，云何住滅定？普入十法界，廣利諸衆生。問觀自生心，云何知四土？用教有增減，普利一切衆。問觀自生心，云何知此心？具一切佛法，無一法出心。問觀自生心，云何知此心？即平等法界，佛不度衆生。問觀自生心，云何知此心？法界如虚空，畢竟無所念。問觀自生心，云何無文字？一切言語斷，寂然無言説。

「今約觀一念自生心，略起三十六問，問〔二三〕外觀心人及久相逐眷屬、行四種三昧者。彼觀心者，若能一一通達，當生心如佛想，親近受行，如四依〔二四〕也。門徒眷屬，若於此無滯，是真同行，是真法王子孫，紹三寶種，使不斷絶。若不能觀於一念自生心，一一答此問者，即是天魔外道眷屬，爲彼之所驅馳，方處三界牢獄，未有出離之期。若心不惬，欲求挽出者，必墮二乘三惡道坑，自斷法身慧命，誅滅菩提眷屬，是破佛法國土大乘家〔二五〕。哀哉，哀哉！知奈何也。若觀自生心，得失如此，觀他生、共生、無因生心，亦然也。」〔二六〕

校注

〔一〕四念處：即身念處（觀身不净）、受念處（觀受是苦）、心念處（觀心無常）、法念處（觀法無我）。念即能觀之智，處即所觀之境。

〔二〕木叉：「波羅提木叉」之略，意譯「别解脱」「處處解脱」，戒律之名。隋慧遠撰大乘義章卷一三藏義七門分别：「言木叉者，此名解脱。（中略）戒行名爲解脱，有其兩義：一者、戒行能免業非，故名解脱；二、能得彼解脱之果，故名解脱。」窺基撰大乘法苑義林章卷三末：「别别防非，名之爲别，能防、所防，皆得别稱。戒即解脱，解脱惡故。」

〔三〕乘緩：懈怠於聞法。戒緩：不固守戒律。按，此即乘戒四句中之乘戒俱緩，既不持戒，也不聞法，因而喪失人身，永墮四趣。灌頂撰觀心論疏卷一：「乘戒俱緩，内則自縈毒苦，外則破毁三寶，令他無信。」

〔四〕三利：指良田、種子和法雨。

〔五〕聞慧：三慧（聞慧、思慧、修慧）之一，即聞所成慧，也就是由聽聞教法而産生的智慧。思慧即思所成慧，也就是思惟所聞所見道理而産生的智慧。修慧即修所成慧，也就是修習而成的正智。隋慧遠撰大乘義章卷一〇三慧義分别五門：「就般若中受教名聞，生解名爲聞慧；簡義名思，從思得解，名爲思慧；進習名修，從修得智，名爲修慧。」

〔六〕四三昧：即四種三昧。智顗摩訶止觀卷二上，將衆多「止觀行」依其實行方式而分爲四種行法：常坐三昧、常行三昧、半行半坐三昧、非行非坐三昧，由之即可正觀實相，住於三昧。智顗説、灌頂記摩訶止觀卷二上：「行法衆多，略言其四：一、常坐，二、常行，三、半行半坐，四、非行非坐。通稱三昧者，調直定也。大論云：善心一處住不動，是名三昧。法界是一處，正觀能住不動，四行爲緣觀心藉緣調直，故稱三昧也。」詳見本書卷八八。

〔七〕「隔」，原作「隅」，據觀心論改。鼻隔，即「鼻中隔」。湛然述止觀輔行傳弘決卷一〇之二：「鼻隔者，無深觀行，唯止心鼻隔。」

〔八〕安般：又稱「安那般那」等，意譯「數息」，數出息、入息以定心的觀法。慧遠撰大乘義章卷一二五停心義四門分別：「數息觀者，觀自氣息，繫心數之，無令妄失，名數息觀。」

〔九〕灌頂觀心論疏卷一：「昔有比丘學不浄觀，少時伏心，欲想不起，即自謂已得羅漢。後出聚落乞食，見女送飯，欲心即發，情迷心醉，仍即覆鉢，受於女飯，故偈云『不浄謂無學，覆鉢受女飯』也。然數息得禪，設不起謗，乃不墮於地獄而隨禪受生墮長壽天難，故偈云：『設得隨禪生，墮長壽天難。』」

〔一〇〕鬼定：爲役使鬼神而修之禪定，是外道所修悖於正理之邪禪。智顗説摩訶止觀卷八下：「習魔精進，求名聞故，得於魔禪，味於鬼法，樂於魔慧，分別見網。」

〔一一〕扇提羅：意譯「石女」，謂無男女根者。據未曾有因緣經卷下，昔有五比丘，懶惰懈怠，外形似禪，内思邪濁，受提韋供養終身，復爲求覓財物，僞説已得阿羅漢果，命終後墮於地獄，經八千劫復生人間，爲扇提羅，諸根闇鈍，缺男女根，爲提韋之後身波斯匿王之后擔轝。灌頂觀心論疏卷一：「名利坐禪，如扇提羅，死墮地獄。」

〔二〕佛陀跋陀羅譯大方廣佛華嚴經卷五：「譬如貧窮人，日夜數他寶，自無半錢分，多聞亦如是。」

〔三〕上首：即持律第一之優波離。「浄名訶上首」，詳見維摩詰所説經卷上弟子品。灌頂觀心論疏卷一：「波離解外而不解内故，被浄名所彈。」

〔四〕灌頂撰觀心論疏卷一：「一失人身，萬劫不復，侵利極微，受報極重，何有觀智之人而爲斯也！至如駝驃，終無利己侵衆之失也。」雜寶藏經卷二駝驃比丘被謗緣：「昔有比丘名曰駝驃，有大力士力。出家精勤，得阿羅漢，威德具足，恒營僧事，五指出光，而賦衆僧種種敷具，由是佛説營事第一。彌多比丘自薄福德，當次會處，飲食麤惡，乃反恚言：『若此駝驃料理僧事，我終不得好食自活，當設方便。』彌多有姊作比丘尼，往共相教謗於駝驃，乃至滿三。駝驃厭惡，即昇虚空，作十八變，入火光三昧，於虚空中，如火焰滅，無有屍骸。『誹謗貪嫉，能使賢聖猶尚滅身，況復凡夫？是以智者當慎誹謗，莫輕言説。』（中略）駝驃比丘時爲食監，會見此婦隨逐比丘，目不暫捨，即便謗言：『此女必與彼比丘通。』由是因緣，墮三惡道，受苦無量，乃至今日，餘殃不盡，猶被誹謗。又以過去迦葉佛時出家學道，今得羅漢，以其過去經營僧事，驢馱米麵，溺於深泥，即能挽出，緣是之故，得力士力。」

〔五〕迦毗梨：外道名，亦作「迦比羅」「迦毗羅」等，數論派之祖。玄應一切經音義卷二三：「迦比羅，此云『赤色』，謂赤色仙人也。造僧佉論，説二十五諦義者。」灌頂撰觀心論疏卷一：「昔外道難破一切法師，唯無奈一禪師何。其母勸云：汝若將禪師論者，罵驢馬頭一切諸獸之頭，即可得勝。外道遂隨其母計得勝，後受迦毗梨之身，一身而有千頭。既運惡心，冥聖豈聽也？」詳見賢愚經卷一〇迦毗梨百頭品。

〔一六〕「願加觀心者」，原無，據觀心論補。

〔一七〕拙度：拙鈍的濟度法，與「巧度」相對，貶指小乘之觀法，小乘分析諸法而入空。智顗説摩訶止觀卷三上：「此之止觀，雖出生死，而是拙度。滅色入空，此空亦得名止，亦得名非止非不止，而不得名觀。何以故？灰身滅智故不名觀，但是析法無漏爲相，非今所論也。巧度止有三種，一、體真止，二、方便隨緣止，三、息二邊分别止。一、體真止者，諸法從緣生，因緣空無主，息心達本源，故號爲沙門。知因緣假合，幻化性虚，故名爲體。攀緣妄想，得空即息。空即是真，故言體真止。二、方便隨緣止者，若三乘同以無言説道斷煩惱入真，真則不異，但言煩惱與習有盡不盡。若二乘體真，不須方便止。菩薩入假，正應行用，知空非空，故言方便。分别藥病，故言隨緣。心安俗諦，故名爲止。（中略）三、息二邊分别止者，生死流動，涅槃保證，皆是偏行偏用，不會中道。今知俗非俗，俗邊寂然；亦不得非俗，空邊寂然，名息二邊止。」

〔一八〕巧度：巧妙的濟度法，指大乘之觀法，不壞諸法，直接體達其如夢幻之本來空。湛然述止觀輔行傳弘決卷六之二：「如用針藥，名爲拙度；用呪術者，名爲巧度。亦如二渡，若用草筏，名爲拙渡；用方舟者，名之爲巧。雙舟曰方。聲聞化人，苦行頭陀，初中後夜勤心禪觀，苦而行道，名爲拙度。菩薩化人，觀諸法實，無縛無解，心得清淨，名爲巧度。」

〔一九〕智顗撰四教義卷一一：「住三德涅槃名之爲住者，一、法身，二、般若，三、解脱。此三不縱不横，如世伊字，名祕密藏。真實心發，即是法身；了因心發，即是般若；緣因心發，即是解脱。三心既發，同世伊字，假名行人，以不住法住此三心，即是住於三德涅槃祕密之藏。」

〔二〇〕二十五方便：天台宗所謂正修止觀法門之前的二十五項方便修行。略有五類：一、具五緣，二、訶五欲，三、棄五蓋，四、調五事，五、行五法。具五緣者，謂持戒清浄、衣食具足、閑居静處、息諸緣務、得善知識；訶五欲者，謂訶色、聲、香、味、觸；棄五蓋者，謂棄貪欲、瞋恚、睡眠、掉悔、疑；調五事者，謂調眠、調食、調身、調息、調心，使五者達到中庸狀態；行五法者，謂欲、精進、念、巧慧、一心。

〔二一〕「於」，嘉興藏本作「依」。按，觀心論作「於」。

〔二二〕「是」，觀心論作「見」。

〔二三〕「問」，原無，據觀心論補。

〔二四〕四依：即法四依，謂依法不依人、依了義經不依不了義經、依義不依語、依智不依識。

〔二五〕「大乘家」，觀心論作「已亡大乘家」。據大正藏校勘記，有觀心論作「亡失大乘家業」。

〔二六〕見智顗述觀心論。

釋曰：此觀心三十六問，上等十方諸佛之慈心，無恩不報；下及法界群生之悲仰，有感皆從。乃至修行妙門、度生儀軌、教觀融攝、理事圓通、徹果該因、自他兼利、十身徧應、四土包含，但觀自一心，無不悉備。

如論偈云「烏鵶不施食，豈報白鵶恩？非但田不良，無平等種子，法雨若不降，法種必燋枯。各無來世粮，失三利致苦」者，釋云：「此偈明不修念處之觀，即是無平等種子；不依木叉而住，即非良田。何者？夫觀大乘念處者，觀生死五陰之身非枯非榮，即大寂定。涅槃經云：色解脱涅槃，乃至識解脱涅槃〔一〕。若修此念處觀，即是觀一切六道衆生即是常樂我浄大涅槃，具足佛之知見，如常不輕圓信成就〔二〕。經云：施城中最下乞人，與難勝如來等〔三〕。是則豈可分别是田、非田，可施、不可施耶？故念處觀即平等種子。若不修，則見生死、涅槃有異，凡、聖有殊。聖是敬田，則崇仰而施；凡是悲田，則猒賤而不捨，故言『無平等種子』。今取王爲喻者，喻無平等種子也。昔有王，但借白鴉以喻聖人，烏鴉以喻凡人，王喻衆生，不修念處〔四〕平等種子之人也，故簡悲敬兩田。然内無平等種子圓觀之道，外則不能弘宣化大乘，豈能報佛恩？又破如來禁戒，則無良田。是故偈云：『法雨若不降，法種則燋枯。』此兩句，明四衆無戒慧之機，聖則不應。何者？涅槃經云：純陁自云：我今身有良田，無諸荒穢，唯希如來甘露法雨雨我身田，令生法芽〔五〕。而今四衆，不依念處修道，則無慧種；不依木叉而住，則無良田。既無種，則衆生無感聖之機，豈能招聖法雨之應？衆生佛性之芽，何得不枯也？乃至〔六〕内無善機，外無聖應，法種之芽又枯，是則失現在、未來、涅槃三利之樂，乃更招三塗之苦。」〔七〕

又偈云「能報白鴉恩，普施烏鴉食」者，釋云：「此偈明有平等種子，復有良田，能施烏鴉食，能報白鴉恩。何者？然佛聖人能覺悟衆生，不令爲三毒諸煩惱虵毒所傷，即是聖人於衆生有恩。如白鴉覺悟於王，不爲毒虵所害。經云：依教修行，名報佛恩〔八〕。而今行者，依念處觀慧，依木叉而住，即是依教修行，名報佛恩。復能以己之行，化導一切衆生，即是普施一切烏鴉食，能報白鴉之恩。」〔九〕

又偈云「守鼻隔〔一〇〕安般，及修不浄觀，安般得四禪，不免泥犁苦。不浄謂無學，覆鉢受女飯，設得隨禪生，墮長壽天難。爲是因緣故，須造觀心論」者，釋云：此明事相修禪之倒也。「鼻隔安般」一句，標修有漏四禪章門。「及修不浄觀」一句，標修無漏事禪章門。「守鼻隔」者，安心在鼻也。「安般」者，數息也。以數息故，能得四禪八定〔一一〕。昔有比丘得四禪，謂阿羅漢，臨命謗佛，墮於地獄也。昔有比丘學不浄觀，少時伏心，欲想不起，自謂聖人，後出聚落乞食，見女送飯，欲心即發，情迷心醉，覆鉢受於女飯，然數息得禪，設不起謗，乃〔一二〕不墮地獄而隨禪受生墮長壽天難〔一三〕。

校注

〔一〕大般涅槃經卷三九：「色是無常，因滅是色，獲得解脱常住之色，受想行識亦是無常，因滅是識，獲得解脱常住之識。憍陳如，色即是苦，因滅是色，獲得解脱安樂之色，受想行識亦復如是。」

〔二〕常不輕：菩薩名，常修不輕之行，即釋迦佛往古的前身。此菩薩凡有所見，皆悉禮拜讚歎而作是言：「我深敬汝等，不敢輕慢。所以者何？汝等皆行菩薩道，當得作佛。」此菩薩臨終時，聞威音王佛説法華經，得六根清浄，增益壽命，更爲人宣説法華經，顯現神通，終得成佛。詳見妙法蓮華經卷六常不輕菩薩品。

〔三〕維摩詰所説經卷上菩薩品：「維摩詰乃受瓔珞，分作二分，持一分施此會中一最下乞人，持一分奉彼難勝如來。」

〔四〕不修念處：原衍作「不修念處不修念處」，據觀心論疏删。

〔五〕參見大般涅槃經卷二。

〔六〕乃至：表示引文中間有删略。

〔七〕見灌頂觀心論疏卷一。

〔八〕勝思惟梵天所問經卷五：「若有人能於此法門如説行者，是人名爲能報佛恩。」

〔九〕見灌頂觀心論疏卷一。

〔一〇〕「隔」，原作「隅」，據觀心論改。參前注。下二「隔」同。

〔一一〕四禪：即色界四禪定。詳見本書卷九注。八定：色界四禪定和無色界之四空定。四空定，詳見本書卷二四注。湛然述止觀輔行傳弘决卷九之一：「言『四禪八定』者，四在八數，重兼列者。若色、無色二界相對，則色界名禪，無色名定。若總以上界望於下欲，則上二界俱名定地，下欲爲散。」

〔一二〕「乃」，原作「及」，據觀心論疏改。

〔一三〕「釋曰：此觀心三十六問」至此，詳見灌頂觀心論疏卷一。

故知若於一心四念處修道，不忘慈父囑，真孝順之子孫。但入宗鏡中，無恩而不報。是以心若正，萬法皆正；心若邪，萬法亦邪。若離自心外，欲破他邪，則立自立他，見邪見正，如卸甲入陣，棄火焚畬，欲破敵下種，無有是處。但能守護自心，即是護持正法，亦是普念十方一切如來。自心護法既爾，轉化他心亦然，則正外無邪，云何說破？邪外無正，云何說持？如是通明，真護正法，乃至圓滿具足一切法門。所以首楞嚴經偈云：「將此深心奉塵刹，是則名爲報佛恩。」〔一〕

大集經云：「眼識於色，是名非法。若能遠離，是名護法。」〔二〕故知善攝諸根，不爲六塵所侵者，可謂真護法矣。

法集經云：「菩薩不須守護諸法。世尊，若菩薩但能善護自心，是菩薩善護自心故，則能成就諸佛妙法。乃至〔三〕見自心如幻，如是見諸法如幻，而心非内、非外、二中間可得。如是見一切法，見即如心，無於色相，不可得示，不可得見，無於形礙，不可執捉、不照、不住，見一切諸法，其相如是。若能如是見者，是菩薩則能得於平等之心。以得平等心故，如是菩薩不復更得於法。」〔四〕

以平等外無差别法，了差别法即平等故。若入此平等法門，則知一切法皆悉性空，不生愛著，即是無非捨身命處耳。亦是成道處，亦是轉法輪處，亦是度生處，亦是入滅處，亦是究竟報恩處，亦是成滿大願處，亦是萬行具足處。何者？如云「萬物得地而生，萬行得理而成」〔五〕者，理即心也，或行孝思，或輸忠烈，靡不由心者哉！如則天朝孟景休丁母憂，哀毁迨至滅性。有弟景褘在襁褓，景休自乳之，乳爲〔六〕之溢〔七〕。又，畢構爲吏部尚書，初丁繼母蕭氏憂，盧氏二妹俱在襁褓，構親乳之，乃至成長〔八〕。斯則孝行之所感，乳出於心，非定男女之體也。

校注

〔一〕見大佛頂如來密因修證了義諸菩薩萬行首楞嚴經卷三。

〔二〕見大方等大集經卷九。

〔三〕乃至：表示引文中間有删略。

〔四〕見法集經卷六。

〔五〕智顗説妙法蓮華經文句卷八下釋安樂行品：「爲一切作本者，如萬物得地而生，衆行得理而成。」

〔六〕「爲」，原作「謂」，據諸校本改。

〔七〕大唐新語卷五孝行：「孟景休，事親以孝聞，丁母憂，哀毁逾禮，殆至滅性。弟景褘年在繦褓，景休親乳之。」

〔八〕畢構：河南偃師人，「構初喪繼母時，有二妹在襁褓，親加鞠養，咸得成立。及構卒，二妹號絶久之，以撫育恩，遂制三年之服。」見舊唐書卷一〇〇。

問：八萬四千法門，門門解脱，云何偏取一心門以爲真趣？

答：此一心門是真性解脱。古佛慈敕諸佛解脱，只令於衆生心行中求，不於餘處求〔一〕。何以故？只謂衆生心是諸佛心，諸佛解脱是衆生解脱，隨緣轉變，自号衆生，緣性常空，真佛不動。如冰元是水結，若欲求水，應當就冰。冰水雖殊，濕性不壞；時節有異，體性無虧。如是信入，名真解脱，其餘法門，非無進趣。若比斯宗，頓漸天隔，但明佛慧，唯接上機。所以法華會上，世尊親囑累諸大菩薩：若説此經，直入佛慧，能廣開示，真報佛恩。其有不信受者，當於餘深法中，示教利喜，即是演餘解脱法門〔二〕。今宗鏡中唯論不思議解脱。

如台教問：「何意不斷煩惱而入涅槃，方是不思議解脱？答：須彌入芥，小不障大，大不礙〔三〕小，故云不思議耳。今有煩惱結〔四〕惑，不障智慧涅槃；智慧涅槃，不礙煩惱結惑，乃名不思議。」〔五〕

又，約有體、無體〔六〕。無色無心以明解脱，無體也。若不思議，觀色心即是法性之色心，見〔七〕色心不生不滅而得解脱，故知〔八〕真善妙色妙心之體也〔九〕。又，妙色湛然常安住〔一〇〕。又，色解脱涅槃，若無色者，如死人，那得解脱也〔一一〕？乃至黄蜂作蜜、蜘蛛作網，皆不可思議，皆有心數法之解脱也〔一二〕。

校注

〔一〕維摩詰所説經卷中文殊師利問疾品：「（文殊）又問：諸佛解脱當於何求？（維摩詰）答曰：當於一切衆生心行中求。」

〔二〕詳見妙法蓮華經卷六囑累品。

〔三〕「礙」，原作「即」，據維摩經玄疏改。

〔四〕「結」，原無，據維摩經玄疏補。

〔五〕見智顗維摩經玄疏卷五。

〔六〕「有體、無體」，諸校本作「思議解脱」。按，「約有體、無體」者，即從有體、無體層面分别思議解脱、不思議解脱，故作「有體、無體」是。參後注。

〔七〕「見」，原作「具」，據維摩經玄疏改，清藏本作「則」。參後注。

〔八〕「知」，疑當作「有」，參後注。

〔九〕智顗維摩經玄疏卷五：「約有體、無體分别者，若思議解脱，無有色心體；若不思議，有色心體。問曰：何故思議解脱無色心、不思議有色心？答曰：思議解脱，滅色取空，是有餘解脱，色心因滅。無餘解脱，色心果滅。既約無色無心以明解脱，故無體也。若是不思議解脱，觀色心即是法性之色心。法性之色心，本無因生，故非果滅，見色心不生不滅而得解脱，故有真善妙色妙心之體也。故涅槃經云：解脱有二種，亦色非色。非色者，聲聞、緣覺；色者，諸佛如來所得解脱。」

〔一〇〕智顗維摩經玄疏卷五：「妙色湛然常安住，不爲生老病死之所遷。」

〔二〕智顗維摩經玄疏卷五：「色解脱涅槃，受、想、行、識解脱涅槃，即是仁王經明法性色、受、想、行、識解脱。若無色者，如死人，那得論解脱也？」

〔三〕智顗維摩經玄疏卷五：「若論思議，至佛猶是思議。若論不思議，乃至黄蜂作蜜、蜘蛛作網，皆不可思議。是名共不可思議，皆有心數法之解脱，悉應是思議解脱也。」

是知直了此心，無行不足，以一心具足萬行，無一行而非心故。且如云布施者，大菩薩行施等時，能觀唯識，知境是心，即心外無法，三輪體空〔一〕，是稱真施；持戒者，謂證唯心，離念常淨，無明垢盡，即成佛戒，但佛心中具諸功德，離過義邊，則名爲戒；忍辱者，觀衆生唯識妄見，知本心外無法可瞋；精進者，如來精進，若據自行，常觀唯識。故攝論云：「如來常不出觀故寂靜。」〔二〕禪定者，大菩薩定，謂觀唯識不見境時，心無緣念，則是真定；智慧者，大菩薩皆觀自心意言分別以爲境界，從初發心乃至成佛，皆作此觀，豈止四等〔三〕、六度成佛化生？乃至欲託質蓮臺，永抛胎藏，生極樂等諸佛國土，遊戲神通者，皆能了達自心，無不化往，又復豈止一行一願？凡有一切希求，無不從意。

校注

〔一〕三輪體空：謂布施時，體達施者、受者及所施物皆悉本空，則能摧碾執著之相，是名三輪體空。施空，謂能施之人體達我身本空，豈有我爲能施？既知無我，則無希望福報之心，是名施空。受空，謂既體達本無我爲能施之人，亦無他人爲受施之者，是名受空。施物空，物即資財、珍寶等物，謂能體達一切皆空，豈有此物而爲所施？是名施物空。

〔二〕見世親釋、真諦譯攝大乘論釋卷一四。

〔三〕四等：即四無量心，慈、悲、喜、捨。

故如來不思議境界經云：「三世一切諸佛，皆無所有，唯依自心。菩薩若能了知諸佛及一切法皆唯心量，得隨順忍〔一〕，或入初地，捨身速生妙喜世界，或生極樂淨佛土中。」〔二〕

校注

〔一〕隨順忍：又稱順忍、柔順忍，指慧心柔軟，能隨順真理。菩提流支譯十地經論卷八：「隨順者，隨順平等真如法故。」注維摩詰經卷一〇：「什曰：柔謂軟鈍也。於實相法未能深入，軟智軟信，隨順不違，故名柔順忍也。肇曰：心柔智順，堪受實相，未及無生，名柔順忍。」

〔二〕見大方廣如來不思議境界經。

金剛般若論偈云：「智習唯識通，如是取淨土。」〔一〕

校注

〔一〕見金剛般若波羅蜜經論卷上。

起信論云：初信大乘心人，諸佛皆攝生淨土〔一〕。

校注

〔一〕按，起信論中未見此説。

諸法無行經云：「若能教化三千大千世界中衆生令行十善，不如菩薩如一食頃一心静處入一相法門。」〔一〕

校注

〔一〕見諸法無行經卷上。

大般若經云：「佛告善現：當知甚深般若波羅蜜多是諸善法所趣向門，譬如大海是一切水趣向門。」〔一〕

校注

〔一〕見大般若波羅蜜多經卷四六一。

楞伽經偈云：「一切諸度中，佛心爲第一。」〔一〕所以一切諸乘中，斯乘爲究竟。台教云：「『諸佛解脱，於衆生心行中求』〔二〕者，若觀衆生心行，入本性清浄智，窮衆生心原者，即顯諸佛解脱之果。若見衆生心空，即見佛國空，即是心行中求得三種解脱：衆生心性，即真性解脱；癡愛，即實慧解脱；諸不善行，即是方便解脱。」〔三〕

校注

〔一〕見楞伽阿跋多羅寶經卷一：「大乘諸度門，諸佛心第一。」

〔二〕見維摩詰所説經卷中文殊師利問疾品。

〔三〕見智顗維摩經文疏卷二〇。

是知此一心真性解脱，能空煩惱繫縛九結〔一〕、十使〔二〕等，如一栴檀樹〔三〕，改四十由旬伊蘭〔四〕林悉香〔五〕，能令煩惱即菩提故。

校注

〔一〕九結：九種煩惱（愛、恚、慢、無明、見、取、疑、嫉、慳）。結者，煩惱之異名，煩惱能結縛衆生，使不出離生死。

〔二〕十使：十種煩惱。使，驅役，煩惱之異名，謂貪等能驅役行者心神，令其流轉三界生死。詳見本書卷三注。

〔三〕栴檀：香木。慧琳一切經音義卷二九：「栴檀，梵語香木名也，唐無正譯，即白檀香是也，微赤色者爲上。」

〔四〕伊蘭：樹名，氣味甚惡，臭如胖屍，熏及四十由旬。慧琳一切經音義卷二五：「伊蘭，具足應云『伊那拔羅』，此云『極臭木』也。」佛教經論中，多以栴檀比菩提，以伊蘭喻煩惱。

〔五〕觀佛三昧海經卷一六譬品：「譬如伊蘭俱與栴檀生末利山，牛頭栴檀生伊蘭叢中，未及長大在地下時，芽莖、枝葉如閻浮提竹筍，衆人不知，言此山中純是伊蘭，無有栴檀。而伊蘭臭，臭若膖屍，薰四十由旬，其華紅色，甚可愛樂，若有食者，發狂而死。牛頭栴檀雖生此林，未成就故，不能發香。仲秋月滿，卒從地出，成栴檀樹，衆人皆聞牛頭栴檀上妙之香，永無伊蘭臭惡之氣。」

又，若斷惑懺罪，比餘漸教，如氎華千斤，不如真金一兩。故云：「若欲懺悔者，端坐念實相。」〔一〕則直了無生之心，當處解脱。

金光明經疏云：「毗盧遮那徧一切處，若行若住，若明若暗，皆得不離見佛世尊，六根所對，無非佛法〔二〕。耆婆攬草，無非藥者〔三〕，普能愈病。釋摩男所執一切砂礫，皆變爲寶〔四〕。阿那律空器，悉滿甘露〔五〕。若能如是者，所觀之罪，非復是罪，罪即實相。所觀之福，福即非福，福即實相，純是實相，是名大懺悔也。」〔六〕

校注

〔一〕見觀普賢菩薩行法經。

〔二〕知禮述金光明經文句記卷三上：「毗盧遮那，此方翻爲『遍一切處』，乃以華音彰法體遍，體雖本遍，迷時不知。今以內心妙觀遍歷於一切處，皆見遮那，此猶總歷。復更別歷六作、六受，行、住二作，必兼坐、卧、語、默四作，是名六作。明暗略舉，眼受於色，合例取聲，乃至意法，是名六受，故總結云：『六根所對。』雖結六受，身必六作，於此作、受，常得見佛。佛必三身，斯由內心成妙三觀，故於作受，常見如來三德三諦，是故結云：『無非佛法。』」

〔三〕四分律卷三九：「時耆婆童子即如師敕，於得叉尸羅國面一由旬，求覓非是藥者，周竟不得非是藥者，所見草木一切物，善能分別，知所用處，無非藥者。」

〔四〕釋摩男：摩訶那摩之略，拘利太子之尊稱，是佛陀初轉法輪所度化的五位比丘之一。湛然止觀輔行傳弘決卷九之三：「如大經中釋摩男執諸瓦礫，皆悉成寶，亦是過去心力所致。」

〔五〕阿那律：佛陀初轉法輪所度化的五位比丘之一。智顗説妙法蓮華經文句卷一下：「斛飯二子，長名摩訶男，季阿那律，乃是浄飯王之姪兒，斛飯王之次子，世尊之堂弟，阿難之從兄。」雜寶藏經卷四大愛道施佛金縷織成衣並穿珠師緣：「阿那律母欲試諸兒，時遣語無食。阿那律言：『但擔無食來。』即與空器。時空器中，百味飯食，自然盈滿。」參見本書卷四二引賢愚經。

〔六〕見智顗説、灌頂録金光明經文句卷三釋懺悔品。

觀普賢菩薩行法經云：「觀心無心，從顛倒想起，如此想心，從妄想起。如空中風，無依止處。如是法相，不生、不没，何者是罪？何者是福？我心自空，罪福無主。一切諸法，皆亦如是，無住、無壞，如是懺悔。」

又，夫有罪可露，非真懺悔；有善可見，非真隨喜；有法可趣，非真迴向；有事可求，非真發願。若入宗鏡，諦了自心，則無處無方，一切清浄。

如甚深大迴向經云：「佛言：有三種迴向。何等爲三？謂過去空、當來空、現在空。無有迴向者，亦無迴向法，亦無迴向處。菩薩摩訶薩，當作是迴向。作是迴向時，三處皆清浄，以此清浄功德與一切衆生共，迴向阿耨多羅三藐三菩提。作是迴向者，無有凡夫及凡夫法，乃至〔一〕亦無有佛及向佛者。何以故？法性無緣，不生不滅，無所住故。」

校注

〔一〕乃至：表示引文中間有删略。

法集經云：「菩薩摩訶薩於一切法，不求究竟處。何以故？是菩薩於一切法，無非究竟故。是菩薩不求解脱，一切諸法本性寂滅，無非解脱。是菩薩不樂一法、亦不猒一法，是菩薩於諸佛法非是自法、亦非他法，不取一法、不捨一法。」〔一〕

校注

〔一〕見法集經卷五。

法華經云：「爾時，佛告上行等菩薩大衆：諸佛神力如是，無量無邊，不可思議。若我以是神力，於無量無邊百千萬億阿僧祇劫，爲囑累故，説此經功德，猶不能盡。以要言之，如來一切所有之法、如來一切自在神力、如來一切秘要之藏、如來一切甚深之事，皆於此經宣示顯説。」〔一〕

校注

〔一〕見妙法蓮華經卷六如來神力品。

故知三世覺王、十方大士、一切所有諸佛之法、一切神通攝化之門、一切宗旨秘要之藏、一切甚深因果之事，皆於此心無不圓足，故云「於無量無邊阿僧祇劫」囑累此法，讚歎此心無作之功、無比之德，猶不能盡，豈可率爾頃剋而措言乎？

此宗鏡録是大智所行，上根能受，絶投巖癡狂之見，捨草庵下劣之心，非限量之懷，輒可希冀。持螺何以酌海？折草焉能量天？若遇大機，又不可行於小徑，須依宗鏡，直示本心。如經云：「無以穢食置於寶器，無以大海内於牛跡。」〔一〕是知於此生信者，甚爲希有。何者？信果佛則易，如十方諸佛；信因佛則難，如現今衆生。故起信鈔云：「信過去釋迦、當來彌勒等是佛，則爲易有。今信衆生心中真如是凡、聖通依，迷之則六趣無窮，悟之則三寶不斷，此爲希有。如信皇后王胎則易，信貧女聖孕則難。」〔二〕

校注

〔一〕見維摩詰所説經卷上弟子品。

〔二〕按，此説見起信論疏筆削記卷三，故此起信鈔者，當即傳奧大乘起信論隨疏記，參見本書卷六注。

是以染法、淨法，俱是心苗，本地發生，更無餘孕。如無著菩薩大乘莊嚴經論偈云：「自界及二光，癡共諸惑起。如是諸分別，二實應遠離。」

「釋曰：自界，謂自阿賴分種子；二光，謂能取光、所取光。此等分別，由共無明及諸餘惑故得生起。『如是諸分別，二實應遠離』，二實，謂所取實及能取實。如是二實染淨，應求遠離。」〔一〕釋曰：此亦攝末歸本義〔二〕。

論云：「求唯識人云：『能取及所取，此二唯心光，貪光及信光，二光無二法。』

「釋曰：求唯識人，應知能取、所取，此之二種，唯是心光。如是貪等煩惱光及信等善法光，如是二光，亦無染、净二法。何以故？不離心光，別有貪等、信等染、净法故，二光亦無相。偈曰：『種種心光起，如是種種相，光體非體故，不得彼法實。』

「釋曰：種種心光，即是種種事相。或異時起〔三〕者，謂貪光、瞋光等；或同時起者，謂信光、進光等。光體等者，如是也。染位心數、净位心數，唯有光相而無光體，是故世尊不説彼爲真實之法。」〔四〕

校注

〔一〕見大乘莊嚴經論卷四述求品。

〔二〕澄觀述大方廣佛華嚴經隨疏演義鈔卷六五：「釋曰：此説求染净，亦攝末歸本義。」

〔三〕「或異時起」，諸校本作「或異時起，或同時起」。按，大乘莊嚴經論作「或異時起，或同時起，異時起」。若從磧砂藏、嘉興藏本，後應補「異時起」。

〔四〕見大乘莊嚴經論卷五述求品。又，「大乘莊嚴經論偈云」至此，見澄觀述大方廣佛華嚴經隨疏演義鈔卷六五。

是知萬法之體，不出遮那心源；萬善之門，靡越普賢行海。云何不出遮那心源？如華嚴經頌云：「佛刹微塵數，如是諸刹土，能於一念中，一一塵中現。」〔一〕云何靡越普賢行海？如阿僧祇品頌云：「於一微細毛端處，有不可説諸普賢，如一毛端一切爾，如是乃至徧法界。」〔二〕此遮那心，即菩提心；此普賢行，即菩提行。如華嚴經頌云：「欲見十方一切佛，欲施無盡功德藏，欲滅衆生諸苦惱，宜應速發菩提心。」〔三〕昔人云：「菩提心即萬行之本。」〔四〕即此發心，便名爲行。

校注

〔一〕見實叉難陀譯大方廣佛華嚴經卷六。

〔二〕見實叉難陀譯大方廣佛華嚴經卷四五。

〔三〕見實叉難陀譯大方廣佛華嚴經卷一七。

〔四〕見法藏述華嚴經探玄記卷一七。

問：若獨取一心解脱，其餘非者，則一不收一切，法界義不圓。乖此廣乘，失其徧理。

答：若圓修頓悟之機，則舉一蔽諸，無復方便。只爲不入者，方便開三，乃至八萬。雖即開三，本明一道。所以金剛三昧經云：「如如之理，具一切法。善男子，住如理者，過三

苦海。」〔一〕

入〔二〕楞伽經偈云：「有無是二邊，以爲心境界，離諸境界法，平等心寂靜。」〔三〕

賢劫定意經云：「若復棄捐一切所有，在於所有而無所有，是曰一心。」〔四〕

法句經云：「人壽百歲，情欣放逸，不如一日，歸心空寂。」〔五〕

傅大士頌云：「諸佛不許外求名，達本真心即爲正。」

校　注

〔一〕見金剛三昧經真性空品。

〔二〕「入」，原作「又」，據諸校本改。

〔三〕見入楞嚴經卷五。

〔四〕見賢劫經卷二無際品。

〔五〕按，法苑珠林卷四八誡勗篇雜誡部引大法句經偈，文字與這裏引相同。法苑珠林校注云：「出法句經卷上述千品。」今檢大正藏本法句經，文字差異較大。

故知萬法歸心，則道全矣。如庚桑子道全〔一〕篇云：「魯公卑辭以問之，庚桑子曰：『吾能聽視不用耳目，非易耳目之所用，告〔二〕者過也。』公曰：『孰如是，寡人增異矣。其道若何？寡人早願聞之。』庚桑子曰：『我體合於心，心合於氣，氣合於神，神合於無。其〔三〕有介然之有，唯然之音，雖遠際八荒之表，迩在眉睫之内，來干我者，吾必盡知之，迺不知爲是。我七竅手足之覺，五藏六腑心慮之所知，其自知而已矣。』」〔四〕何璨注云：「心形泯合，神氣冥符，洞然至忘，與無同體，然後心彌静而智彌遠，神愈默而照愈彰，理極而自通，不思而玄覽，非夫至神至聖，其孰能與於此哉？斯乃靈真之要樞，重玄之妙道者也。」〔五〕

校注

〔二〕「道全」，庚桑子作「全道」。

〔三〕「所用告」，原作「所苦」，據庚桑子改，嘉興藏本作「用所告」。

〔三〕「其」，原作「具」，據諸校本改。

〔四〕見庚桑子全道第一。

〔五〕見何璨洞靈真經注。洞靈真經，即庚桑子。唐玄宗詔封庚桑子爲洞靈真人，故尊庚桑子爲洞靈真經。

是以内外指歸，須冥符心體，則洞照無遺矣，遂能和光萬有，體納十方。夫言和者，非有能、所二法相順名和。如古德云：凡、聖各别，不得名和。心體離念，不得衆生相。法界即我，我即法界名和。

首楞嚴經云：「觀世音菩薩白佛言：世尊，我從聞、思、修入三摩地，初於聞中入流亡所，所入既寂，動、静二相了然不生。如是漸增，聞所聞盡，盡聞不住。覺所覺空，空覺極圓。空所空滅，生滅既滅。寂滅現前，忽然超越世、出世間，十方圓明，獲二殊勝：一者、上合十方諸佛本妙覺心，與佛如來同一慈力；二者、下合十方一切六道衆生，與諸衆生同一悲仰。」〔一〕斯乃能、所跡消，真、俗冥合，非從事行，因異而同。但了心無自、他，萬法自然一體。外書亦云：心和即言和，言和即「言滿天下無口過」；以身心和故，「行滿天下無怨惡」〔二〕。既與萬法體和，則不共物諍。

校注

〔一〕見大佛頂如來密因修證了義諸菩薩萬行首楞嚴經卷六。
〔二〕出孝經卿大夫：「非法不言，非道不行；口無擇言，身無擇行。言滿天下無口過，行滿天下無怨惡。」

如華手經云：「佛告舍利弗：是故菩薩發菩提心，應當觀察是心空相。舍利弗，何等是心？云何空相？舍利弗，心名意識，即是識陰，意入意界。心空相者，心無心相，亦無作者。何以故？若有作者，則有彼作而此人受。若心自作，則自作自受。舍利弗，是心相空，無有作者，無使作者。若無作者，則無作相。若人戲論，是心相者，則與無礙空無相諍。若

與無礙空無相諍，是人則與如來共諍。若與如來共諍，當知是人則墜深坑。」〔一〕

校注

〔一〕見華手經卷七毁壞品。

是知若入宗鏡海中，已攝餘一切法門，如登法性山，悉見諸無邊境界。如大涅槃經云：「譬如有人在大海浴，當知是人已用諸河泉池之水。菩薩摩訶薩亦復如是，修習如是金剛三昧，當知已爲修習其餘一切三昧。」〔一〕又云：「譬如高山，有人登之遠望，諸方皆悉明了。金剛定山，亦復如是，菩薩登之遠望諸法，無不明了。」故知自心無能過者，所以教中亦名甚深法，亦名最上乘。是以一法指南，萬途歸順，但有名字差别，終無異體别陳。如有頌云：「諸色心現時，如金銀隱起，金處異名生，與金無前後。」〔二〕且如金銀隱起功德之形，但有異名，金體不動。例似一心，現出凡聖之道，雖立别号，心性無生，達此名空，見法如鏡，自然息意，冥合真宗矣。

校注

〔一〕見大般涅槃經卷二四，南本見卷二二。下一處引文同。

〔二〕見湛然止觀義例卷上。

音義

鵶，塢牙反，鳥名。　頽，杜回反，暴風。　齅，許救反，鼻取氣也。　殞，于敏反，殁也。　諂，丑琰反，僞也。　詐，側駕反，僞也。　驝，徒何反。　驃，毗召反，馬黄色。　窺，去隳反，小視也。　窬，羊朱反，小竇也。　瞑，莫經反，合眼也。　愜，苦協反，心伏也。　挽，無遠反。　誅，陟輸反。　卸，計夜反。　陣，直刃反。　畬，式車反，燒榛種物。　氎，徒協反，細毛布。　褘〔一〕，許歸反，后祭服也。　襁，居兩反，負兒衣。　褓，博抱反，負兒衣。　構，古候反。

丁未歲分司大藏都監開板

校注

〔一〕按，文中無「褘」字，當爲「禕」之誤。禕，美也。

宗鏡録卷第三十一

慧日永明寺主智覺禪師延壽集

夫諸佛境界，唯趣不思議一心解脱之門。何謂不思議解脱？以一切法非有而有、有而非有，非定量之所知，故稱不思議。既以非有而有，即不住於無；有而非有，即不住於有。有無不住，即於諸法悉皆解脱，以一切法不出有無故。是知一心解脱之中，無有文字，則無生死、無煩惱、無陰界、無衆生、無憂喜、無苦樂、無繫縛、無往來、無是無非、無得無失，乃至無菩提、無涅槃、無真如、無解脱。以要言之，一切世、出世間諸法，悉皆無有。如首楞嚴經云：「知見立知，即無明本。知見無見，斯即涅槃，無漏真浄，云何是中更容他物？」〔一〕

校注

〔一〕見大佛頂如來密因修證了義諸菩薩萬行首楞嚴經卷五。

如上所説，世間生死、出世涅槃等無量差别之名，皆從知見文字所立。若無知見文字，

名體本空，於妙明心中，更有何物？如六祖偈云：「菩提亦非〔一〕樹，明鏡亦非臺，本來無一物，何用拂〔二〕塵埃？」〔三〕

融大師云：「至理無詮，非解非纏，靈通應物，常存〔四〕目前。目前無物，無物宛然，不用人致〔五〕，體自虛玄。」〔六〕又云：「無物即天真，天真即大道。」〔七〕

寒山子詩云：「寒山居一窟，窟中無一物。浄潔空堂堂，皎皎明如日。糲食資微軀，布裘遮幻質。任汝千聖現，我有天真佛。」〔八〕

所以大涅槃經中，佛説一百句解脱況百斤金，即諸佛無上之珍，涅槃秘密之寶，是以句句皆云「真解脱者，即是如來」〔九〕。夫如來者，即一心真如自性中來，故云「如來」。又，如者，不變不異，不失自性，故名爲「如」；來者，即真如不守自性，隨緣顯現，故名爲「來」。斯乃是不來之來，以真如性徧一切處，實無去來，從心所感，無出没故。又，經云：「如來者，即是法也。」〔一〇〕故起信論云：「所言法者，即衆生心。」〔一一〕所以古德云：「心本清浄，亦無浄相，方見我心。」〔一二〕故知一百句解脱中，句句明心，心心解脱，未有一文一字不是宗鏡之指南。

校注

〔一〕「亦非」，嘉興藏本作「本無」。

〔二〕「用拂」，嘉興藏本作「處惹」。

〔三〕按，此偈宗寶本壇經作：「菩提本無樹，明鏡亦非臺，本來無一物，何處惹塵埃？」法海本壇經作：「菩提本無樹，明鏡亦無臺，佛性常清浄，何處有塵埃？」

〔四〕「存」，嘉興藏本、景德傳燈録作「在」。

〔五〕「不用人致」，景德傳燈録作「不勞智鑒」。

〔六〕見心銘，全文見景德傳燈録卷三〇牛頭山初祖法融禪師心銘。

〔七〕見絶觀論。絶觀論，或云達摩和尚絶觀論，故有人認爲是菩提達摩撰。宗密圓覺經大疏釋義鈔卷一一有云：「牛頭融大師有絶觀論」。此處緊承「融大師云」後曰「又云」，則延壽亦認爲絶觀論爲法融撰無疑。印順法師説：「禪者的作品，傳出而没有標明作者名字，在達摩禪的盛行中，有些就被加上『達摩和尚』『達摩大師』字樣。（中略）所以絶觀論是法融所作，是無可懷疑的。」見印順中國禪宗史，第一〇八頁。參見楊曾文唐五代禪宗史，第二四六—二四七頁，中國社會科學出版社，一九九五年。絶觀論，收入大藏經補編第一八册。

〔八〕按，此詩項楚先生寒山詩注編號爲一六二，詩作：「余家有一窟，窟中無一物。浄潔空堂堂，光華明日日。蔬食養微軀，布裘遮幻質。任你千聖現，我有天真佛。」

〔九〕見大般涅槃經卷五。詳見後引。

〔一〇〕見大般涅槃經卷五。

〔一一〕見真諦譯大乘起信論。

〔三〕見澄觀述大方廣佛華嚴經隨疏演義鈔卷二七。

如經云：「尒時，迦葉菩薩復白佛言：『世尊，唯願哀愍，重垂廣説大涅槃行解脱之義。』佛讚迦葉：『善哉，善哉！善男子，真解脱者名曰遠離一切繫縛。若真解脱，離諸繫縛，則無有生，亦無和合。譬如父母和合生子，真解脱者則不如是，是故解脱名曰不生。迦葉，譬如醍醐，其性清浄。如來亦尒，非因父母和合而生，其性清浄。所以示現有父母者，爲欲化度諸衆生故。真解脱者，即是如來。如來、解脱，無二無别。譬如春月下諸豆子，得煖氣已，尋便出生。真解脱者則不如是。

『又，解脱者名曰虚無，虚無即是解脱，解脱即是如來，如來即是虚無，非作所作。凡是作者，猶如城郭、樓觀、卻敵〔一〕。真解脱者則不如是，是故解脱即是如來。

『又，解脱者即無爲法，譬如陶師，作已還破。解脱不尒，真解脱者，不生不滅，是故解脱即是如來。如來亦尒，不生不滅、不老不死、不破不壞，非有爲法，以是義故，名曰如來，入大涅槃，不老不死。有何等義？老者爲遷變，髮白面皺，死者身壞命終。如是等法，解脱中無，以無是事，故名解脱。如來亦無髮白面皺有爲之法，是故如來無有老也。無有老故，則無有死。

『又，解脱者名曰無病。所謂病者，四百四病及餘外來侵損身者，是處無故，故名解脱。無疾病者即真解脱，真解脱者，即是如來。如來無病，是故法身亦無有病。如是無病，即是如來。死者名曰身壞命終，是處無死，即是甘露。是甘露者，即真解脱。真解脱者，即是如來。如來成就如是功德，云何當言如來無常？若言無常，無有是處。是金剛身，云何無常？是故如來不名命終。如來清净，無有垢穢，如來之身，非胎所汙，如分陀利〔二〕，本性清净。如來解脱，亦復如是，如是解脱，即是如來，是故如來清净無垢。

『又，解脱者，諸漏瘡疣永無遺餘。如來亦尓，無有一切諸漏瘡疣。

『又，解脱者無有鬭諍。譬如飢人見他飲食，生貪奪想，解脱不尓。

『又，解脱者名曰安静。凡夫人言：「夫安静者，謂摩醯首羅〔三〕。」如是之言，即是虚妄。真安静者，畢竟解脱，即是如來。

『又，解脱者名曰安隱。如多賊處，不名安隱。清夷之處，乃名安隱。是解脱中無有怖畏，故名安隱。是故安隱，即真解脱。真解脱者，即是如來。如來者，即是法也。

『又，解脱者無有等侶。有等侶者，如有國王、有隣國等。夫解脱者，則無如是。無等侶者，謂轉輪聖王，無有能與作齊等者。解脱亦尓，無有等侶。無等侶者，即真解脱。真解脱者，即是如來，轉輪法王。是故如來無有等侶，有等侶者，無有是處。

事。譬如壞怨，則無憂慮。解脱亦尓，是無憂畏。無憂畏者，即是如來。

『又，解脱者名無憂愁。有憂愁者，譬如國王畏難强隣而生憂愁。夫解脱者，則無是

『又，解脱者名無憂喜。譬如女人止有一子，從役遠行，卒得凶問，聞之愁苦。後復聞活，便生歡喜。夫解脱中無如是事，無憂喜者，即真解脱。真解脱者，即是如來。

『又，解脱者無有塵垢。譬如春月，日没之後，風起塵霧。夫解脱中無如是事，無塵霧者，喻真解脱。真解脱者，即是如來。譬如聖王髻中明珠，無有垢穢。夫解脱性亦復如是，無有垢穢。無垢穢者，喻真解脱。真解脱者，即是如來。如真金性不雜沙石，乃名真寶。有人得之，生於財想。夫解脱性亦復如是，如彼真寶。彼真寶者，喻真解脱。真解脱者，即是如來。譬如瓦瓶，破而聲甓。金剛寶瓶，則不如是。夫解脱者，亦無甓破。金剛寶瓶喻真解脱，真解脱者，即是如來，是故如來身不可壞。其聲甓者，如蓖麻子盛熱之時，置之日曝，出聲震爆。夫解脱者無如是事，如彼金剛真寶之瓶，無甓破聲。假使無量百千之人，悉共射之，無能壞者。無甓破聲，喻真解脱。真解脱者，即是如來。如貧窮〔四〕人負他物故，爲他所繫，枷鎖策罰，受諸苦毒〔五〕。夫解脱中無如是事，無有負責。猶如長者，多有財寶，無量億數，勢力自在，不負他物。夫解脱者亦復如是，多有無量法財珍寶，勢力自在，無所負也。無所負者，喻真解脱。真解脱者，即是如來。

『又，解脱者名無逼切。如春涉熱，夏日食甜，冬日冷觸。真解脱中，無有如是不適意事。無逼切者，喻真解脱。真解脱者，即是如來。又，無逼切者，譬如有人飽食魚肉而復飲乳，是人則爲近死不久。真解脱中無如是事，是人若得甘露良藥，所患得除。真解脱者，亦復如是。甘露良藥，喻真解脱。真解脱者，即是如來。云何逼切、不逼切也？譬如凡人，我慢自高，而作是念：「一切衆中，誰能害我？」即便携持蛇、虎、毒蟲，當知是人不盡壽命，則爲横死。真解脱中無如是事。不逼切者，如轉輪王所有神珠，能伏蜣蜋、九十六種諸毒蟲等。若有聞是神珠香者，諸毒消滅。真解脱者亦復如是，皆悉遠離二十五有〔六〕。毒消滅者，喻真解脱。真解脱者，即是如來。又，不逼切者，譬如虚空，解脱亦尔。彼虚空者，喻真解脱。真解脱者，即是如來。又，逼切者，如近乾草，然諸燈火，近則熾然。真解脱中無如是事。又，不逼切者，譬如日月，不逼衆生。解脱亦尔，於諸衆生無有逼切，無有逼切，喻真解脱。真解脱者，即是如來。

『又，解脱者名無動法，猶如怨親。真解脱中無如是事。又，不動者，如轉輪王，更無聖王以爲親友。若更有親，則無是處。解脱亦尔，更無有親，若有親者，亦無是處。彼王無親，喻真解脱。真解脱者，即是如來。如來者，即是法也。又，無動者，譬如素衣，易受染色，解脱不尔。又，無動者，如婆師華〔七〕，欲令有臭及青色者，無有是處。解脱亦尔，欲令有臭及諸色者，亦無是處，是故解脱即是如來。

『又，解脱者名爲希有。譬如水中生於蓮華，非爲希有。火中生者，是乃希有。有人見之，便生歡喜。真解脱者，亦復如是。其有見者，心生歡喜。彼希有者，喻真解脱。真解脱者，即是如來。其如來者，即是法身。又，希有者，譬如嬰兒，其齒未生，漸漸長大，然後乃生。解脱不尒，無有生與不生。

『又，解脱者名曰虚寂，無有不定。夫不定者，如一闡提，究竟不移。犯重禁者，不成佛道，無有是處。何以故？是人若於佛正法中心得浄信，尒時即便滅一闡提。若復得作優婆塞者，亦得斷滅於一闡提。犯重禁者，滅此罪已，則得成佛。是故若言畢定不移，不成佛道，無有是處。真解脱中都無如是滅盡之事。又，虚寂者，墮於法界。如法界性，即真解脱。真解脱者，即是如來。又，一闡提若盡滅者，則不得稱一闡提也。何等名爲一闡提耶？一闡提者，斷滅一切諸善根本，心不攀緣一切善法，乃至不生一念之善。真解脱中都無是事。無是事故，即真解脱。真解脱者，即是如來。

『又，解脱者名不可量。譬如穀聚，其量可知。真解脱者則不如是。譬如大海，不可度量。解脱亦尒，不可度量。不可量者，即真解脱。真解脱者，即是如來。

『又，解脱者名無量法。如一衆生，多有業報。解脱亦尒，有無量報。無量報者，即真解脱。真解脱者，即是如來。

『又，解脱者名爲廣大。譬如大海，無與等者。解脱亦尔，無能與等。無與等者，即真解脱。真解脱者，即是如來。

『又，解脱者名曰最上。譬如虚空，最高無比。解脱亦尔，最高無比。高無比者，即真解脱。真解脱者，即是如來。

『又，解脱者名無能過。譬如師子所住之處，一切百獸無能過者。解脱亦尔，無有能過。無能過者，即真解脱。真解脱者，即是如來。

『又，解脱者名爲無上。譬如北方，諸方中上。解脱亦尔，爲無有上。無有上者，即真解脱。真解脱者，即是如來。

『又，解脱者名無上上。譬如北方之於東方，爲無上上。解脱亦尔，無有上上。無上上者，即真解脱。真解脱者，即是如來。

『又，解脱者名曰恒法。譬如人天，身壞命終，是名曰恒，非不恒也。解脱亦尔，非是不恒。非不恒者，即真解脱。真解脱者，即是如來。

『又，解脱者名曰堅住。如佉羅〔八〕、栴檀〔九〕、沉水〔一〇〕，其性堅實。解脱亦尔，其性堅實。性堅實者，即真解脱。真解脱者，即是如來。

『又，解脱者名曰不虚。譬如竹葦，其體空疎。解脱不尔，當知解脱即是如來。

『又，解脱者名不可汙。譬如牆壁，未見塗治，蚊蝱在上，止住遊戲。若以塗治彩畫彫飾，蟲聞彩香，即便不住。如是不住，喻真解脱。真解脱者，即是如來。

『又，解脱者名曰無邊。譬如村落，皆有邊表。解脱不尔，譬如虚空，無有邊際。解脱亦尔，無有邊際。如是解脱，即是如來。

『又，解脱者名不可見。譬如空中，鳥跡難見。如是難見，喻真解脱。真解脱者，即是如來。

『又，解脱者名甚深。何以故？聲聞、緣覺所不能入。不能入者，即真解脱。真解脱者，即是如來。又，甚深者，諸佛菩薩之所恭敬。譬如孝子供養父母，功德甚深，喻真解脱。真解脱者，即是如來。

『又，解脱者名不可見。譬如有人，不見自頂。解脱亦尔，聲聞、緣覺所不能見。不能見者，即真解脱。真解脱者，即是如來。

『又，解脱者名無屋宅。譬如虚空，無有屋宅。解脱亦尔。言屋宅者，喻二十五有。無有屋宅，喻真解脱。真解脱者，即是如來。

『又，解脱者名不可取。如阿摩勒果[二]，人可取持。解脱不尔，不可取持。不可取持，即真解脱。真解脱者，即是如來。

『又，解脱者名不可執。譬如幻物，不可執持。解脱亦尔，不可執持。不可執持，即真解脱。真解脱者，即是如來。

『又，解脱者無有身體。譬如有人，體生瘡癩及[二]諸癰疽，癲狂乾枯。真解脱中，無如是病。無如是病，喻真解脱。真解脱者，即是如來。

『又，解脱者名爲一味，如乳一味。解脱亦尔，唯有一味。如是一味，即真解脱。真解脱者，即是如來。

『又，解脱者名曰清浄。如水無泥，澄静清浄。解脱亦尔，澄静清浄。澄静清浄，則真解脱。真解脱者，即是如來。

『又，解脱者名曰一味。如空中雨，一味清浄。一味清浄，喻真解脱。真解脱者，即是如來。

『又，解脱者名曰除卻。譬如滿月，無諸雲曀。解脱亦尔，無諸雲曀。無諸雲曀，即真解脱。真解脱者，即是如來。

『又，解脱者名曰寂静。譬如有人，熱病除愈，身得寂静。解脱亦尔，身得寂静。身得寂静，即真解脱。真解脱者，即是如來。

『又，解脱者即是平等。譬如野猫、毒蛇、鼠狼，俱有殺心。解脱不尔，無有殺心。無殺心者，即真解脱。真解脱者，即是如來。又，平等者，譬如父母等心於子。解脱亦尔，其心平等。心平等者，即真解脱。真解脱者，即是如來。

『又，解脱者無有異處。譬如有人，唯居上妙清浄屋宅，更無異處。解脱亦尔，無有異處。無異處者，即真解脱。真解脱者，即是如來。

『又，解脱者名曰知足。譬如飢人，值遇甘膳，食之無厭。解脱不尔，如食乳糜，更無所須。更無所須，喻真解脱。真解脱者，即是如來。

『又，解脱者名曰斷絶。如人被縛，斷縛得脱。解脱亦尔，斷絶一切疑心結縛。如是斷疑，即真解脱。真解脱者，即是如來。

『又，解脱者名到彼岸。譬如大海，有此彼岸。解脱不尔，雖無此岸，而有彼岸。有彼岸者，即真解脱。真解脱者，即是如來。

『又，解脱者名曰默然。譬如大海，其水泛漲，多諸音聲。解脱不尔，如是解脱，即是如來。

『又，解脱者名曰美妙。譬如衆藥，雜訶梨勒〔一三〕，其味則苦。解脱不尔，味如甘露。味如甘露，喻真解脱。真解脱者，即是如來。

『又，解脱者除諸煩惱。譬如良醫，和合諸藥，善療衆病。解脱亦尒，能除煩惱。除煩惱者，即真解脱。真解脱者，即是如來。

『又，解脱者名曰無窄。譬如小舍，不容多人。解脱不尒，多所容受。多所容受，即真解脱。真解脱者，即是如來。

『又，解脱者名滅諸愛，不雜婬欲。譬如女人，多諸愛欲。解脱不尒。如是解脱，即是如來。如來如是，無有貪欲、瞋恚、愚癡、憍慢等結。

『又，解脱者名曰無愛。愛有二種：一者、餓鬼愛，二者、法愛。真解脱者，離餓鬼愛，憐愍衆生，故有法愛。如是法愛，即真解脱。真解脱者，即是如來。

『又，解脱者離我、我所。如是解脱，即是如來。如來者，即是法也。

『又，解脱者是滅盡，離諸有貪。如是解脱，即是如來。如來者，即法也。

『又，解脱者即是救護，能救一切諸怖畏者。如是解脱，即是如來。如來者，即是法也。

『又，解脱者即是歸處，若有歸依，如是解脱，不求餘依。譬如有人依恃於王，不求餘依，雖復依王，則有動轉。依解脱者，無有動轉。無動轉者，即真解脱。真解脱者，即是如來。如來者，即是法也。

『又，解脱者名爲屋宅。譬如有人行於曠野，則有險難。解脱不尒，無有險難。無險難者，即真解脱。真解脱者，即是如來。

『又，解脱者是無所畏。如師子王，於諸百獸不生怖畏。解脱亦尔，於諸魔衆不生怖畏。無怖畏者，即真解脱。真解脱者，即是如來。

『又，解脱者無有窄狹。譬如隘路，乃至不受二人並行。解脱不尔。如是解脱，即是如來。又有不窄，譬如有人，畏虎墮井。解脱不尔，如是解脱，即是如來。又有不窄，如大海中，捨壞小船，得堅牢船，乘之渡海，到安隱處，心得快樂。解脱亦尔，心得快樂。得快樂者，即真解脱。真解脱者，即是如來。

『又，解脱者拔諸因緣。譬如因乳得酪，因酪得酥，因酥得醍醐。真解脱中都無是因。無是因者，即真解脱。真解脱者，即是如來。

『又，解脱者能伏憍慢。譬如大王，慢於小王。解脱不尔。如是解脱，即是如來。如來者，即是法也。

『又，解脱者伏諸放逸。謂放逸者，多有貪欲。真解脱中無有是名。無是名者，即真解脱。真解脱者，即是如來。

『又，解脱者能除無明。如上妙酥，除諸滓穢，乃名醍醐。解脱亦尔，除無明滓，生於真明。如是真明，即真解脱。真解脱者，即是如來。

『又，解脱者名爲寂静，純一無二。如空野象，獨一無侣。解脱亦尔，獨一無二。獨一無二，即真解脱。真解脱者，即是如來。

『又，解脱者名爲堅實。如竹葦、萞麻，莖幹虚空而子堅實。除佛如來，其餘人天皆不堅實。真解脱者，遠離一切諸有流等。如是解脱，即是如來。

『又，解脱者名能覺了，增益於我。真解脱者，亦復如是。如是解脱，即是如來。

『又，解脱者名捨諸有。譬如有人，食已而吐。解脱亦尔，捨於諸有。捨諸有者，即真解脱。真解脱者，即是如來。

『又，解脱者名曰决定。如婆師華香，七葉中無〔一四〕。解脱亦尔。如是解脱，即是如來。

『又，解脱者名曰水大。譬如水大，於諸大勝，能潤一切草木種子。解脱亦尔，能潤一切有生之類。如是解脱，即是如來。

『又，解脱者名曰爲入。如有門户，則通路入金性之處，金則可得。解脱亦尔，如彼門户，修無我者，則得入中。如是解脱，即是如來。

『又，解脱者名曰爲善。譬如弟子，隨逐於師，善奉教敕，得名爲善。解脱亦尔。如是解脱，即是如來。

『又，解脱者名出世法，於一切法，最爲出過。如衆味中，酥乳最勝。解脱亦尔。如是解脱，即是如來。

『又，解脱者名曰〔一五〕不動。譬如門閫，風不能動。真解脱者，亦復如是。如是解脱，即是如來。

『又，解脱者名無濤波。如彼大海，其水濤波，解脱不尒。如是解脱，即是如來。

『又，解脱者譬如宫殿。解脱亦尒。當知解脱，即是如來。

『又，解脱者名曰所用。如閻浮檀金〔一六〕，多有所任，無有能説是金過惡。解脱亦尒，無有過惡。無有過惡〔一七〕，即真解脱。真解脱者，即是如來。

『又，解脱者捨嬰兒行。譬如大人，捨小兒行。解脱亦尒，除捨五陰。除捨五陰，即真解脱。真解脱者，即是如來。

『又，解脱者名曰究竟。如被繫者，從繫得脱，洗浴清淨，然後還家。解脱亦尒，畢竟清淨。畢竟清淨，即真解脱。真解脱者，即是如來。

『又，解脱者名無作樂。無作樂者，貪欲、瞋恚、愚癡吐故。喻如有人悮飲蛇毒，爲除毒故，即服吐藥。既得吐已，毒即除愈，身得安樂。解脱亦尒，吐於煩惱諸結縛毒，身得安樂，名無作樂。無作樂者，即真解脱。真解脱者，即是如來。

『又，解脱者名斷四種毒蛇〔一八〕煩惱。斷煩惱者，即真解脱。真解脱者，即是如來。

『又，解脱者名離諸有，滅一切苦，得一切樂，永斷貪欲、瞋恚、愚癡，拔斷一切煩惱根本。拔根本者，即真解脱。真解脱者，即是如來。

『又，解脱者名斷一切有爲之法，出生一切無漏善法，斷塞諸道，所謂若我、無我，非我、非無我，唯斷取著，不斷我見。我見者，名爲佛性。佛性者，即真解脱。真解脱者，即是如來。

『又，解脱者名不空空。空空者，名無所有。無所有者，即是外道尼揵子等所計解脱。而是尼揵，實無解脱，故名空空。真解脱者，則不如是，故不空空。不空空者，即真解脱。真解脱者，即是如來。

『又，解脱者名曰不空。如水、酒、酪、酥、蜜等瓶，雖無水、酒、酪、酥、蜜時，猶故得名爲水等瓶，如是瓶等，不可説空及以不空。若言空者，則不得有色、香、味、觸；若言不空，而復無有水、酒等實。解脱亦尔，不可説色及以非色，不可説空及以不空。若言空者，則不得有常樂我凈；若言不空，誰受是常樂我凈者？以是義故，不可説空及以不空。空者，謂無二十五有及諸煩惱、一切苦、一切相、一切有爲行，如瓶無酪，則名爲空；不空者，謂真實善色，常樂我凈，不動不變，猶如彼瓶色、香、味、觸，故名不空。是故解脱，喻如彼瓶。彼瓶遇緣，則有破壞。解脱不尔，不可破壞。不可破壞，即真解脱。真解脱者，即是如來。

『又，解脱者名曰離愛。譬如有人，愛心希望釋提桓因、大梵天王、自在天王。解脱不尒，若得成於阿耨多羅三藐三菩提已，無愛無疑。無愛無疑，即真解脱。真解脱者，即是如來。若言解脱有愛疑者，無有是處。

『又，解脱者斷諸有貪，斷一切相、一切繫縛、一切煩惱、一切生死、一切因緣、一切果報。如是解脱，即是如來。如來者，即是涅槃。一切衆生，怖畏生死諸煩惱故，故受三歸。譬如群鹿怖畏獵師，既得免離，若得一跳則喻一歸，如是三跳則喻三歸。以三跳故，得受安樂。衆生亦尒，怖畏四魔惡獵師故，受三歸依。三歸依故，則得安樂。受安樂者，即真解脱。真解脱者，即是如來。如來者，即是涅槃。涅槃者，即是無盡。無盡者，即是佛性。佛性者，即是決定。決定者，即是阿耨多羅三藐三菩提。』」〔三九〕

校　注

〔一〕郤敵：繞城修築的土臺。澄觀大方廣佛華嚴經疏卷一二：「繞城別築土臺曰郤敵。」大唐西域記卷八瞻波國：「都城壘甎，其高數丈，基址崇峻，郤敵高險。」

〔二〕分陀利：白色蓮花。

〔三〕摩醯首羅：意譯「大自在」，謂此大王於大千界中得自在故，爲色究竟天主。慧琳一切經音義卷四二：「摩醯首羅，醯，音馨奚反，梵語，上界天王名也，唐云『大自在』，即色究竟天主，住色界之最上頂。」

〔四〕「貧窮」，原作「貧寶窮」，據大般涅槃經改，嘉興藏本作「貪寶」。

〔五〕「責」，嘉興藏本及大般涅槃經作「債」。按，「責」爲「債」的本字。

〔六〕二十五有：衆生輪迴生死之處，通三界有二十五果報（欲界十四有：四惡趣、四洲、六欲天；色界七有：四禪天及初禪中之大梵天並第四禪中之浄居天、無想天；無色界四有：四空處），故謂之二十五有。有即因果不亡之意。慧琳一切經音義卷二五：「二十五有，四洲、四惡趣及以六欲天、無想、梵、浄居、四空及四禪也。」

〔七〕婆師：「婆利師迦」之略，或作「婆使迦」，花白色，甚香。慧琳一切經音義卷二五：「婆師花，舊云『藤花』，梵云『婆利師迦』，此云『夏至花』也。」「婆師香，其花芬馥也。此云『藤花』也。」翻譯名義集卷三百華篇：「婆利師迦，亦云『婆師迦』，又云『婆使迦』，此云『夏生華』，又翻『雨華』。雨時方生，故曰雨華。」

〔八〕佉羅：木名，材質堅硬。大般涅槃經作「佉陀羅」。慧琳一切經音義卷二五：「佉陀羅，云『坑樹』，其木堅實者是也。」

〔九〕栴檀：香木名。慧琳一切經音義卷二九：「栴檀，梵語香木名也，唐無正譯，即白檀香是也，微赤色者爲上。」

〔一〇〕沉水：即沉香。法華經三大部補注卷七：「沉水者，異物誌云：出日南國，欲取，當先斫壞樹，著地積久，外朽爛，其心堅者，置水則沉，曰沉香。其次在心白之間，不甚精堅者，置之水中，不沉不浮，與水平者，名爲棧香。」

〔二〕阿摩勒果：即餘甘子。玄應一切經音義卷八：「阿摩勒果，正言『菴磨羅果』，其葉似小棗，果如胡桃，味酸而甜，可入藥。」

〔三〕「及」，原作「又」，據大般涅槃經改。

〔三〕訶梨勒：又作「訶梨怛雞」，意譯「天主持來」，此果味苦，入藥。玄應一切經音義卷二四：「訶梨怛雞，舊言『呵梨勒』，翻爲『天主持來』，此果堪爲藥分，功用極多，如此土人參、石斛等也。」

〔四〕七葉：七葉花。大般涅槃經卷二：「如七葉花，無有香氣。」灌頂撰大般涅槃經疏卷一三：「七葉至臭，婆師極香。」

〔五〕「曰」，原作「四」，據諸校本改。

〔六〕閻浮檀金：流經閻浮樹間的河流所産的沙金。此金色澤赤黄，是金中最高貴者。慧苑新譯大方廣佛華嚴經音義卷上：「閻浮檀金，具正云『染都捺陁』，此是西域河名，其河近閻浮捺陁樹，其金出彼河中，此則因樹以立稱，金由河以得名。或曰閻浮果汁，點物成金，因流入河，染石成此閻浮檀金。其色赤黄，兼帶紫燄氣也。」

〔七〕「無有過惡」，原無，據嘉興藏本及大般涅槃經補。

〔八〕四種毒蛇：慧琳一切經音義卷二五：「四種毒蛇，一者、觸毒，二、嚙毒，三、氣毒，四者、見毒。」喻指貪、瞋、癡、慢。

〔九〕見大般涅槃經卷五。

釋曰：上來一百句解脱，文現不繁，更釋大意，只明一心真性解脱，以實慧解脱顯此真性，然後成方便慧解脱，故能自覺、覺他，名之爲佛，即是平等法身天真之佛。所以經云：「當知解脱即是如來，如來之性即是解脱，解脱、如來，無二無別。」〔一〕是以如來之性即衆生性，衆生之性即一切法性，一切法性即是心性。以心性徧一切處故，則一切處悉是不思議解脱。以不見自性故，則隨處貪著，著即被縛。若了斯宗，縛脱俱寂。所以云：「離即著，著即離，幻化門中生實義。亦無離，亦無著，何處更求無病藥？」〔二〕

校注

〔一〕見大般涅槃經卷五。

〔二〕見一鉢歌。一鉢歌，詳見本書卷一注。

又，此一百句解脱，委曲披陳，是最後指歸，究竟垂示，則涅槃之秘藏，祖佛之正宗，所以具録全文，證明宗鏡，請不厭繁覽，所冀子細明心，斯乃解縛之原，迷悟之本。若心解則一切解，與真性而相應；若心縛則一切縛，與塵勞而共處。出要之道，於此絶言；方便之門，更無過上。此不思議真性解脱法門，一入全真，真外無法，意消能、所，情斷是、非。此非誦文法師湊其智海，闇證禪伯了此慧燈〔一〕，唯除直〔二〕見性人、一乘道種，方能悟入，頓了無疑。

校注

〔一〕誦文法師：或稱文字法師、文字人等，指拘泥執著於經文而不知真修實行者。闇證禪伯：或稱暗禪者、盲禪者，指執著於修習禪定而不知教相文理的禪徒。智顗説摩訶止觀卷五上：「此十重觀法，横竪收束，微妙精巧，初則簡境真僞，中則正助相添，後則安忍無著，意圓法巧，該括周備，規矩初心，將送行者到彼薩雲，非闇證禪師、誦文法師所能知也。」湛然止觀輔行傳弘決卷一之五：「暗禪者多增上慢，文字者推功上人。」

〔二〕「直」，嘉興藏本作「真」。

此圓頓教門，唯一無分別法耳，無有際畔，不涉一多。以即邊而中故，無法可比；以即妄而真故，無法可待。豈更佛法待於佛法？唯一絶待如來法界故，出法界外，無復有法，無所可待，亦無所絶，唯證相應，不在言説。如大集經云：「不待莊嚴，了知諸法。」〔二〕以得一摠得餘故。所以云：一葉落，天下秋。一塵起，大地收。一華開，天下春。一事寂，萬法真〔三〕。則上根一覽，終不再疑。中、下之機，寧無方便？如孤寂吟云：「舉一例諸足可知，何用喃喃説引詞？只見餓夫來取飽，不聞漿逐渴人飛。」〔三〕

校注

〔一〕見大方等大集經卷一瓔珞品。

〔二〕澄觀述大方廣佛華嚴經隨疏演義鈔卷七五：「覩一葉落，知天下秋。見一華開，知天下春。」

〔三〕見丹霞和尚孤寂吟。「飛」，祖堂集作「死」。按，孤寂吟全詩，見祖堂集卷四丹霞和尚。

問：衆生法身與佛平等，云何不起報化之用耶？

答：雖本平等，隱顯有殊。隱名如來藏，顯名法身。起信疏云：「但衆生迷自真理，起於妄念，是時真如但現染相，不顯其用。」〔一〕

校注

〔一〕見法藏撰大乘起信論義記卷下本。

鈔問云：衆生心與佛體既同，衆生迷時何不起用？答：以無明有力，起於九相，真如無力被隱故，不能現用。如水爲風所擊，但起波瀾，而不能現像〔一〕。石壁鈔云：「論云本覺常起用者，有其二意：一、約内熏，即自體相熏習義。故論云：『從無始來，具無漏法，備有不思議業，作境界之性，依此二義恒常熏習。』〔二〕二、約應化不起者，但以妄染覆之，非謂本覺無此應用，亦非固心抑令不起，斯則過在於妄迷而不知，何關於覺？以本覺常具常熏故，如脩竹有龍鳳之音，塵鏡有照膽之用。」〔三〕

是知靈臺絶妙，衆生莫知，若暫返照迴光，無有不得之者。如地中求水、鑛裹求金，唯慮不肯承當，沉埋心寶。宗鏡委細，意囑於斯，普勸後賢，直須知有。

校　注

〔一〕按，此説參見起信論疏筆削記卷一五，故此鈔者，當即傳奥大乘起信論隨疏記。參見本書卷六注。

〔二〕見真諦譯大乘起信論。「依此二義」者，真諦譯大乘起信論：「真如熏習義有二種。云何爲二？一者自體相熏習，二者用熏習。」自體相熏習，即真如的自體相熏習無明。自體，即真如的本體。用熏習，即真如的業用熏習無明。用，即真如本體的業用。

〔三〕按，此説見起信論疏筆削記卷一〇。石壁，即唐末石壁寺沙門傳奥。此石壁鈔者，即傳奥大乘起信論隨疏記。參見本書卷六注。

音　義

皎，古了反，光明也。　糲，盧達反，麄糲。　敵，徒歷反，匹也，當也，主也。　皺，側救反，面皺。　疣，羽求反，結病也。　醯，呼雞反。　髻，古詣反，綰髮。

㽽，息移反。　蓖，邊奚反，蓖麻。　曝，薄報反，曝乾。　爆，補各反，迫於火也。　鎖，蘇果反。　罰，房越反。　蜣，去羊反。　蜋，呂張反。　熾，昌志反，盛也，猛也。　葦，于鬼反，蘆葦。　蚊，無分反，秦謂之蚋，楚謂之蚊。　蝱，武庚反，蝱虫。　癘，力制反，疫也。　癰，於容反，癰癤。　疽，七余反，癰疽。　癲，都年反，病也。　曀，於計反，陰風。　猫，武瀌反，獸食鼠。又，武交反。　狼，魯當反，豺狼。　膳，時戰反，食也。　糜，靡爲反，糜粥也。　窄，側革反，窄狹。　恃，時止反，依倚也。　曠，苦謗反，空明遠大也。　險，虛檢反，危也。　狹，侯夾反。　隘，烏懈反。　酥，素姑反，酥，乳酪也。　滓，阻史反，澱也。　幹，古案反，莖幹也。　閫，苦本反，門限。　濤，徒刀，波濤。　悞，五故反，錯悞也。　獵，郎涉反，取獸也。　勉，亡辯反，勸也〔一〕，强也。　趒，他吊反，越也。　湊，倉奏反，水會聚也。　喃，女咸反。　餓，五个反，不飽。

丁未歲分司大藏都監開板

校注

〔一〕「勸也」，原作「也勸」，據文意改。

宗鏡録卷第三十二

慧日永明寺主智覺禪師延壽集

夫華嚴經是圓滿教，所明一法纔起，皆有眷屬隨生，今此何故唯論絶待？

答：所言眷屬者，皆是理内眷屬，衆生如、佛如，一如無二如，理性相關，故稱如來爲世間之父，一切衆生爲諸佛之子。若法門眷屬者，約自證法，則禪定爲父，般若爲母，而生真浄法身；若化他法，則方便爲父，慈悲爲母，而生應化佛身。從般若真性起同體大悲，所有萬行莊嚴皆是性起功德，必無心外法而爲主伴。如般若經云：「欲爲佛親侍者及内眷屬等，應學般若。」〔一〕般若即心靈之性故。是以諸佛、菩薩凡有施爲，皆是内秘外現，不捨道法，現凡夫事。

校 注

〔一〕見大般若波羅蜜多經卷三。

如華嚴入法界品云：「復次，善男子，菩薩以般若波羅蜜爲母，方便善巧爲父，檀那波羅蜜爲乳母，尸羅波羅蜜爲養母，忍辱波羅蜜爲莊嚴具，精進波羅蜜爲養育者，禪那波羅蜜爲浣濯人，善知識爲教授師，一切菩提分爲伴侣，一切善法爲親屬，一切菩薩爲兄弟，菩提心爲家，如理修行爲家法，諸地善法爲家處，得諸忍法爲家族，大願現前爲家教，以清浄智滿足諸行爲順家法，勸發勤修不斷大乘爲紹家業，法水灌頂一生所繫菩薩爲王太子，成就廣大真實菩提爲浄家族。」〔一〕

校注

〔一〕見實叉難陀譯大方廣佛華嚴經卷七九。

鴦崛魔羅經云：「佛言：一切衆生有如來藏，一切男子皆爲兄弟，一切女人皆爲姊妹。乃至〔一〕女有佛藏，男亦如是。云何一性而自染著？以一性故，是故如來浄修梵行，住於自地不退轉地，得如來地。」〔二〕

校注

〔一〕乃至：表示引文中間有删略。

〔二〕見鴦崛魔羅經卷四。

維摩經偈云：「智度菩薩母，方便以爲父〔一〕，一切衆導師，無不由是生〔二〕。法喜以爲妻〔三〕，慈悲心爲女，善心誠實男，畢竟空寂舍〔四〕。弟子衆塵勞〔五〕，隨意之所轉，道品善知識，由是成正覺。諸度法等侶，四攝衆妓女〔六〕，歌詠誦法言，以此爲音樂。揔持之園苑，無漏法林樹，覺意浄妙華，解脱智慧果。八解之浴池〔七〕，定水湛然滿，布以七浄華〔八〕，浴此無垢人。象馬五通馳，大乘以爲車，調御以一心，遊於八正路。相具以嚴容，衆好飾其姿，慚愧之上服，深心爲華鬘。富有七財寶〔九〕，教授以滋息，如所説修行，迴向爲大利。四禪爲牀座，從於浄命生，多聞增智慧，以爲自覺音。甘露法之食，解脱味爲漿，浄心以澡浴，戒品爲塗香。摧滅煩惱賊，勇健無能踰，降伏四種魔〔一〇〕，勝幡建道場。」〔一一〕

校注

〔一〕注維摩詰經卷七：「肇曰：智爲内照，權爲外用，萬行之所由生，諸佛之所因出，故菩薩以智爲母，以權爲父。生曰：方便以外濟爲用，成菩薩道父義也。」

〔二〕吉藏維摩經義疏卷五：「實智内照爲母，而言度者，窮智之原也。方便外用爲父，方便有二：一、解空而不取證，二、實相理深，莫能信受，要須方便誘引，令物得悟。前明順理之巧，此辨適機之妙，勝於實智，故稱爲父。又，實意虚凝，與陰同静，方便巧用，動與陽齊，故配父母也。佛與菩薩，並是導物之師，由此而生。」

〔三〕注維摩詰經卷七：「什曰：如二禪中自欣，離下地故生喜，亦於諸善及實法深心愛樂，發大歡喜，以此自娱，外無餘欣，喜爲樂具，其諭如妻也。肇曰：法喜謂見法生内喜也。世人以妻色爲悦，菩薩以法喜爲悦也。生曰：妻以守節爲欣，失節則憂，喜於法者，此之謂也。」

〔四〕吉藏維摩經義疏卷五：「『法喜以爲妻』，了悟深法，則生歡喜，故喻之以妻。『慈悲心爲女』，慈悲之心，虚而外適。又，其性柔弱，隨物入於生死也。『善心誠實男』，誠實具三義：一、質直無曲，異女人諂僞。二者，有幹用，謂降制衆邪。三、紹繼佛種，誠實雖是真，以男之性亦有爲惡而實故，標以善心。『畢竟空寂舍』，此舉住處，以顯其德。前明智度謂空慧，今舉實相境爲至人所栖。畢竟空有四義：一、無患不障，二、悟空無德不備，三、寂滅永安，四、體性深博。喻之舍也。」

〔五〕注維摩詰經卷七：「什曰：衆塵，即塵勞衆生，化使從己，令受正道也。」

〔六〕四攝：布施攝、愛語攝、利行攝、同事攝。詳見本書卷一三注。注維摩詰經卷七：「什曰：四攝聚衆，猶衆妓之引物也。肇曰：四攝悦衆，以當妓女也。生曰：悦以取人，四攝理也。」

〔七〕八解：即八解脱。注維摩詰經卷七：「什曰：水之爲用，除垢去熱，解脱之性，亦除執去閡也。生曰：八以擬八方也，解脱者，除垢懷也，故有浴池義焉。」

〔八〕七浄華：七種浄德（戒浄、心浄、見浄、度疑浄、道非道知見浄、行斷知見浄、涅槃浄）清浄如華，故稱。注維摩詰經卷七：「什曰：一、戒浄，始終浄也。身、口所作無有微惡，意不起垢，亦不取相，亦不願受生，施人無畏，不限衆生；二、心浄，三乘制煩惱心、斷結心乃至三乘漏盡心名爲心浄；三、見浄，見法真性不起妄想，是名見浄；四、度疑浄，若見未深，當時雖了，後或生疑，若見深疑斷，名度疑浄；五、分別道淨，善能見是道宜行，非道宜捨，是名分別道淨；六、行斷知見淨，行謂苦難、苦易、樂難、樂易四行也，斷謂斷諸結也。學地中盡，未能自知所行、所斷，既得無學盡，智無生智，悉自知見所行、所斷，通達分明，是名行斷知見淨；七、涅槃淨也。」

〔九〕七財寶：又稱七聖財、七財等，是成就佛道的七種聖法。大寶積經卷七二：「云何聖財？謂信、戒、聞、慚、愧、捨、慧。如是等法，是謂聖財。彼諸衆生不獲此故，名極貧窮。」注維摩詰經卷七：「什曰：信、戒、聞、捨、慧、慚、愧也。處家則能捨財，出家則能捨五欲及煩惱也。由信善故持戒，持戒則止惡，止惡已則進行衆善，進行衆善要由多聞，聞法故能捨，能捨則慧生，故五事次第説也。五事爲寶，慚、愧爲守人，守人於財主亦是財，故七事通名財也。」

〔一〇〕四種魔：即蘊魔、煩惱魔、死魔和自在天魔。詳見本書卷四注。

〔一一〕見維摩詰所説經卷中佛道品。注維摩詰經卷七：「什曰：外國破敵得勝，則豎勝幡，道場降魔，亦表其勝相也。肇曰：外國法，戰諍破敵，立幡以表勝，菩薩摧煩惱賊，降四魔怨，乃立道場建勝相也。」

崇福疏云：「實德内資長養，如『母』。方便外攝度生，稱『父』。内證深法，悦己智心，喜樂盈懷，故名爲『妻』。」〔一〕

校　注

〔一〕崇福疏：即釋神楷維摩經疏。神楷爲崇福寺僧，故有此稱。據高麗義天新編諸宗教藏總目卷一海東有本見行録上，七卷；新唐書藝文志云六卷。據敦煌遺書殘存情況來看，當以六卷爲是。敦煌遺書中，殘存卷一（部分）、卷三、卷五和卷六。神楷，俗姓郭，太原人，傳見宋高僧傳卷四周京兆崇福寺神楷傳。

肇師〔一〕云：慈悲之心，虚而外適，其性柔弱，隨物不違，故如女也〔二〕。善心力大，滅惡盡原，真證相應，故名爲男。所證二空之理爲其舍宅，外障六塵風雨，内去三毒之蟲。又，有非真要，時復暫遊；空爲理宗，以爲常宅，故云「畢竟空寂舍」。能轉塵勞衆生，以成佛法。昔無明郎主、恩愛魔王，今化令隨道，名爲弟子，故云「弟子衆塵勞，隨意之所轉」〔三〕。乃至三十七品之知識，六度萬行之法侶，爲真實道伴〔四〕，助成菩提。四攝廣被，令人喜悦如妓女；讚誦法言，令人愛味如音樂。以揔持爲苑，能攝諸法；以無漏爲林，能除熱惱。以七覺浄妙之華，成八解智慧之果。湛然定水，恒開覺華。用一乘爲車，五通爲馬，御之以一心，遊行八正道。乃至妙相嚴容，衆好飾體，慚愧爲服，深心爲鬘，具七聖之財，踞四禪之座，入多聞寶藏。從浄命而生，飲解脱一味之漿，得甘露究竟之食，破八萬煩惱，成五分法身〔五〕，降四種魔軍，圓三菩提道〔六〕。若主若伴，若因若緣，皆是宗鏡卷舒、心之體用，未曾一法建立，從外而生。

校注

〔一〕肇師：僧肇。注維摩詰經卷七釋「慈悲心爲女」：「什曰：慈悲性弱，從物入有，猶如女之爲性，弱而隨物也。肇曰：慈悲之情，像女人性，故以爲女。生曰：慈悲以外適爲用，有女義焉。」釋「善心誠實男」：「什曰：誠實之心，於事能辨，猶男有貞固之性，濟成於家業也。肇曰：誠實貞直，男子之性，亦有爲惡而實，故標以善心。生曰：其心既善，加以誠實，必能幹濟菩薩家而成大業，有男事焉，故云誠實男也。」釋「畢竟空寂舍」：「什曰：障蔽風雨，莫過於舍；滅除衆想，莫妙於空。亦能絶諸問難，降伏魔怨，猶密宇深重，寇患自消。亦云有非真要，時復暫遊；空爲理宗，以爲常宅也。肇曰：堂宇以蔽風霜，空寂以障塵想。生曰：於緣爲有，是外有也；自性則無，爲内虚也。可以庇非法風雨而障結賊之患，是舍之理也。」

〔二〕隋吉藏維摩經義疏卷五：「『慈悲心爲女』，慈悲之心，虚而外適，又其性柔弱，隨物入於生死也。」

〔三〕道液集浄名經集解關中疏卷下注「弟子衆塵勞，隨意之所轉」曰：「昔無明郎主、恩愛魔王，今化令隨道爲弟子也。」

〔四〕「伴」，原作「畔」，據諸校本改。

〔五〕五分法身：謂戒、定、慧、解脱、解脱知見，詳見本書卷二四注。

〔六〕三菩提：意譯「正等覺」，謂諸佛無上的正智。

天台浄名疏：「問：那忽處處對法門，約觀心作如此等説，佛意必如此也？

「答曰：若言經中無對法門解釋義者，此經佛道品普現色身菩薩問維摩詰言：『居士，父母妻子、親戚眷屬等，悉爲是誰？』大士偈答言『智度菩薩母』等〔一〕。淨名既是在家菩薩，何容無有父母、妻子、家宅？而不依事答、悉約内行法門答者，當知諸佛、菩薩不起道法，現凡夫事，雖現凡事，皆内表道法也。如佛般涅槃處在雙樹，四枯四榮，豈可直作樹木之解？且如來誠説，皆表半滿枯榮，今在毗耶庵羅樹園，欲説不思議解脱法門，不捨道法，現迹同凡。住毗耶離，豈不表極地所住法門也？華嚴經明十城十園，豈止是世間城園也？此經下文菩薩行品云：『諸佛威儀，有所進止，無非佛事。』何得俱作事解，都不尋思諸佛菩薩不思議教，善權秘密表發之事？又，法華經云：『欲説是經，應入如來室，著如來衣，坐如來座。如來室者，乃是大慈悲心。如來衣者，即是柔和忍辱。如來座者，即是一切法空。』」〔二〕

「問曰：華嚴頓教大乘，可得約行明諸法門。此方等經及小乘教，何得亦約觀行明義？

「答曰：此經既云『諸佛解脱，當於衆生心行中求』〔三〕，若不約觀行，豈稱斯文？若不以毗耶離庵羅樹園對諸法門，則不得約觀心解釋，何得於衆生心行中求諸佛解脱？若不於心行求解脱者，云何得住不思議解脱？若不住不思議解脱，云何於一毛孔見諸佛土變現自在，如不思議品所明也？復云何得如法華經明身根清淨，一切十方國土皆於身中現〔四〕？又豈得如華嚴經頌説『無量諸世界，悉從心緣起。無量諸佛國，皆於毛孔現』〔五〕也？如前問言小乘不得約觀心解釋者，何故聲聞經中，佛爲牧牛人説十一法〔六〕，皆一一内合比丘觀心？如是等例，豈非方等及三藏經對諸法門觀心明義也？」〔七〕

校　注

〔一〕參見維摩詰所説經卷中佛道品。

〔二〕見智顗撰維摩經文疏卷二。「法華經云」者，見妙法蓮華經卷四法師品。

〔三〕維摩詰所説經卷中文殊師利問疾品：「又問：『諸佛解脱當於何求？』答曰：『當於一切衆生心行中求。』」

〔四〕參見妙法蓮華經卷六法師功德品。

〔五〕見佛陀跋陀羅譯大方廣佛華嚴經卷三五。

〔六〕雜阿含經卷四七：「若牧牛人成就十一法者，不能令牛增長，亦不能擁護大群牛，令等安樂。何等爲十一？謂不知色、不知相、不去蟲、不能覆護其瘡、不能起烟、不知擇路、不知擇處、不知度處、不知食處、盡䅫其乳、不善料理能領群者，是名十一法成就，不能黨護大群牛。」

〔七〕見智顗撰維摩經文疏卷二。

故知了義教、不了義教，皆是了義，以唯一心故。所以云：「圓機對教，無教不圓。理心涉事，無事非理。」〔一〕又云：「根嬴則法劣，器廣則道圓故。」〔二〕

校注

〔一〕按，此説本書卷九八引，云「隋朝命大師融心論云」。命大師，即慧命。續高僧傳卷一七周沔陽仙城山善光寺釋慧命傳：「釋慧命，姓郭，太原晉陽人。（中略）深味禪心，慧聲遐被。著大品義章、融心論、還原鏡、行路難、詳玄賦，通述佛理，識者成誦。」據日本比丘圓珍入唐求法目録，融心論一卷。

〔二〕見李通玄撰新華嚴經論卷三。

問：此宗玄奥，性自天真，非生因之所生，唯了因之所了，云何廣述諸有差別行門？

答：夫妙達殊倫，則法法齊旨；巧通異道，乃物物咸如。夫言了因者，乃是於真心中性德顯了，故名了因；生因者，亦是信心中能生六度萬行，故名生因。生、了俱心，理、行非外。若不了此，取捨萬端，纔入斯宗，自無高下。夫三界之有，是菩提之用，本末相徧，空有融通，豈同豁尔之無，塊然之有？如大智度論云：空有二種：一者、善空，熾然修一切行而了性空；二者、惡空，恣行惡法而欲撥令空〔一〕。今論不可得空，此空不離諸法，諸法不離此空〔二〕。當知一切法趣空，如瓶處空，十方界空不異瓶空，故十方空皆趣瓶空。

校注

〔一〕龍樹造、鳩摩羅什譯大智度論卷二六：「佛法有二種空：一者、衆生空，二者、法空。説無我，示衆生空；説無有我所法，示法空。」卷三六：「空有二種：一者、空三昧，二者、法空。空三昧不與法空合。何以故？若以空三昧力合法空者，是法非自性空。」然未見有此説，善空，或即「善取空」；惡空，或即「惡取空」。善取空，是離於「空」與「不空」二邊的真正的空；惡取空，即固執於斷空。詳見瑜伽師地論卷三六、菩薩地持經卷二等。四分律行事鈔卷一四沙彌別行篇：「於此彼都空，是名惡取空。」「若實處見有，空處見無，於有無之處如實知之，是名不顛倒空，名爲善取空也。」大智度論卷一：「更有佛法中方廣道人言：『一切法不生不滅，空無所有，譬如兔角龜毛常無。』」此説不契實義，不知即空無性之理，即是惡取空。

〔二〕大般若波羅蜜多經卷三七：「諸法常無常不離空，空不離諸法常無常，諸法常無常即是空，空即是諸法常無常。」龍樹造、鳩摩羅什譯大智度論卷一八：「不可得空者，無所罣礙。若有罣礙，是爲可得，非不可得空。若菩薩摩訶薩知不可得空，還能分別諸法，憐愍度脱衆生，是爲般若波羅蜜力。」

華嚴論云：「若也但修空，無想法身，即於智不能起用。若但一向生想，不見無相法身，即純是有爲。」〔二〕又云：「如是大悲，如是智慧，如是萬行，皆爲長養初發心住，初生佛家之智慧大悲，令慣習自在故，時亦不改，法亦不異，智亦不遷。猶如竹葦依舊而成，初生與終，無有麁細。亦如小兒初生而後長爲大，無異太也。」〔二〕是知差别行門，皆入畢竟空中，無有分别。

校　注

〔一〕見李通玄撰新華嚴經論卷三〇。

〔二〕見李通玄撰新華嚴經論卷二〇。

如龍樹菩薩「問曰：『若菩薩知佛是福田，衆生非福田，是非菩薩法，菩薩以何力故，能令佛與畜生等？』答曰：『菩薩以般若波羅蜜力故，一切法中修畢竟空心，是故於一切法無分别，如畜生，五陰、十二入、十八界和合生，名爲畜生；佛亦如是，從諸善法和合，假名爲佛。若人憐愍衆生，得無量福德；於佛著心，起諸惡因緣，得無量罪。是故知一切法畢竟空故，不輕畜生，不著心貴佛。復次，諸法實相，是一切法無相，是無相中不分别是佛、是畜生。若分别，即是取相，是故等觀。』」〔一〕故經偈云：一切諸法中，皆以等觀入〔二〕。

校　注

〔一〕見龍樹造、鳩摩羅什譯大智度論卷八八。

〔二〕龍樹造、鳩摩羅什譯大智度論卷一三：「種種法門中，皆以等觀入。」

大法炬經云：「涅槃義者，本來自有，非人所爲，故名涅槃。」〔一〕又，「真〔二〕涅槃者，所謂一切世間及出世間〔三〕，乃至若有若無，如是一切，悉名涅槃。若取相分別，則非涅槃」。

校注

〔一〕見大法炬陀羅尼經卷八證涅槃品之餘。下一處引文同。

〔二〕「真」，大法炬陀羅尼經作「夫」。

〔三〕「及出世間」，原無，據大法炬陀羅尼經補。

是以若見一法異，則失唯心第一義門，便成魔事。故大集經云：於衆生生異想，是爲魔業；猒有爲功德，是爲魔業〔一〕。故天台浄名疏云：「住此觀心，不見慳相施相，而能慈悲利益衆生。所有財物，拯濟貧乏，興諸福業，供養三尊，修故造新，隨喜獎善。若是長者一村行施，因施説法，是則一村貧民、四衆受施之徒，感恩慕德，非但歸心受化，慳恡之心漸漸微薄，亦復學是施主捨財修福也。若在一縣，令長官司住正觀心，所有資財，能如是財施、法施者，則一縣貧民、四衆受施之徒，皆亦歸心受化，慳心自然休息，捨財修福，利益興顯。乃至一管一國、人主官僚、天王帝主住正觀心，不見慳施，所有資財，慈愛貧民，恩惠分施，因爲善巧説四教法，州管國内所有貧民四衆，荷恩慕德，敬仰歸心，承事親近受道，因是慳心漸薄，皆能惠施，修諸福業，轉相教化，行恩布德，正道居懷，是則諸州諸管、舉國人民，有善有惡，有智有道。譬如一燈然百千燈，本燈湛然，餘燈徧滿，冥者皆明，明終不絶。是爲四衆長者、官司國主，住檀波羅蜜無盡燈法門，攝一切衆生也。是諸所攝衆生，未來在家、出家，還爲眷屬，或爲親戚，或爲臣民，或爲弟子，同生浄土〔二〕，依報巍巍，七珍無量，值佛聞經，道心開發。是諸施主，若得無生法忍，住不思議解脱。昔布施所攝衆生，得道時至，是諸施主即於有因緣之國，示成正覺。昔布施所攝衆生，皆來其國，一切能捨，修三乘道。若聞法華開佛知見之説，即同入大乘。乘此寶乘，遊於四方，嬉戲快樂，此即浄名大士，何處更往毗耶離，别覓維摩詰耶？」〔三〕

校注

〔一〕詳見大方等大集經卷一五。

〔二〕「土」，原作「上」，據諸校本改。

〔三〕見智顗撰維摩經文疏卷九。

故知若能了此真如一心無盡之理，則一切六度、四攝、萬行皆無有盡，轉示他心，亦同無盡。乃至重重涉入，遞出無窮，如無盡燈，布影分光，徧周法界。非唯浄名是我，實乃千聖同儔。純行救度之心，則觀音出現；常運大慈之意，則弥勒下生。乃觸途皆證法門，寓目盡成願海。高低嶽瀆，共轉根本法輪；大小鱗毛，普現色身三昧。是以從體起用，用自徧周；以性成行，行無邊際。

如還原觀，從自性之體，分其二用：「一、海印森羅常住用，謂〔一〕真如本覺也。妄盡心澄，萬像齊現，猶如大海，因風起浪，若風止浪息，海水澄清，無像不現。二、法界圓明自在用，即華嚴三昧也。謂廣修萬行，稱理成德，普周法界而證菩提。」〔二〕

何故分其二用？前海印用是本用，亦名理行，亦名性德。後華嚴用是修成，亦名事行，亦名修德。此二相假成其大用，謂因修顯性，以性成修。若無性，修亦不成；若無修，性亦不顯。是以離性無修，離修無性，故云「萬法顯必同時一際，理無前後」。斯則二而不二，又不二而二。何者？以海印用本具是所現，謂真如自性，有偏照法界義故；華嚴用是能現，以修成契理，能成萬行故。能、所有異，本、末似分，則非一非異，能成妙行。

校 注

〔一〕「謂」，修華嚴奥旨妄盡還源觀作「言海印者」。

〔二〕見法藏述修華嚴奥旨妄盡還源觀。下一處引文同。

問：既以心爲宗，教中云何又説破色心論〔一〕？且何心可宗？何心可破？

答：心有二種：一、隨染緣所起妄心，而無自體，但是前塵，逐境有無，隨塵生滅。唯破此心，雖云可破而無所破，以無性故。百論破情品云：「譬如愚人見熱時焰，妄生水想，逐之疲勞。智者告言：此非水也。爲斷彼想，不爲破水。如是諸法自性空，衆生取相故著，爲破是顛倒故言破，實無所破。」〔二〕

二、常住真心，無有變異，即立此心以爲宗鏡。識論云：「心有二種：一、相應心，謂無常妄識，虚妄分別，與煩惱結使相應；二、不相應心，所謂常住第一義諦，古今一相自性清淨心。」〔三〕今言破者，是相應心。不相應心，立爲宗本。是以一切自行履踐之路、無邊化他方便之門，皆以心爲本，本立而道生。萬法浩然，宗一無相，欲舉一蔽諸，指鹹知海者，即此常住不動真心也。

校注

〔一〕破色心論：即唯識論。智旭述大乘起信論裂網疏卷一：「夫天親宗瑜伽而立唯識，先以唯識破我法二執，次明識亦如幻，非真實有，故亦名爲破色心論。」

〔二〕見鳩摩羅什譯百論卷下破空品。

〔三〕見大乘唯識論序。按，此段引文後有云：「今言破心者，唯破妄識煩惱相應心，不破佛性清淨心，故得言破心也。」

問：衆生覺性，天真自然，何假因緣，文義開析？本自無瘡，勿傷之也。

答：若執此性決定是自然者，應須現推有自然之理。且如本性，以何法爲自體？如首楞嚴經云：「佛告阿難：我今如是開示方便，真實告汝，汝猶未悟，惑爲自然。自須甄明，有自然體。汝且觀此妙明見中，以何爲自？此見爲復以明爲自？以暗爲自？以空爲自？以塞爲自？阿難，若明爲自，應不見暗。若復以空爲自體者，應不見塞。如是乃至諸暗等相以爲自者，則於明時，見性斷滅，云何見明？」〔一〕故知恒常之性，不逐緣生。若隨明暗幻化之法以爲自體者，明暗等法緣散之時，此性應隨斷滅。

校　注

〔一〕見大佛頂如來密因修證了義諸菩薩萬行首楞嚴經卷二。

問：本性既非自然，應是因緣之性？

答：此性若是因緣爲體者，今推以何法爲因？何法爲緣？應須確定真實體性。如經云：「阿難言：『必此妙見性非自然，我今發明是因緣性，心猶未明，諮詢如來，是義云何合因緣性？』佛言：『汝言因緣，吾復問汝：汝今因見，見性現前，此見爲復因明有見？因暗有見？因空有見？因塞有見？阿難，若因明有，應不見暗；如因暗有，應不見明。如是乃至因空、因塞，同於明暗。復次，阿難，此見又復緣明有見？緣暗有見？緣空有見？緣塞有見？阿難，若緣空有，應不見塞；若緣塞有，應不見空。如是乃至緣明緣暗，同於空塞。當知如是精覺妙明非因非緣，亦非自然非不自然，無非不非，無是非是，離一切相，即一切法。汝今云何於中措心，以諸世間戲論名相而得分別？如以手掌撮摩虛空，只益自勞，虛空云何隨汝執捉？』阿難白佛言：『世尊，必妙覺性非因非緣，世尊云何常與比丘宣說，見性具〔一〕四種緣，所謂因空、因明、因心、因眼，是義云何？』

「佛告阿難：『我說世間諸因緣相，非第一義。阿難，吾復問汝：諸世間人說我能見，云何名見？云何不見？』阿難言：『世人因於日、月、燈光，見種種相，名之爲見。若復無此三種光明，則不能見。』『阿難，若無明時名不見者，應不見暗。若必見暗，此但無明，云何無見？阿難，若在暗時，不見明故，名爲不見。今在明時，不見暗相，還名不見。如是二相，俱名不見。若復二相自相陵奪，非汝見性於中暫無，如是則知二俱名見，云何不見？是故阿難，汝今當知見明之時，見非是明；見暗之時，見非是暗；見空之時，見非是空；見塞之時，見非是塞。四義成就。汝復應知，見見之時，見非是見；見猶離見，見不能及。云何

復説因緣、自然及和合相？汝等聲聞狹劣無識，不能通達清淨實相，吾今誨汝，當善思惟，無得疲怠妙菩提路。』」〔二〕

故知説因緣、自然，皆屬世間言論；談有無、真俗，悉是分別識心。當見性之時，豈留觀聽？在發明之際，焉落言思？

校注

〔一〕「具」，原作「其」，據諸校本改。

〔二〕見大佛頂如來密因修證了義諸菩薩萬行首楞嚴經卷二。

問：此妙明性，既非因緣、自然，則無有一法不從和合而生，如無所證之真如，何由發能證之妙智？則境、智和合，能成見性。

答：若智外有真如，則可爲所證；真如外有智，則可爲能證。今智外無如，如外無智，欲將何法以爲和合、非和合耶？

如經云：「佛告阿難：『汝雖先悟本覺妙明，性非因緣、非自然性，而猶未明如是覺元，非和合生及不和合。阿難，吾今復以前塵問汝。汝今猶以一切世間妄想，和合諸因緣性而自疑惑。證菩提心和合起者，則汝今者妙淨見精，爲與明和？爲與暗和？爲與通和？

爲與塞和？若明和者，且汝觀明，當明現前，何處雜見？見相可辯，雜何形像？若非見者，云何見明？若即見者，云何見見？必見圓滿，何處和明？若明圓滿，不合見和，見必異明，雜則失彼性明名字。雜失明性，和明非義。彼暗與通及諸群塞，亦復如是。復次，阿難，又汝今者妙浄見精，爲與明合？爲與暗合？爲與通合？爲與塞合？若明合者，至於暗時明相已滅，此見即不與諸暗合，云何見暗？若見暗時不與暗合，與明合者應非見明。既不見明，云何明合？了明非暗，彼暗與通及諸群塞，亦復如是。』阿難白佛言：『世尊，如我思惟，此妙覺元，與諸緣塵及心念慮非和合耶？』

「佛言：『汝今又言覺非和合，吾復問汝：此妙見精非和合者，爲非明和？爲非暗和？爲非通和？爲非塞和？若非明和，則見與明必有邊畔。汝且諦觀，何處是明？何處是見？在見在明，自何爲畔？阿難，若明際中必無見者，則不相及，自不知其明相所在，畔云何成？彼暗與通及諸群塞，亦復如是。又妙見精非和合者，爲非明合？爲非暗合？爲非通合？爲非塞合？若非明合，則見與明性相乖角，如耳與明，了不相觸。見且不知明相所在，云何甄明合非合理？彼暗與通及諸群塞，亦復如是。』」〔一〕

乃至「佛告富樓那：『汝雖除疑，餘惑未盡。吾以世間現前諸事，今復問汝：汝豈不聞室羅城中演若達多，忽於晨朝以鏡照面，愛鏡中頭眉目可見，瞋責己頭不見面目，以爲魑魅，無狀狂走。於意云何？此人何因無故狂走？』富樓那言：『是人心狂，更無他故。』佛言：『妙覺明圓，本圓明妙。既稱爲妄，云何有因？若有所因，云何名妄？自諸妄想，展轉相因，從迷積迷，以歷塵劫，雖佛發明，猶不能返。如是迷因，因迷自有，識迷無因，妄無所依，尚無有生，欲何爲滅？得菩提者，如寤時人説夢中事，心縱精明，欲何因緣取夢中物？况復無因，本無所有！如彼城中演若達多，豈有因緣，自怖頭走？忽然狂歇，頭非外得，縱未歇狂，亦何遺失？富樓那，妄性如是，因何爲在？汝但不隨分别世間、業果、衆生三種相續。三緣斷故，三因不生，則汝心中演若達多狂性自歇。歇即菩提，勝净明心本周法界，不從人得，何藉劬勞肯綮修證』」〔二〕。

乃至「佛告阿難：『即如城中演若達多，狂性因緣若得滅除，則不狂性自然而出，因緣自然，理窮於是。阿難，演若達多頭本自然，本自其然，無然非自，何因緣故怖頭狂走？若自然頭因緣故狂，何不自然因緣故失？本頭不失，狂怖妄出，曾無變易，何藉因緣？本狂自然，本有狂怖，未狂之際，狂何所潛？不狂自然，頭本無妄，何爲狂走？若悟本頭，識知狂走，因緣、自然，俱爲戲論。是故我言：三緣斷故，即菩提心。菩提心生，生滅心滅。此但生滅，滅生俱盡，無功用道。若有自然，如是則明，自然心生，生滅心滅，此亦生滅。無生滅者，名爲自然。猶如世間諸相雜和成一體者，名和合性。非和合者，稱本然性。本然非然，和合非合，合然俱離，離合俱非，此句方名無戲論法。菩提涅槃，尚在遥遠』」。

校注

〔一〕見大佛頂如來密因修證了義諸菩薩萬行首楞嚴經卷二。

〔二〕見大佛頂如來密因修證了義諸菩薩萬行首楞嚴經卷四。下一處引文同。

釋曰：「若悟本頭，識知狂走，因緣、自然，俱爲戲論」者，若實發明，悟了本頭一靈真性，非動非静，非得非失，非生非滅，非合非離，則知無始已來，三界伶俜，六趣狂走，是迷是倒，是妄是虚，皆是情想結成，識心鼓動。則知本覺真性，非因非緣，亦非自然、非不自然，非和非合、非不和合，盡成戲論，悉墮邪思。且無住真心，豈存名相及與處所？若欲以識心啚度，句義詮量而求真實者，如繫風捕影，理可然乎？所以祖師云：「非自然〔一〕，非因緣，妙中之妙玄中玄。森羅萬像光中現，尋之不見有根原。」〔二〕

如上剖析，此爲未識本頭，不知狂走之人，令離句絶非，言思道斷，此方始除世間分別戲論之法，於自見性大道之中，尚猶賒遠，應須親到，不俟更言。似鏡照容，直須心眼相似；如人飲水，方能冷煖自知，故云「唯證乃知難可測」〔三〕。未到之者，徒自狂迷。

校注

〔一〕「然」，祖堂集作「心」。

〔二〕見丹霞和尚弄珠吟。丹霞和尚，釋天然，傳見祖堂集卷四丹霞和尚、宋高僧傳卷一一唐南陽丹霞山天然傳等。丹霞和尚弄珠吟，見祖堂集卷四丹霞和尚。

〔三〕見永嘉證道歌。

問：法門無量，皆有破執顯道之功，何故偏讚一心以爲綱骨？

答：此是起惑之初，發真之始，迷悟之本，染浄之由。故云：至妙靈通，目之曰道〔一〕。則心外無道，道外無心。微妙甚深，凡小非分，菩薩分知，唯佛窮了。以彼二乘但覺四住〔二〕，不了無明故，此無明所起之識，非其境也。菩薩十信之初，創發心時，即觀本識自性緣起因果之體，得成正信。攝論云：「菩薩初起，應先觀諸法如實因緣。」〔三〕此之謂也〔四〕。如實因緣，莫非一心本識，斯則發真之始也。

校注

〔一〕澄觀述大方廣佛華嚴經隨疏演義鈔卷一三：「至妙虚通，目之曰道。心遊道外，即稱外道。」

〔二〕四住：即四住地，是三界一切見、思煩惱。詳見本書卷六注。

〔三〕見攝大乘論卷上依止勝相中衆名品。「起」，攝大乘論作「學」，此處當據法藏撰大乘起信論義記卷下本引。

〔四〕「微妙甚深」至此，詳見法藏撰大乘起信論義記卷下本。

起信論云：「以不覺一法界故，心不相應，無明分別，生諸染心。」〔一〕「『一法界』者，即無二真心爲一法界。此非筭數之〔二〕一，謂如理虚融，平等不二，故稱爲一。」〔三〕斯則起惑之初也。又因不識無明作衆生，了此無明成諸佛，斯則迷悟之本也。又，「一法界舉體全作生滅門，舉體全作真如門」。順法界則出離解脱，違法界則繫縛輪迴，斯乃染淨之由也。

校注

〔一〕見實叉難陀譯大乘起信論卷上。

〔二〕「之」，原作「云」，據大乘起信論義記改。

〔三〕出法藏撰大乘起信論義記卷中本。下一處引文同。

是以千聖仰之，爲母爲師；群賢歸之，如王如導。諸經綱骨，萬法指南，撮要言之，罔逮於兹矣。故經云：心爲法本，心作天堂，心作地獄〔一〕。若離衆生心，更有何真俗等事？

以一切法但如影響故。如向居士云：「影由形起，響逐聲來。弄影勞形，不知形是影本〔二〕；揚聲止響，不識聲是響根。除煩惱身而求涅槃者，喻去形而覓影；離衆生心而求佛道者，喻默聲而尋響。故知迷悟一途，愚智非別。無名作名，因其名則是非生矣；無理作理，因其理則諍論起矣。幻作非真，誰非誰是？虚妄非實，何有何空？將知得無所得，失無所失矣。」〔三〕

校注

〔一〕按，增一阿含經卷五一：「心爲法本，心尊心使，心之念惡，即行即施，於彼受苦，輪轢于轍。心爲法本，心尊心使，中心念善，即行即爲，受其善報，如影隨形。」般泥洹經卷上：「心作天，心作人，心作鬼神、畜生、地獄，皆心所爲也。」弘明集卷二宗炳明佛論引佛經云：「心爲法本，心作天堂，心作地獄。」

〔二〕「形是影本」，諸校本及續高僧傳作「形之是影」。然唐飛錫撰念佛三昧寶王論卷下了心境界妄想不生門第十六引，亦作「形是影本」。

〔三〕見續高僧傳卷一六齊鄴中釋僧可傳。「向居士者，幽遁林野木食。於天保之初，道味相師，致書通好。」此處所引，即向居士致僧可書。

故知但了一心，則萬法皆寂。如華嚴經解脱長者告善財言：「我若欲見安樂世界阿弥陁如來，隨意即見。我若欲見栴檀世界金剛光明如來、妙香世界寶光明如來、蓮華世界寶蓮華光明如來、妙金世界寂静光如來、妙喜世界不動如來、善住世界師子如來、鏡光明世界月覺如來、寶師子莊嚴世界毗盧遮那如來，如是一切，悉皆即見。然彼如來不來至此，我身亦不往詣於彼。知一切佛及與我心，悉皆如夢；知一切佛猶如影像，自心如水；知一切佛所有色相及以自心，悉皆如幻；知一切佛及以己心，悉皆如響。我如是知，如是憶念，所見諸佛，皆由自心。善男子，當知菩薩修諸佛法，浄諸佛刹，積集妙行，調伏衆生，發大誓願，入一切智自在，遊戲不可思議解脱之門，得佛菩提，現大神通，徧往一切十方法界，以微細智普入諸劫，如是一切，悉由自心。是故善男子，應以善法扶助自心，應以法水潤澤自心，應於境界浄治自心，應以精進堅固自心，應以忍辱坦蕩自心，應以智證潔白自心，應以智慧明利自心，應以佛自在開發自心，應以佛平等廣大自心，應以佛十力照察自心。」〔一〕

疏釋云：「心該萬法，謂非但一念觀佛由於自心，菩薩萬行、佛果體用，亦不離心，亦去妄執之失，謂有計云：『萬法皆心，任之是佛。驅馳萬行，豈不唐勞？』今明心雖即佛，久翳塵勞故，以萬行增修，令其瑩徹，但説萬行由心，不説不修爲是。又，萬法即心，修何礙心？」〔二〕

校　注

〔一〕見實叉難陀譯大方廣佛華嚴經卷六三。

〔二〕見澄觀撰大方廣佛華嚴經疏卷五六。

故云卷舒變化，唯心所在；壽殀得喪，唯心所宰。故詩三百，一言可蔽矣；教五千，一心能貫之。實入道之要津，修行之玄鏡。實謂深談佛旨，妙達真空，低頭舉手而盡入圓因，發念興心而皆同本果。掘凡夫之乾土，見諸佛之水泉，抽二乘之焦芽，結常樂之果實，變毒藥而成甘露，轉酥酪而作醍醐，定父子而全付家珍，拂權迹而頓開寶藏。

今宗鏡所録，唯窮祖佛正宗。若欲見道修行，無出自身心之内。如華嚴經頌云：「身爲正法藏，心爲無礙燈，照了諸法空，名曰度衆生。」〔一〕

故知身爲法聚，無一法出我身田；心爲慧光，無一智離我心海。若迷之者，則身爲苦聚病原，心作無明怨賊。先須察所治過患之迹，方立能治功德之門，則一切衆生所造過患，莫越身心。若欲對治，唯戒以慧。若修身戒，則戒急而妙行成；若修心慧，則乘急而真性顯。故得乘戒兼急〔二〕，理行俱圓，正助相資，方入宗鏡，内外朗鑒，一道清虚。

校注

〔一〕按，佛陀跋陀羅譯大方廣佛華嚴經卷五三：「身爲正法藏，心是無礙智，成佛智慧光，普照諸群生。」實叉難陀譯本卷七一：「身爲正法藏，心是無礙智，既得智光照，復照諸群生。」與此處文字皆有不同。

〔二〕乘戒兼急：謂教法與戒律能够並重。參見本書卷二六注。

如大涅槃經云：「復次，不修身者，不能觀身，雖無過咎，而常是怨。善男子，譬如男子，有怨常逐，伺求其便。智者覺已，繫心慎護，若不慎護，則爲所害。一切衆生，身亦如是，常以飲食、冷煖將養，若不如是將護守慎，即當散壞。善男子，如婆羅門奉事火天〔一〕，常以香華，讚歎禮拜，供養奉事，期滿百年。若一觸時，尋燒人手。是火雖得如是供養，終無一念報事者恩。一切衆生，亦復如是，雖於多年以好香華、瓔珞、衣服、飲食、卧具、病瘦醫藥而供給之，若遇内外諸惡緣，即時滅壞，都不憶念往日供給衣服之恩。善男子，譬如有王畜四毒蛇，置之一篋，以付一人，仰令瞻養。是四蛇中，悞一生嗔，則能害人。是人恐怖，常求飲食，隨時守護。一切衆生四大毒蛇，亦復如是，若一大嗔，則能壞身。

「善男子，如人久病，應當至心求醫療治，若不勤求，必死不疑。一切衆生，身亦如是，常應攝心，不令放逸。若放逸者，則便滅壞。善男子，譬如坏〔二〕瓶，不耐風雨、打擲椎壓。一切衆生，身亦如是，不耐飢渴、寒熱、風雨、打擊、惡罵。善男子，如癰未熟，常當善護，不令人觸。設有觸者，則大苦痛。一切衆生，身亦如是。善男子，如騾懷妊，自害其軀。一切衆生，身亦如是，内有風冷，身則受苦。善男子，譬如芭蕉，生實則枯。一切衆生，身亦如是。善男子，亦如芭蕉，内無堅實。一切衆生，身亦如是。善男子，如蛇鼠狼，各各相於常生怨心。衆生四大，亦復如是。善男子，譬如鵝王，不樂塚墓。菩薩亦尔，於身塚墓，亦不貪樂。善男子，如栴陀羅〔三〕，七世相繼，不捨其業，是故爲人之所輕賤。是身種子，亦復如是，種子精血，究竟不浄。以不浄故，諸佛菩薩之所輕訶。

「善男子，是身不如魔羅耶山，生於栴檀，亦不能生優鉢羅華、分陀利華、瞻婆羅華、摩利迦華、婆師迦華，九孔常漏，膿血不浄，生處臭穢，醜陋可惡，常與諸蟲共在一處。善男子，譬如世間，雖有上妙清浄園林，死屍至中，則爲不浄，衆共捨之，不生愛著。色界亦尔，雖復浄妙，以有身故，諸佛菩薩悉共捨之。善男子，若有不能作如是觀，不名修身。

「不修戒者，善男子，若不能觀戒是一切善法梯隥，亦是一切善法根本，如地悉是一切樹木所生之本，戒是諸善根之導首也，如彼賔主導諸賔人；戒是一切善法勝幢，如天帝釋所立勝幢；戒能永斷一切惡業及三惡道，能療惡病，猶如藥樹；戒是生死險道資糧，戒是摧結惡賊鎧仗，戒是滅結毒蛇良呪，戒是度惡業行橋梁。若有不能如是觀者，名不修戒。

「不修心者，不能觀心，輕躁動轉，難捉難調，馳騁奔逸，如大惡象；念念迅速，如彼電光；躁擾不住，猶如猕猴。如幻、如燄，乃是一切諸惡根本，五欲難滿，如火獲薪，亦如大海吞受衆流，如曼陀山草木滋多。不能觀察生死虚妄，耽惑致患，如魚吞鉤。常先引導，諸業隨從，猶如貝母引導諸子。貪著五欲，不樂涅槃，如蠅食蜜，乃至於死，不顧蒭草〔四〕。深著現樂，不觀後過，如牛貪苗，不懼杖楚。馳騁周徧二十五有，猶如疾風，吹兜羅毦〔五〕。所不應求，求無猒足，如無智人，求無熱火，常樂生死，不樂解脱，如稔婆蟲〔六〕，樂稔婆樹。迷惑愛著生死臭穢，猶如獄囚樂獄卒女，亦如厠猪樂處不浄。若有不能如是觀者，名不修心。

「不修慧者，不觀智慧有大勢力，如金翅鳥，能壞惡業，壞無明暗，猶如日光；能拔陰樹，如水漂物；焚燒邪見，猶如猛火。慧是一切善法根本，佛菩薩母之種子也。若有不能如是觀者，名不修慧。

「乃至〔七〕若有修集身、戒、心、慧，如上所説，能觀諸法同如虚空，不見智慧，不見智者，不見愚癡，不見愚者，不見修集及修集者，是名智者。如是之人，則能修集身、戒、心、慧，是人能令地獄果報現世輕受。是人設作極重惡業，思惟觀察，能令輕微，作是念言：『我業雖重，不如善業，譬如㲲華，雖復百斤，終不能敵真金一兩。如恒河中投一升鹽，水無鹹味，飲者不覺。如巨富者，雖多負人千萬實物，無能繫縛，令其受苦，如大香象能壞鐵鎖，自在而去。』智慧之人，亦復如是。」〔八〕

校　注

〔一〕火天：音譯「阿耆尼」等，又稱「火仙」「火神」等，是古印度神祇之一，爲「火」的神格化。

〔二〕坏：即「坯」的本字。説文土部：「坏，（中略）一曰瓦未燒。從土，不聲。」按，「坯」爲後起字。詳參張涌泉先生漢語俗字研究（增訂本）附録一字海雜俎説坏，商務印書館，二〇一六年。

〔三〕栴陀羅：屠夫、劊子手等以屠殺爲業者。

〔四〕道暹述涅槃經疏私記卷八：「涉公云：外國有草，狀如苟杞，其刺蜜猶如甘露，駝貪蜜味而受刺，刺乃至於死，不顧刺也。」

〔五〕兜羅毦：草木所生的花絮。兜羅，柳絮；毦，羽毛飾。從義法華經三大部補注卷一三：「兜羅，乃是梵音，北土翻爲楊華，良以彼方細綿如此間楊華故也。（中略）毦者，乃是此方之言，毦。而吏切，毛毳也。」

〔六〕「稔」，大般涅槃經作「絍」，或作「紝」。慧琳一切經音義卷二六：「紝婆蟲，上女林反，梵語也。紝婆是樹名，葉苦，可煮爲飲，治頭痛，如此間苦楝樹。其蟲甘之，因以爲名。楝，音蓮見反。」

〔七〕乃至：表示引文中間有删略。

〔八〕見大般涅槃經卷三一，南本見卷二九。

然上雖觀身不浄，爲破凡夫執此毒身以爲苦本，不種菩提之果，唯陷五欲〔一〕之泥，不能自利兼他，所以訶破。若乃假茲業迹，以續正因，不入煩惱大海之中，難求覺寶；非處塵勞糞壤之地，奚生浄華？

是以華嚴經云：「不猒生死苦，方成普賢行。」〔二〕又如大寳積經云：「佛告優波離：

聲聞乘人乃至不應起於一念更受後身，是名聲聞持清净戒，然於菩薩名大破戒。乃至〔三〕菩薩摩訶薩修行大乘，能於無量阿僧祇劫堪忍受身，不生猒患，是名菩薩持清净戒，於聲聞乘名大破戒。」〔四〕

今宗鏡所録，揔諸大乘經了義妙旨，只爲悟宗行菩薩道故，闡觀音普門之慧，迹任方圓；入普賢無盡之宗，運心無際。

校注

〔一〕五欲：色、聲、香、味、觸，能起人貪欲之心，故稱五欲。智顗説、灌頂記摩訶止觀卷四下：「五塵非欲，而其中有味，能生行人須欲之心，故言五欲。」

〔二〕見實叉難陀譯大方廣佛華嚴經卷六二。

〔三〕乃至：表示引文中間有删略。

〔四〕見大寶積經卷九〇。

音義

浣，胡管反，洗浣。　濯，直角反。　紹，市沼反，繼也。　灌，古玩反，澆也。

湛，徒感反，安也，水皃。　鬘，莫還反。　澡，子皓反，澡，洗也。　踰，羊朱反，越也，過也。　踞，居御反。　庵，烏含反，小草舍也。　牧，莫六反，養也，放也。

羸，力爲反，疲也，瘦也。　奥，烏到反，深也。　豁，呼括反，豁達也。　塊，苦對反，土塊也。　拯，之悚反，救也。　悋，良刃反。悋，鄙也。　僚，落蕭反，同官爲僚。　巍，語韋反。　嬉，許其反，美也。一曰遊也。　儔，直由反，儔，侶也。

甄，側隣反。　確，苦角反。　詢，相倫反，諮也。　措，倉故反，舉也，投也。　撮，子括反。又，倉括反。　魑，丑知反。　魅，眉秘反。　劬，其俱反，勞也。　綮，康礼反，戟支，一曰戟衣。　伶，郎丁反。　俜，普丁反。　捕，薄故反，捉也。　賖，式車反，不交也。　逮，徒耐反，及也。　殀，於兆反，殁也。　伺，相吏反。伺，候察也。　坏，芳杯反。　耐，奴代反，忍也。　壓，烏甲反，鎮也。　騾，落戈反，騾馬也。　妊〔一〕，汝鴆反，妊身，懷孕。　塚，知隴反。塚，墓。　繼，古詣反，紹也。　膿，奴冬反。　鎧，苦亥反，甲之别名。　騁，丑郢反，馳騁。又，走也。　迅，私閏反。　駞，徒何反，駱駞。　蒭，側隅反。　毦，仍吏反，氅毦羽毛飾也。　捻，奴協反。　翅，施智反，鳥翼也。　氎，徒協反，細毛布。　壤，如兩反，土也。

丁未歲分司大藏都監彫造

校注

〔一〕「姙」，文中作「妊」，異體。

宗鏡録卷第三十三

慧日永明寺主智覺禪師延壽集

夫道無可修，法無可問，纔悟大旨，萬事俱休，故云「言語道斷，心行處滅」。既云「宗鏡」，何乃廣引身、戒、心、慧之文？法華經云：三藏學者，尚不許親近〔一〕。既違大乘之經教，何成後學之信門？

答：經中所斥三藏學者，即是小乘戒、定、慧。戒則但持身口，斷四住〔二〕枝葉之病苗；定則形同枯木，絶現外威儀之妙用；慧則唯證偏空，失中道不空之圓理。故稱「貧所樂法」〔三〕，墮下劣之乘，爲浄名所訶〔四〕，是愚人之法。今此圓宗定、慧，尚不同大乘初教無相之空及大乘別教偏圓之理，豈與三藏灰斷定慧之所論乎？此宗鏡録戒、定、慧乃至一事一行，一一皆入法界，具無邊德，是無盡宗趣，性起法門，無礙圓通，實不思議。

校注

〔一〕妙法蓮華經卷五安樂行品：「三藏學者，破戒比丘，名字羅漢，及比丘尼，好戲笑者，深著五欲，求現滅度，諸優婆夷，皆勿親近。」三藏學者，小乘學人。智顗説妙法蓮華經文句卷九上：「小乘三藏學者，佛在波羅柰，最初爲五人説契經修多羅藏；佛在羅閲祇，最初爲須那提説毗尼藏；佛在毗舍離獼猴池，最初爲跋耆子説阿毗曇藏。五百羅漢初夜集阿毗曇藏相續解脱經，此爲三藏學也。」

〔二〕四住：即「四住地」之略，是三界一切見、思煩惱。詳見本書卷六注。

〔三〕出維摩詰所説經卷下香積佛品。注維摩詰經卷八：「什曰：晦迹潛明，自同貧乞。自同貧乞，則與相接。接則易隣，故爲貧所信樂也。肇曰：諸佛平等，迹有參差，由群生下劣，志願狹小故，佛隱自在力，同其貧陋，順其所樂而以濟之。應感無方，不攝浄穢，此未曾有也。」

〔四〕詳見維摩詰所説經卷下香積佛品。

如台教云：「如鏡有像，瓦礫不現，中具諸相，但空即無。微妙浄法身，具相三十二。」〔一〕

校注

〔一〕見智顗説、灌頂記摩訶止觀卷四上。

觀和尚云：「凡、聖交徹，即凡心而見佛心；理、事雙修，依本智而求佛智。」〔一〕

校注

〔一〕見澄觀撰大方廣佛華嚴經疏序。

古德釋云：禪宗失意之徒，執理迷事，云性本具足，何假修求？但要亡情，即真佛自現。法學之輩，執事迷理，何須孜孜修習理法？合之雙美，離之兩傷。理行雙修，以彰圓妙。休心絶念，名理行；興功涉有，名事行。依本智者，本覺智，此是因智，此虚明不昧名智，成前理行，亡情顯理；求佛智者，即無障礙解脱智，此是果智，約圓明決斷爲智，成前事行，以起行成果故。此則體、性同故，所以依之；相、用異故，所以求之。但求相、用，不求體、性。前亡情理行，即是除染緣起以顯體、性；興功事行，即是發浄緣起以成相、用。

無相宗〔一〕云：如上所説，相、用可然，但依本智，情亡則相、用自顯，以本具故，何須特爾起於事行？

圓宗云：性詮本具，亡情之時，但除染分相、用，自顯真體，若〔二〕無事行，彼起浄分相、用，無因得生。如金中雖有衆器，除礦但能顯金，若不施功造作，無因得成其器。豈金出礦已，不造不作，自然得成於器？若亡情則不假事行，佛令具修，豈不虚勞學者？

校注

〔一〕無相宗：即三論宗，又稱空宗，以般若所説諸法皆空爲宗，故他人目之爲無相宗，非彼自稱。

〔二〕「若」，原作「者」，據諸校本及萬善同歸集改。

是以八地已能離念，佛勸方令起於事行，知由離念不了，所以經頌云：「法性真常離心念，二乘於此亦能得，不以此故爲世尊，但以甚深無礙智。」〔一〕七勸〔二〕皆是事行故。是知果佛須性相具足，因行必須事理雙修。依本智如得金，修理行如去礦，修事行如造作，求佛智如成器也。

校注

〔一〕見實叉難陀譯大方廣佛華嚴經卷三八。

〔二〕「七勸」，嘉興藏本作「此勸」。七勸：諸佛以七種法勸勵八地（不動地）以前菩薩精進，再鼓起修行勇氣，以進至第八地。初勸修如來善調御智（自德未成勸），二勸悲愍衆生（生願未滿勸），三勸成其本願（本願未充勸），四勸求無礙智（自德未勝勸），五勸成佛外報（化業廣大勸），六勸證佛内明無量勝行（自己所得法門未窮勸），七勸總修無遺成徧知道（少作能成增進衆德勸）。此七勸詳見實叉難陀譯大方廣佛華嚴經卷三八，參見澄觀大方廣佛華嚴經疏卷四二、大方廣佛華嚴經隨疏演義鈔卷六九。李通玄撰略釋新華嚴經修行次第決疑論卷四之上：「七勸者，一、勸修佛十力、四無所畏、十八不共法；二、勸行精進不捨無生忍門；三、勸愍念一切衆生；四、勸憶念本願，饒益一切衆生；五、勸修諸佛身相國土果報；六、勸學佛無量法門；七、勸學無量衆生差別業智，皆悉通達起悲智業，不令滯其無功智門。」良賁述仁王護國般若波羅蜜多經疏卷下中概括爲：應趣果德勸、愍念衆生勸、令憶本誓勸、訶同二乘勸、指事令成勸、勿生止足勸、悉應通達勸。

又，華嚴演義云：「若執禪者，則依本智性，無作無修，鏡本自明，不拂不瑩；若執法者，須起事行，求依他勝緣以成己德。並爲偏執，故辯雙行。依本智者，約理，無漏智性本具足故；而求佛智者，約事，無所求中吾故求之。心鏡本浄，久翳塵勞，恒沙性德，並埋塵沙煩惱。是故須以隨順法性，無慳貪等，修檀等六波羅蜜故，諸佛已證，我未證故。又，理不礙事，不妨求故；事不礙理，求無求故。若此之修，修即無修，爲真修矣。」〔一〕

校　注

〔一〕見澄觀述大方廣佛華嚴經隨疏演義鈔卷一。

如上開示，本末無遺，理備行周，因圓果滿，可謂「其車高廣」「又多僕從而侍衛之」〔一〕，方能入此一乘，歸於宗鏡。若初心入已，須冥合真空，唯在心行，非從口説，直下步步著力，念念相應，如大死人，永絶餘想。若非懇志，曷稱丈夫？但有虚言，終成自誑。如天台拾得頌云：「東陽海水清，水清復見底。靈源流法泉，斫水刀無痕。我見頑愚士，燈心拄須彌。寸樵煮大海，足抹大地石。蒸砂成飯無，磨甎將爲鏡。説食終不飽〔二〕，直須著力行。恢恢大丈夫，堂堂六尺士。枉死埋塚下，可惜孤標物。」〔三〕

校注

〔一〕妙法蓮華經卷二譬喻品：「爾時，長者各賜諸子等一大車，其車高廣，衆寶莊校，周匝欄楯，四面懸鈴，又於其上張設幰蓋，亦以珍奇雜寶而嚴飾之，寶繩絞絡，垂諸華纓，重敷綩綖，安置丹枕。駕以白牛，膚色充潔，形體姝好，有大筋力，行步平正，其疾如風，又多僕從而侍衛之。」法雲撰法華經義記卷四：「今言『其車高廣』者，此即對於昔日止斷三界正使盡處得盡、無生智爲果，然此果狹而復短，今日明三乘行人皆成菩薩受記得佛，然此佛果超出五百由旬之外，即是高義；又傍攝其諸功德智慧，即是廣也。（中略）又言信首以上諸受學弟子，故言『又多僕從』也。」智顗説妙法蓮華經文句卷三下：「佛界非體非不體而名如是體，指實相正因，故下文云『其車高廣』也。」「佛界非緣非不緣而名如是緣，指一切助菩提道，故下文『又多僕從而侍衛之』。」

〔二〕大佛頂如來密因修證了義諸菩薩萬行首楞嚴經卷一：「今日乃知雖有多聞，若不修行，與不聞等，如人説食，終不能飽。」

〔三〕項楚先生寒山詩注附拾得詩注「拾得佚詩」據此處收載，並有按語曰：「此處所引『拾得頌』，實非拾得之作，而是宋本寒山子詩集所載拾得録中『集語』之前十六句。（中略）這段『集語』乃是拾得録的作者采擷寒山詩與拾得詩中的一些語句，加以改造、串聯、補充而成，並非拾得手筆。延壽因其出自拾得録，遂以爲是拾得頌，實出於誤解。」

龐居士詩云：「讀經須解義，解義即修行。若依了義學，即入涅槃城。如其不解義，多

見不如盲。尋文廣占地，心牛不肯耕。田田揔是草，稻從何處生？」〔一〕

校注

〔一〕見于頔編集龐居士語録卷中。

故知須在心行，忍力成就。忍有二種：一、生忍，二、法忍〔一〕。若於法忍觀行易成，以了唯心故，内外平等。如大智度論云：「法忍者，於内六情不著，於外六塵不受，能於此二不作分別。何以故？内相如外，外相如内，二相俱不可得故，一相故，因緣合故，其實空故，一切法相常清淨故。」〔二〕何謂一切法相常清淨？以同遵一道故。所以華嚴疏云：「一道甚深者，亦名一乘，佛佛皆同一真道故。佛佛所乘，同觀心性，萬行齊修，自始至終，更無異徑，故爲一道。」〔三〕

校注

〔一〕龍樹造、鳩摩羅什譯大智度論卷六：「有二種忍：生忍、法忍，生忍名衆生中忍，如恒河沙劫等衆生種種加惡，心不瞋恚；種種恭敬供養，心不歡喜。復次，觀衆生無初，若有初則無因緣；若有因緣則無初，若無初亦應無後。何以故？初後相待故。若無初後，中亦應無。如是觀時，不墮常、斷二邊，用安隱道觀衆生，不生邪見，是名生忍。甚深法中心無罣礙，是名法忍。」卷一五：「忍諸恭敬、供養衆生及諸瞋惱、婬欲之人，是名生忍。忍其供養、恭敬法及瞋惱、婬欲法，是爲法忍。」

〔二〕見龍樹造、鳩摩羅什譯大智度論卷一五。

〔三〕見澄觀撰大方廣佛華嚴經疏卷一五。

問：真心常住徧一切處者，即萬法皆真，云何而有四時生滅？

答：了真心不動故，則萬法不遷，即常住義。若見萬法遷謝，皆是妄心，以一切境界唯心妄動。心若不起，外境本空。以從識變故，若離心識，則尚無一法常住，豈況有萬法遷移？

問：如今現見物像榮枯，時景代謝，如何微細披剥，明見不遷之旨？

答：但當見性，自斷狐疑。余曾推窮，似信斯理。不遷論云：「旋嵐偃嶽而常静，江河競注而不流，野馬漂鼓而不動，日月歷天而不周。」〔一〕疏云：「前風非後風，故偃嶽而常静；前水非後水，故競注而不流；前氣非後氣，故漂鼓而不動；前日非後日，故歷天而不周。」〔二〕鈔〔三〕云：然自體念念不同，則初一念起時，非第二念時，乃至最後吹著山時，非初起時，則無前念風體，定從彼來，吹其山也。且山從初動時以至倒卧地時，其山自體念念不同，則初一念動時，非第二念動時，乃至最後著地時，非初動時，則無初動山體，定從彼來，至著地時，斯皆風不至山，嶽不著地，雖旋嵐偃嶽，未曾動也。以此四物，世爲遷動，然雖則倒嶽、歷天，皆不相知相到，念念自住，各各不遷。且如世間稱大，莫過四大，四大中動，莫越風輪。以性推之，本實不動。

校注

〔一〕見肇論物不遷論第一。

〔二〕見元康撰肇論疏卷上物不遷論。

〔三〕按，此鈔者，當即肇論鈔，詳見本書卷八注。

如義海云：「鑒動寂者，爲塵隨風飄颺是動，寂然不起是静。而今静時，由動不滅，即全以動成静也；今動時，由静不滅，即全以静成動也。由全體相成，是故動時正静，静時正動。亦如風本不動，能動諸物，若先有動，則失自體，不復更動。」〔一〕今觀此風周徧法界，湛然不動，寂爾無形，推此動由，皆從緣起。且如密室之中，若云有風，風何不動？若云無風，遇緣即起。或徧法界拂，則滿法界生。故知風大不動，動屬諸緣。若於外十方虚空中，設不因人拂，或自起時，亦是龍蜃鬼神所作，以鬼神屬陰，至晚則風多故。乃至劫初、劫末成壞之風，並因衆生業感。世間無有一法不從緣生，緣會則生，緣散則滅。若執自然生者，只合常生，何得緊緩不定、動静無恒？故知悉從緣起。

校注

〔一〕見法藏述華嚴經義海百門緣生會寂門第一。

又，推諸緣和合成事，各各不有，和合亦無。緣緣之中，俱無自性，但是心動。反推自心，心亦不動，以心無形，故起處不可得，即知皆從真性起，真性即不起，方見心性徧四大性。體合真空，性無動静。以因相彰動，因動對静。動相既無，静塵亦滅。故首楞嚴經云：「性風真空，性空真風。」〔一〕

校注

〔一〕見大佛頂如來密因修證了義諸菩薩萬行首楞嚴經卷三。

又，不遷之宗，豈離動摇之境？無生之旨，匪越生滅之門。故金剛三昧經云：「因緣所生義，是義滅非生；滅諸生滅義，是義生非滅。」〔一〕是以起恒不起，不起恒起。如此通達，不落斷常，可正解一心不遷之義矣。

校注

〔一〕見金剛三昧經真性空品。

如先德云：夫物性無差，悟即真理，真即不變，物自湛然。常情所封，於不動中妄以爲動。道體淵默，語路玄微。日用而不知者，物不遷也。事像可觀，稱之爲物；物體各住，故號不遷。不遷故，隨流湛然清浄；爲物故，與四像而所相依。故知無生不生，無形不形，處性相而守一者，其爲不遷論焉。

所以不遷論云：「是以如來因群情之所滯，即方言以辯惑，乘莫二之真心，吐不一之殊教。乖而不可異者，其唯聖言乎！故談真有不遷之稱，導俗有流動之説，雖復千途異唱，會歸同致矣。而徵文者聞不遷，則謂昔物不至今；聆流動者，而謂今物可至昔。既曰古今，而欲遷之者，何耶？是以言往不必往，古今常存，以其不動；稱去不必去，謂不從今至古，以其不來。不來故，不馳騁於古今；不動故，各性住於一世。然則群藉殊文、百家異説者，苟得其會，豈文言能惑之〔一〕哉？是以人之所謂住，我則言其去；人之所謂去，我則言其住。然則去住雖殊，其致一也。故經云：『正言似反，誰當信者？』〔二〕斯言有由矣。何者？人則求古於今，謂其不住；吾則求今於古，知其不去。今若至古，古應有今；古若至今，今應有古。今而無古，以知不來；古而無今，以知不去。若古不至今，今亦不至古，事各性住，有何物而可去來？然則四像風馳，旋機電卷，得意毫微，雖速而不轉也。是以如來功流萬世而常存，道通百劫而彌固。成山假就於始簣〔三〕，脩途託至於初步者〔四〕，果以功業不可朽故也。功業不可朽故，雖在昔而不化，不化故不遷。不遷故，則湛然矣。故經云：三災彌淪而行業湛然〔五〕。信其言也。何者？夫果不俱因，因因而果；因因而果，因昔不滅；果不俱因，因不來今。不滅、不來，則不遷之致明矣。復何惑於去留，躊躇於動静之間哉？然則乾坤倒覆，無謂不静；洪流滔天，無謂其動。若能契神於即物，斯不遠而可知矣。」〔六〕

校注

〔一〕「文言能惑之」，肇論作「殊文之能惑」。

〔二〕見太子瑞應本起經卷下。

〔三〕元康撰肇論疏卷上物不遷論：「『成山假就於始簣』者，論語云：譬如爲山，雖覆一簣，進者吾往也。注云：簣，土籠也。積簣土以成山，前功在於前而不失，故積多而成山也。」論語子罕：「子曰：譬如爲山，未成一簣，止，吾止也；譬如平地，雖覆一簣，進，吾往也。」

〔四〕元康撰肇論疏卷上物不遷論：「『修途託至於初步』者，老子云：『九層之臺，起於累土。千里之行，始於足下。』積一步以至多故，至千里者，無由一步，故云『託至』也。託是假託也。」

〔五〕元康撰肇論疏卷上物不遷論：「彌綸，遍滿義。周易繫辭云：易與天地准，故能彌綸天下之道耳。此經未詳也。」文才述肇論新疏卷上：「三災者，火、水、風也。三災雖酷，安能焦爛於虚空？劫海縱遥，何以遷淪於實行？彌淪者，清涼云：周遍包羅之義。謂三災雖壞一切，不能壞於因行，亦以契真故也。」

〔六〕見肇論物不遷論第一。

古釋云：前言古今各性住於一世不相往來者，則壯、老不同一色，定爲嬰兒無匍匐時，乃至老年，則無相續，失親屬法，無父無子。應唯嬰兒得父，餘則匍匐、老年不應有分〔一〕。則前功便失，有斷滅過。從此便明功流始簣、初步因果等，相續不失，不斷不常，不一不異，不來不去，故圓正不遷理也。「乘莫二之真心，吐不一之殊教」者，諸聖依一心之正宗，逗機演差别之教跡，雖九流八教不等，而不遷一念無虧，故云「雖千途異唱，會歸同致」矣。而隨文迷旨者，但執權門生滅之言，妄見世相去來之事，因此以爲流動隨境輪迴，殊不知生死去來，畢竟無性。

校注

〔一〕龍樹造、青目釋、鳩摩羅什譯中論卷一觀行品：「若嬰兒色異匍匐色者，則嬰兒不作匍匐，匍匐不作嬰兒。何以故？二色異故。如是童子、少年、壯年、老年色不應相續，有失親屬法，無父無子。若爾者，唯有嬰兒應得父，餘則匍匐，乃至老年不應有分。是故二俱有過。問曰：色雖不定，嬰兒色滅已，相續更生乃至老年色，無有如上過？答曰：嬰兒色相續生者，爲滅已相續生？爲不滅相續生？若嬰兒色滅，云何有相續？以無因故，如雖有薪可燃，火滅故無有相續。若嬰兒色不滅而相續者，則嬰兒色不滅，常住本相，亦無相續。」

所以中觀論破三時無去，一、已去無去者，去法已謝；二、未去無去者，去法未萌；三、去時無去者，正去無住。又以去者、去法，二事俱無，若無去者，即無去法，亦無方所。去者即是人，以法因人致，離人無有法，離法無有人〔一〕。

故鈔〔二〕云「觀方知彼去，去者不至方」〔三〕者，明三時無去來，以辯不遷也。如人初在東方，卓立不動，則名未去。未去故，未去不得名爲去。若動一步，離本立處，反望本立處，名已去。已去故，已去不得名爲去。惑人便轉計云：動處則有去，此中有去時，非已去未

校注

〔一〕詳見龍樹造、青目釋、鳩摩羅什譯中論卷一觀去來品。

去，是故去時去。龍樹便以相待破云：若有已去未去，則有去時。若無已去未去，則無去時〔三〕。故偈云：「離已去未去，去時亦無去。」〔四〕如因兩邊短有〔五〕中間長，若無兩邊短，即無中間長也。青目即以相違破。何者？去時者，謂半去半未去，名曰去時〔六〕。則一法中有二墮相違，去義不成，是故去時亦無去。故偈云「已去無有去，未去亦無去。離已去未去，去時亦無去」〔七〕也。如一人從東方行至西方時，望其從東至西，如似有去，故言「知彼去」。然步步中三時無去，則無去法。既無去法，即無去人從此至彼，故言「去者不至方」也。去者，謂人也。

校注

〔一〕按，此鈔者，當即肇論鈔，詳見本書卷八注。

〔二〕按，肇論物不遷論引，云「中觀云」。文才述肇論新疏卷上：「中觀下，但義引彼破去來品，卷當第一。然論極深細，今略示之。『方』謂去處，『彼』即去者。論長行云：去法、去者、去處，是法皆相因待，不得言定有定無。是故決定知三法虛妄，空無所有，但有假名，如幻如化。此論之意，隨俗故知彼去，順真故至方。」「論長行云」者，中論卷一觀去來品：「去法、去者、所去處，是法皆相因待。因去法有去者，因去者有去法。因是二法，則有可去處，不得言定有，不得言定無。是故決定知三法虛妄，空無所有，但有假名，如幻如化。」

〔三〕參見龍樹造、青目釋、鳩摩羅什譯中論卷一觀去來品。

〔四〕見龍樹造、青目釋、鳩摩羅什譯中論卷一觀行品。
〔五〕「有」，清藏本作「即有」。
〔六〕龍樹造、青目釋、鳩摩羅什譯中論卷一觀去來品：「已去無有去，已去故。若離去有去業，是事不然。未去亦無去，未有去法故。去時名半去半未去，不離已去未去故。」
〔七〕見龍樹造、青目釋、鳩摩羅什譯中論卷一觀去來品。

已上一經一論，皆明三時無去，以標宗辯不遷也。此來去因果不遷，即會中道「八不」意也。如論偈云：「不生亦不滅，不常亦不斷，不一亦不異，不來亦不去。能説是因緣，善滅諸戲論，我稽首禮佛，諸説中第一。」〔一〕

今以因果會釋「八不」義。言不生者，如二十時爲因，三十時爲果，若離二十，有今三十，可言有生；若離二十，則三十不可得，是故不生。故中論云：離劫初穀，今穀不可得，是故不生〔二〕。

不滅者，則二十時不無故不滅。若二十時滅，今不應有三十時。中論云：「若滅，今應無穀，而實有穀，是故不滅也。」〔三〕

不常者，則三十時無二十時，是故不常。中論云：「如穀芽時，種則變壞，是故不常。」

不斷者，因二十有三十相續，是故不斷。中論云：「如從穀有芽，是故不斷。若斷，不應相續。」

不一者，二十不與三十同體，各性而住故不一。中論云：「如穀不作芽，芽不作穀，是故不一。」

不異者，不離二十有三十，若二十姓張，三十不異。中論云：「若異，何故分別穀芽、穀莖、穀葉？是故不異。」

不來者，二十不至三十時，是故不來。

不出者，二十時當處自寂，不復更生，故不出也。

達此理者，則離一切戲論，契會中道，則真諦矣。是知於真諦中，無一法可得，豈有去來？如大涅槃經云：「爾時，世尊問彼菩薩：『善男子，汝爲到來？爲不到來？』瑠璃光菩薩言：『世尊，到亦不來，不到亦不來，我觀是義，都無有來。世尊，諸行若常，亦復不來。若是無常，亦無有來。若人見有衆生性者，有來、不來。我今不見衆生定性，云何當言有來、不來？有憍慢者，見有去來；無憍慢者，則無去來。有取行者，見有去來；無取行者，則無去來。若見如來畢竟涅槃，則有去來；不見如來畢竟涅槃，則無去來。不聞佛性，則有去來；聞佛性者，則無去來。』」〔四〕

校注

〔一〕見龍樹造、青目釋、鳩摩羅什譯中論卷一觀因緣品。

〔二〕龍樹造、青目釋、鳩摩羅什譯中論卷一觀因緣品：「離劫初穀，今穀不可得。若離劫初穀有今穀者，則應有生。而實不爾，是故不生。」

〔三〕見龍樹造、青目釋、鳩摩羅什譯中論卷一觀因緣品。下四處引文同。

〔四〕見大般涅槃經卷二一，南本見卷一九。

般若燈論：「問：汝爲已行名初發？爲未行名初發？爲行時名初發耶？三皆不然。如偈曰：已去中無發，未去亦無發，去時中無發，何處當有發？「釋曰：『已去中無發』者，謂去作用於彼已謝故；『未去亦無發』者，謂未行無去，去則不然；『去時中無發』者，謂已去、未去等皆無去義，云何可説去時有去？如是三種，俱無初發，是故偈言：『何處當有發？』

「又偈云：無已去未去，亦無彼去時，於無去法中，何故妄分別？

「釋云：『妄分別』者，如瞖目人於虚空中，或見毛髮蠅等，皆無體故。

「又偈云：是故去無性，去者亦復然，去時及諸法，一切無所有。

「又偈云：未滅法不滅，已滅法不滅，滅時亦不滅，無生何等滅？

「釋曰：第一句者，以滅空故，譬如住；第二句者，如人已死，不復更死；第三句者，離彼已滅及未滅法，更無滅時，有俱過故，是故定知滅時不滅；第四句者，其義云何？一切諸法皆不生故。言無生者，生相無故。無生有滅，義則不然，如石女兒。乃至〔一〕復次，汝言滅者，爲有體滅耶？爲無體滅耶？二俱不然。如偈曰：法若有體者，有則無滅相。

「釋曰：以相違故，譬如水火，由如是故。偈曰：一法有有無，於義不應爾。

「復次，偈曰：法若無體者，有滅亦不然，如無第二頭，不可言其斷。」〔二〕

校注

〔一〕乃至：表示引文中間有删略。

〔二〕見波羅頗蜜多羅譯般若燈論釋卷五觀有爲相品。

是以既無來去之法，亦無住止之時，以因法明時，亦因時辯法。法既無有，時豈成耶？如中觀論偈云：「時住不可得，時去亦叵得，時若不可得，云何説時相？因物故有時，離物何有時？物尚無所有，何況當有時？」〔一〕

釋曰：如上引證，直指世間，皆即事辯真，從凡見道，目前現證，可以絶疑。去法既然，乃至六趣輪迴，四時代謝，皆是不遷，常住一心之道。

「然則群籍殊文、百家異説，苟得其會，豈文言能惑哉」者，若達萬法，唯我一心，觀此心性，尚未曾生，云何説滅？尚不得静，云何説動？如楞嚴會上，「即時，如來於大衆中屈五輪指，屈已復開，開已又屈，謂阿難言：『汝今何見？』阿難言：『我見如來百寶輪掌衆中開合。』佛告阿難：『汝見我手衆中開合，爲是我手有開有合？爲復汝見有開有合？』阿難言：『世尊，寶手衆中開合，我見如來手自開自合〔二〕，非我見性自開自合〔二〕。』佛言：『誰動誰静？』阿難言：『佛手不住，而我見性尚無有静，誰爲無住？』佛言：『如是。』乃至〔三〕『云何汝今以動爲身，以動爲境，從始洎終，念念生滅，遺失真性，顛倒行事，性心失真，認物爲己，輪迴是中，自取流轉』」〔四〕。

故知見性不遷，理周法界，但是認物爲己，背覺合塵，若以動爲身，以動爲境，則顛倒行事，性心失真。境實不遷，唯心妄動，可謂雲駛月運，舟行岸移矣。故論云：「是以言往不必往，古今常存，以其不動；稱去不必去，謂不從今至古，以其不來。不來故，不馳騁於古今；不動故，各性住於一世。」此乃是法法各住真如之位，無有一物往來，亦未曾一念暫住，皆不相待，豈非不遷乎？若能如是通達，己眼圓明，何似有之幻塵，一期之異説，而能惑我哉？

校注

〔一〕見龍樹造、青目釋、鳩摩羅什譯中論卷三觀時品。

〔二〕「自開自合」，嘉興藏本作「有開有合」。按，大正藏本首楞嚴經作「自開自合」，據大正藏校勘記，餘諸本首楞嚴經亦作「有開有合」。

〔三〕乃至：表示引文中間有删略。

〔四〕見大佛頂如來密因修證了義諸菩薩萬行首楞嚴經卷一。

又，古釋云：「百家異説，豈文言之能惑」者，此明於三教不惑，各立其宗。儒有二十七家，若契五常之理，即無惑也；黄老有二十五家，若契虚無，亦無惑也；釋有十二分教，若了本心，亦無惑也。然則三教雖殊，若法界收之，則無别原矣。若孔老二教、百氏九流，揔而言之，不離法界，其猶百川歸於大海。若佛教圓宗，一乘妙旨，别而言之，百家猶若螢光，寧齊巨照？如大海不歸百川也。

「然則四像風馳，旋機電卷，得意毫微，雖速而不轉」者，四像，則四時也；旋機者，北斗七星也。雖寒來暑往，斗轉星移，電轉風馳，刹那不住。若得意者，了於一心毫微之密旨，則見性而不動也。

「果不俱因，因因而果」者，譬如爲高山，初覆一簣之土爲因，直至壘土成山。此初一簣土雖未成山，初不至後而亦不滅，又終因此一簣土成山，故云：「果不俱因，因因而果；因因而果，因不昔滅；果不俱因，因不來今。不滅、不來，則不遷之致明矣。」又如千里之程，起於初步，雖未即到，果不俱因，然全因初步之功，能達千里之路，則因因而果，故云：「成山假就於始簣，修途託至於初步。」又如初發一念菩提善心之因，究竟成就無上妙覺之果。即最初一念不亡，若初一念已滅，則不能成佛果。故云：「是以如來功流萬世而常存，道通百劫而彌固。」以其不滅不來，成功成業。因不虛棄，事不唐捐，則知萬法俱不遷矣，豈更猶豫於動静之間哉！若能觸境而明宗，契神於即物，假使天翻地覆，海沸山崩，尚不見動静之兆朕，況其餘之幻化影響乎？

問：一切真俗等法，有相有用，有因有緣，云何一向作觀心釋耶？

答：若不迴觀自心，則失佛法大旨，高推諸聖，不慕進修，枉處沉淪，於己絶分。如不做觀心進道者，如抱石沉淵，夜行去燭，則於佛智海，必死無疑；向涅槃城，故難措足。是以十方諸佛起教之由，唯説一切衆生佛性、大般涅槃一心秘密之藏，若凡若聖，悉入其中。如世尊言：此大般涅槃，是十方諸佛放捨身命之處，安置諸子，悉入其中，我亦自住其中。何者？以覺自心性故，名爲佛性；以從性起無漏功德，自行化他，法利無盡，故稱爲藏；以難信難知，故云秘密；以法性幽奧，故名涅槃。可謂無量法寶之所出，生猶四大海；一切萬法之所依處，如十方空。若不遇之，大失法利；有暫聞者，功德無邊。

如大般涅槃經中所讚：「佛告迦葉菩薩：善男子，如是微妙大涅槃經，乃是〔一〕一切法之寶藏。譬如大海是衆寶藏，是涅槃經亦復如是，即是一切字義秘藏。善男子，如須彌山，衆藥根本。是經亦爾，即是菩薩戒之根本。善男子，譬如虚空，是一切物之所住處。是經亦爾，即是一切善法住處。善男子，譬如猛風，無能繫縛。一切菩薩行是經者，亦復如是，不爲一切煩惱惡法之所繫縛。善男子，譬如金剛，無能壞者。是經亦爾，雖有外道惡邪之人，不能破壞。善男子，如恒河沙，無能數者。如是經義，亦復如是，無能數者。善男子，是經典者，爲諸菩薩而作法幢，如帝釋幢。善男子，是經即是趣涅槃城之賈主也，如大導師，引諸賈人趣向大海。善男子，是經能爲諸菩薩等作法光明，如世日月，能破諸暗。善男子，是經能爲病苦衆生作大良藥，如雪山中微妙藥王，能治衆病。善男子，是經能爲一闡提杖，猶如羸人因之得起。

「乃至〔二〕善男子，是經即是金剛利斧，能伐一切煩惱大樹；即是利刀，能割習氣；即是勇健，能摧魔怨；即是智火，焚煩惱薪；即因緣藏，出辟支佛；即是聞藏，生聲聞人；即是一切諸天之眼，即是一切人之正道，即是一切畜生依處，即是餓鬼解脱之處，即是地獄無上之尊，即是一切十方衆生無上之器，即是十方過去、未來、現在諸佛之父母也。」〔三〕

校注

〔一〕「是」，原作「至」，據大般涅槃經改。
〔二〕乃至：表示引文中間有删略。
〔三〕見大般涅槃經卷三八，南本見卷三四。

是知了此一心揔持涅槃秘密之藏，如上所讚，衆德攸歸。所有一毫之功，隨真如無盡之理，力齊法界，福等虛空，皆能成就菩提無作妙果。若未悟斯旨，設有進修，但成有爲，終不得道。任經多劫勤苦修行，唯成拙度〔一〕之門，終無勝報之事。

如大智度論云：「如舍利弗弟子羅頻周比丘，持戒精進，乞食六日而不能得，乃至七日，命在不久。有同道者，乞食持與，鳥即持去。時舍利弗語目揵連：『汝大神力，守護此食，令彼得之。』即時目連持食往與，始欲向口，變成爲泥。又舍利弗乞食持與，而口自合。最後佛來持食與之，以佛福德無量因緣故，令彼得食。是比丘食已，心生歡喜，倍加信敬。佛告比丘：『有爲之法，皆是苦相。』爲説四諦，即時比丘漏盡意解，得阿羅漢道。」〔二〕

故知信一乘之福，福等真如；持四句之功，功齊大覺。所以楞伽經云：「佛告大慧：此是過去、未來、現在如來應供等正覺，性自性第一義心。以性自性第一義心，成就如來世間、出世間上上法。」〔三〕真心之德，以第一義心究竟獲世、出世等菩提勝果之福。

校注

〔一〕拙度：拙鈍的濟度法，與「巧度」相對，貶指小乘之觀法，小乘分析諸法而入空。詳見本書卷一一、卷三〇注。

〔二〕見龍樹造、鳩摩羅什譯大智度論卷三〇。

〔三〕見楞伽阿跋多羅寶經卷一。

問：萬法唯識者，於諸識中，何識究竟？

答：唯阿摩羅識〔一〕，此云「無垢淨識」，無有變異，可爲究竟。三無性論云：「識如如者，謂一切諸行，但唯是識。此識二義，故稱如如。一、攝無倒者，謂十二入等一切諸法，但唯是識，離亂識〔二〕外，無別餘法，故一切諸法，皆爲識攝。此義決定，故稱攝無倒如如。二、無變異者，明此亂識即是分別、依他，似塵識所顯，由分別性永無故，依他性亦不有。此二無所有，即是阿摩羅識。唯有此識獨無變異，故稱如如。」〔三〕

又云：「一切世、出世間境，不過唯識，是如量境界。此唯識由外境成，外境既無，唯識亦無。境無相，識無生，是一切諸法平等，通以如理故。」〔四〕以理、量二門，一切性相收盡。

以識相妙有是如量門，以識性真空是如理門。若理、量雙消，則唯真性。

又，阿摩羅識有二種：一、所緣，即是真如；二、本覺，即真如智。能緣即不空如來藏，所緣即空如來藏。十二門論「明唯識真實，辯一切諸法唯有浄識，無有能疑，亦無所疑。唯識有二：一、方便，謂先觀唯有阿賴耶識，無餘境界。現得境、智二空，除妄識已盡，名爲方便唯識。二、正觀唯識，遣蕩生死虚妄識心及以境像，一切皆浄盡，唯有阿摩羅清浄心也」〔五〕。

校注

〔一〕阿摩羅識：是九識中的第九識。詳參本書卷二〇注及本卷後文。

〔二〕亂識：攝論家别立第九阿摩羅識，稱前八識爲亂識。世親釋、真諦譯攝大乘論釋卷五相章第一：「欲顯虚妄分别，但以依他性爲體相。亂識及亂識變異，即是虚妄分别。分别即是亂識，虚妄即是亂識變異。虚妄分别，若廣説有十一種識，若略説有四種識：一、似塵識，二、似根識，三、似我識，四、似識識。一切三界中所有虚妄分别，不出此義，由如此識，即得顯現。」「無中執有名亂。此亂識因何法生？因色識生。何者爲色識？若約五識、五根、五塵名爲色識。此色識能生眼等識，識此色識，即是亂因。若此識不起，不得於無中執有。何法名亂體？謂無色識。若約五根即是五識，若約意根但是意識，非法識，法識及色識、無色識悉是亂因。」

〔三〕見真諦譯三無性論卷上。又有云：「一切諸法，不出三性：一、分别性，二、依他性，三、真實性。分别性者，謂名言所顯諸法自性，即似塵識分。依他性者，謂依因、依緣顯法自性，即亂識分，依因内根，緣内塵起故。真實性者，謂法如如。法者，即是分別、依他兩性；如如者，即是兩性無所有。分別性以無體相故無所有，依他性以無生故無所有。此二無所有，皆無變異，故言如如，故呼此如如爲真實性。」

〔四〕見真諦譯三無性論卷下。

〔五〕按，出龍樹造、真諦譯十八空論。云十二門論者，誤。

問：萬法唯識，佛住識不？

答：若阿賴耶，此云「藏識」，能藏一切雜染品法令不失故，我見、愛等執藏以爲自内我故，此名唯在異生、有學。阿陁那，此名「執持」，執持種子及色根故。此名通一切位，我執若亡，即捨賴耶，名阿陁那。持無漏種，則妄心斯滅，真心顯現，則佛住無垢淨識〔一〕。故經云：「心若滅者生死盡。」〔二〕即是妄心滅，非心體滅。

校注

〔一〕玄奘譯成唯識論卷三：「第八識雖諸有情皆悉成就，而隨義別立種種名。謂或名心，由種種法熏習種子所積集故。或名阿陀那，執持種子及諸色根令不壞故。或名所知依，能與染、淨所知諸法爲依止故。或名種子識，能遍任持世、出世間諸種子故。此等諸名，通一切位。或名阿賴耶，攝藏一切雜染品法令不失故，我見、愛等執藏以爲自内我故，此名唯在異生、有學，非無學位、不退菩薩，有雜染法執藏義故。

或名異熟識，能引生死善不善業異熟果故，此名唯在異生、二乘諸菩薩位，非如來地猶有異熟無記法故。或名無垢識，最極清浄諸無漏法所依止故，此名唯在如來地有，菩薩、二乘及異生位持有漏種可受熏習，未得善浄第八識故。」

〔二〕見實叉難陀譯大方廣佛華嚴經卷三七。

所以起信論云：「復次，分别心生滅相者，有二種别：一、麁，謂相應心；二、細，謂不相應心。麁中之麁，凡夫智境；麁中之細及細中之麁，菩薩智境。此二種相，皆由無明熏習力起，然依因依緣，因是不覺，緣是妄境。因滅則緣滅，緣滅故相應心滅，因滅故不相應心滅。

「問：若心滅者，云何相續？若相續者，云何言滅？

「答：實然。今言滅者，但心相滅，非心體滅。如水因風而有動相，以風滅故，動相即滅，非水體滅。若水滅者，動相應斷，以無所依、無能依故。以水體不滅，動相相續。衆生亦尔，以無明力，令其心動，無明滅故，動相即滅，非心體滅。若心滅者，則衆生斷，以無所依、無能依故。以心體不滅，心動相續。」〔一〕

釋曰：論明麁、細二種心境，「皆由無明熏習力起，然依因依緣，因是不覺，緣是妄境」

者，只謂不覺自心妄生外境，故知境無自性，從心而生，和合而起。故云心生即法生，因滅則緣滅矣。「以水體不滅，動相相續」者，此况真心自體非動非止，因無明風起，生死動摇；若妄風息時，心之動相即滅，非心體滅。以心體是所依，萬法是能依，若無所依，能依非有。故知一心之體，爲群有之依，猶如太虚，作萬像之體。

又，本識有二義：一、妄染義，凡夫所住；二、真浄義，八地所住。佛地單住真如，但名無垢識〔二〕。

校注

〔一〕見實叉難陀譯大乘起信論卷上。

〔二〕無垢識：即「阿摩羅識」的意譯，舊譯認爲是第九識，新譯認爲是第八識的浄分。成唯識論述記卷三："「唯無漏依，體性無垢，先名阿末羅識，或名阿摩羅識，古師立爲第九識者，非也。」澄觀述大方廣佛華嚴經隨疏演義鈔卷四二："「住真如者，以本識有二分：一、妄染分，凡夫所住；二、真浄分，此地所住。由住真如故，捨黎耶之名。又，佛地單住真如，不云黎耶真如。今爲有變易報在，是故雙舉，則黎耶言約異熟識，如來但名無垢識故。」

問：諸佛單住真如名無垢識者，無垢浄識即是常住真心，爲復諸佛決定有心？決定無心？

答：據體，則言亡四句，意絶百非；約用，則唯智能明，非情所及。

華嚴經云：「佛子，如來心、意、識俱不可得，但應以智無量故，知如來心。」〔一〕

古釋云：「如來心、意、識俱不可得」者，約體遮詮也；「但應以智無量故，知如來心」者，寄用表詮也。一師云：識等有二：一、染，二、浄。佛地無有漏染心及心所，而有浄分心及心所。果位之中，智强識劣故，於心王上，以顯無染。約彼智所以明無量，若必無王所，智依何立？經云：「如來無垢識，是浄無漏界，解脱一切障，圓鏡智相應。」〔二〕則有心王明矣！一師云：以無積集思量等義故，説心等叵得。就無分別智以顯無量，非無心體。

上之二解，俱明心、意、識有。又云：佛果實無心、意、意識及餘心法，云「不可得」。唯有大智，故言「智無量故，知如來心」。經云：「唯如如及如如智獨存。」〔三〕佛地論中，五法攝大覺性，唯一真法界及四智菩提，不言更有餘法〔四〕。此二説約無。若依前有，未免增益，亦不能通不可得言；若依後無，未免損減，亦不通能知佛心言。既云「知如來心」，不可言無心，可知明非無心矣。又，心既是無，智何獨立？亦違涅槃滅無常識，獲常識義。若有、無二義雙取，未免相違。若互泯雙非，寧逃戲論？

若後宗言唯如智者，以心即同真性，故曰「唯如」；照用不失，故云「如智」。豈離心外而别有如？是則唯如不乖於有。前宗以純如之體，故有净心，心既是如，有之何失？是知即真之有與即有之真，二義相成，有無無礙。正〔五〕消經意者，言不可得者，以心義深玄，言不及故，寄遮顯深。言但以智知如來心者，託心所寄表顯深。云何深玄？欲言其有，同如絶相；欲言其無，幽靈不竭。欲謂之情，無殊色性；欲謂無情，無幽不徹。是知佛心即有即無，即王即數，心中非有意亦非不有意，意中非有心亦非不有心，數非依於王亦非不依王，一一皆尔，圓融無礙〔六〕。

校注

〔一〕見實叉難陀譯大方廣佛華嚴經卷五一。

〔二〕見玄奘譯成唯識論卷三。

〔三〕參見合部金光明經卷一三身分别品。

〔四〕玄奘譯佛地經論卷三：「妙生當知，有五種法攝大覺地。何等爲五？所謂清净法界、大圓鏡智、平等性智、妙觀察智、成所作智。」

〔五〕「正」，大方廣佛華嚴經疏作「後」。

〔六〕「古釋云」至此，詳見澄觀撰大方廣佛華嚴經疏卷四九。

清凉記釋云：言佛無心有智，成相違過。心王最勝，尚説爲無，智無所依，豈當獨立？

如無君主，何有臣下？今先别會二宗，後通合〔一〕二宗。先會法性宗，意云：心即是如，智即如智，離心無如，則知有如已有心矣。況即體之用稱如智，即用之體即是真如，如一明珠，珠體即如，明即如智，豈得存如亡於心矣？「前宗以純如」下，會法相宗。意云：即如之有，有豈乖如？如鏡即虚，則有心無失。「是知即真之有」下〔二〕，通會二宗：即真之有，是法相宗；即有之真，是法性宗。兩不相離，方成無礙真佛心矣。又，「心中非有意亦復非無意」者，「非有」，是不即義，二相别故；「亦非不有」，是不離義，無二體故。又「非有」者，以無二體互攝盡故；「亦非不有」者，二相不壞，力用交徹故〔三〕。

校注

〔一〕「合」，大方廣佛華嚴經隨疏演義鈔作「會」。

〔二〕「下」，原無，據大方廣佛華嚴經隨疏演義鈔補。

〔三〕「清涼記釋云」至此，詳見澄觀述大方廣佛華嚴經隨疏演義鈔卷七九。

音義

斥，昌石反，逐也，遠也。　礫，朗擊反，小石曰礫也。　孜，子之反。　礦，古猛反，金璞也。　斫，之若反，刀斫也。　痕，户恩反，瘢也。　拄，知庾反，指拄。

抹，莫割反，抹，撥、摩也。　蒸，煮仍反。　甎，職縁反，甎瓦也。　恢，苦迴反，大也。　龐，薄江反。　剥，比角反。　嵐，盧含反。　偃，於幰反，偃，仰也。蜃，時刃反，蛟蜃。　緊，鳩尹反，束縛也。　縵，莫半反。　淵，烏玄反，深也。簣，苦怪反，籠也。　躊，直由反。　躇，直魚反。　滔，土刀反，漫也。　匍，薄胡反。　匐，蒲木反。　逗，田候反，逗遛。　萌，莫耕反，萌牙。　叵，普火反。　洎，其冀反，潤也。　駛，疎吏反，速也。　豫，羊茹反，備光也。　眹，直引反，目童子也。　傚，乎教反，教也。

丁未歲分司大藏都監開板

宗鏡録卷第三十四

慧日永明寺主智覺禪師延壽集

夫境、識俱遣，衆生界空，諸佛究竟成得何法？

答：一切異生，因識對境，於生死中妄生執著，起常等四倒〔一〕；二乘之人，於涅槃中妄求解脱，起無常等四倒〔二〕；諸佛如來，因境、識俱空，能離八倒〔三〕，成得真常、樂、我、浄四波羅蜜。寶性論云：「依二種法，如來法身有浄波羅蜜：一者、本來自性清浄，以同相故；二者、離垢清浄，以勝相故。有二種法，如來法身有我波羅蜜：一者、遠離諸外道邊，以離虚妄我戲論故；二者、遠離諸聲聞邊，以離無我戲論故。有二種法，如來法〔四〕身有樂波羅蜜：一者、遠離一切苦；二者、遠離一切煩惱習氣。有二種法，如來法身有常波羅蜜：一者、不滅一切諸有爲行，以離斷見邊故；二者、不取無爲涅槃，以離常見邊故。勝鬘經云：『世尊，見諸行無常，是斷見，非正見；見涅槃常，是常見，非正見，妄想見故。』〔五〕作如是見，所以如來唯證四德涅槃〔六〕秘密之藏。」〔七〕

校注

〔一〕常等四倒：即凡夫四倒，又名有爲四倒，於生死之無常、無樂、無我、無浄而執常、樂、我、浄。
〔二〕無常等四倒：即二乘四倒，又名無爲四倒，於涅槃之常、樂、我、浄而執無常、無樂、無我、無浄。
〔三〕八倒：即凡夫四倒、二乘四倒，合爲八種顛倒妄見。
〔四〕「法」，原無，據諸校本補。
〔五〕見勝鬘師子吼一乘大方便方廣經顛倒真實章。
〔六〕四德涅槃：即涅槃。智顗撰四教儀卷一〇：「常住佛果，具足一切佛法，名菩提果。四德涅槃，名爲果果。」菩提是修行的結果，故謂之果。依其菩提而證涅槃，故謂之果果。大乘大般涅槃，具常、樂、我、浄四德，故謂之四德涅槃。
〔七〕見究竟一乘寶性論卷三一切衆生有如來藏品。

問：既經云「見諸行無常，是斷見，非正見；見涅槃常，是常見，非正見」者，云何教中或説無我，又説於我，豈不相違耶？

答：夫説常與無常、我與無我，但形言跡，皆是方便。所以肇論云：「菩薩於計常之中，演非常之教。」〔一〕以佛初出世，便欲説圓常之妙門、真我之佛性，爲一切外道皆妄執神我〔二〕，徧十方界起於常見，若説真常、樂、我、浄，恐濫邪解，且一時拂下情塵，故云無常、無樂、無我、無淨。

校注

〔一〕見肇論物不遷論。

〔二〕神我：外道所執的實我。天親造、般若流支譯唯識論：「如彼外道衛世師等虚妄分別，離於頭目身分等外，有一神我，不可得見。」杜順華嚴五教止觀第一法有我無門：「離身執我者，謂外道計身内別有神我者是也。」

又，二乘及權假菩薩，不知諸佛秘旨，執方便門，忽忽取證，皆住無我之理以爲究竟。世尊又愍不達，遂乃具説常、樂、我、淨。若有於此究竟之説，明見真我佛性，人、木、蟲、塵分明無惑，尚不住於中道，豈更見有常無常、我無我二見之所亂乎？或若雖聞常、樂、我、淨之名，只作常、樂、我、淨之解，隨語生見，昧自真心，則我無我之藥，成我無我之病，故知真我難辯，非證不明。

如大涅槃經云：「譬如二人共爲親友，一是王子，一是貧賤，如是二人，互相往反。是時貧人見是王子有一好刀，淨妙第一，心中貪著。王子後時捉持是刀，逃至他國。於是貧人後於他家寄卧止宿，即於眠中寱語『刀、刀』。傍人聞之，收至王所。時王問言：『汝言刀者，何處得耶？』是人具以上事答王：『王今設所屠割臣身、分張手足，欲得刀者，實不可得。臣與王子，素爲親厚，先與一處，雖曾眼見，乃至不敢以手撑觸，況當故取！』王復問言：『卿見刀時，相貌何類？』答言：『大王，臣所見者，如羖羊角。』王聞是已，欣然而笑，語言：『汝今隨意所至，莫生憂怖，我庫藏中都無是刀，況汝乃於王子邊見！』時王即問諸群臣言：『汝等曾見如是刀不？』言已崩背。尋立餘子，紹繼王位，復問輔相：『卿等曾於官藏之中見是刀不？』諸臣答言：『臣等曾見。』覆復問言：『其狀何似？』答言：『大王，如羖羊角。』王言：『我庫藏中，何處當有如是相刀？』次第四王，皆檢校求索不得。卻後數時，先逃王子從他國還，來至本土，復得爲王。既登王位，復問諸臣：『汝見刀不？』答言：『大王，臣等皆見。』覆復問言：『其狀何似？』答言：『大王，其色清淨，如優鉢羅華。』復有答言：『形如羊角。』復有説言：『其色紅赤，猶如火聚。』復有答言：『猶如黑蛇。』時王大笑：『卿等皆悉不見我刀真實之相。』

「善男子，菩薩摩訶薩亦復如是，出現於世，説我真相，説已捨去，喻如王子持淨妙刀，逃至他國。凡夫愚人，説言『一切有我、有我』，如彼貧人，止宿他舍，寱語『刀、刀』。聲聞、緣覺問諸衆生：『我有何相？』答言：『我見我相，大如拇指。』或言如米、或如稗子，有言『我相住在心中，熾然如日』。如是衆生，不知我相，喻如諸臣不知刀相。菩薩如是説於我法，凡夫不知，種種分别，妄作我相。如問刀相，答似羊角。是諸凡夫，次第相續而起邪見。爲斷如是諸邪見故，如來示現，説於無我，喻如王子語諸臣言：『我庫藏中，無如是刀。』善男子，今日如來所説真我，名曰佛性。如是佛性，我佛法中喻如淨刀。善男子，若有凡夫能善説者，即是隨順無上佛法。若有善能分别、隨順宣説，是等當知即是菩薩相貌。」〔一〕

校注

〔一〕見大般涅槃經卷八。

問：平等空門，一心大旨，既美惡無際，凡聖俱圓，何乃受潤有差，苦樂不等？

答：萬事由人自召，唯心一理無虧。美惡但自念生，果報焉從他得？如傳奥法師〔二〕云：但以内有惡業，則外感邪魔；若内起善心，則外值諸佛。斯則善惡在己，而由人乎哉？是以西施愛江，嫫母嫌鏡，實爲癡也。且君子尚求諸己而不怨天尤人，況菩薩歟？若能深信斯談，則可以虚心絶想，頓入法空矣。故起信論云：「或有衆生無善根力，則爲諸魔外道鬼神之所惑亂。若於坐中現形恐怖，或現端正男女等相，當念唯心，境界則滅，終不爲惱。」〔三〕是知聖者正也，心正即聖。故云心正可以辟邪，如日月正當天，草木無邪影。

校注

〔一〕傳奥法師：唐末石壁寺僧人。後有引起信論，此説或出其大乘起信論隨疏記。詳見本書卷六注。

〔二〕見真諦譯大乘起信論。

故知此心是凡聖之宅，根境之原，只爲凡夫執作賴耶之識，成生死苦惱之因；聖者達爲如來藏心，受涅槃常樂之果。若云阿賴耶識，則有名無體，以情執有，不究竟故。當證聖時，其名即捨。若云如來藏心，則有名有體，以本有非執故，至未來際不斷故。如以金作鐶，鐶相虚，金體露現。如來藏作賴耶，賴耶相虚，藏性現。

今衆生以隨情執重故，多認賴耶，不信有如來藏。以不信故，自既輕慢，又毀滅他人，謗法之愆，無過此失。念念昧如來法界之性，步步造衆生業果之因，惡業日新，苦緣無盡。於安隱處，生衰惱心；向解脱中，成繫縛果。受餤口針喉之體〔一〕，經劫而飢火焚燒；作披毛戴角之身〔二〕，觸目而網羅縈絆。或墮無間獄〔三〕，抱劇苦而常處火輪；或生脩羅宫〔四〕，起鬬諍而恒雨刀劍。或暫居人界，刹那而八苦〔五〕交煎；或偶處天宫，倏忽而五衰〔六〕陷墜。長沉三障〔七〕，不出四魔〔八〕，皆爲不知如來藏心，失唯識妙性。背真慈父，傭賃外方；捨大智王，依投他國。是以諸佛驚入火宅，祖師特地西來，指真歸而不歸，示正見而弗見，都爲藏識熏處，無始堅牢，執情厚而如萬疊冰崖，疑根深而似千重闇室。

今者廣搜玄奥，不猒文繁，和會千聖之微言，洞達百家之秘説，無一法不順，能成孝義之門；無一念不和，盡爲無諍之道。則六入空聚，畢竟無人；五陰舍中，豁然虚寂。是以内無所作，外無所依。外無所依，萬有不能絆；内無所作，千慮不能馳。遂得静佛邊疆，絶一塵而作亂；匡法國土，無一境而不降。可謂會天性於此時，更無異種；定父子於今日，唯我家風。如鴦崛魔羅經云：「常受人天一切快樂，族姓殊勝，悉皆具足，斯由聞知一切衆生悉有如來常住藏故。乃至〔九〕若彼衆生，去、來、現在，於五趣中，支節不具，輪轉生死，受一切苦，斯由輕慢如來藏故。」〔一〇〕

校注

〔一〕受飫口針喉之體：即墮入餓鬼道。阿毗達磨順正理論卷三一謂鬼有無財、少財、多財三種，其中：「無財復三，謂炬、鍼、臭口。炬口鬼者，此鬼口中常吐猛焰，熾然無絶，身如被燎多羅樹形，此受極慳所招苦果。鍼口鬼者，此鬼腹大，量如山谷，口如鍼孔，雖見種種上妙飲食，不能受用，飢渴難忍。臭口鬼者，此鬼口中恒出極惡腐爛臭氣，過於糞穢沸溢厠門，惡氣自熏，恒空歐逆，設遇飲食，亦不能受，飢渴所惱，狂叫亂奔。」

〔二〕作披毛戴角之身：即墮入畜生道。畜生形象，或有披毛，或有戴角，故云。高麗諦觀録天台四教儀：

「畜生道，亦云『旁生』，此道遍在諸處，披毛戴角，鱗甲羽毛，四足多足，有足無足，水陸空行，互相吞噉，受苦無窮。愚癡貪欲，作中品五逆十惡者，感此道身。」

〔三〕無間獄：即無間地獄，是八熱地獄之一。

〔四〕生脩羅宫：即生於阿修羅道。阿修羅，意譯「非天」，具有神通而無德，性多瞋恚，統率夜叉、羅刹等，常與帝釋戰鬥。玄應一切經音義卷三：「阿須倫，又作『阿須羅』，或作『阿修羅』，皆訛也，正言『阿素洛』。此譯云阿者，無也，亦云非。素洛，云酒，亦云天，名無酒神，亦名非天。經中亦名『無善神』。」衆生作下品十善，即可生阿修羅道。

〔五〕八苦：衆生六道輪迴中所受逼惱身心的八種苦。大般涅槃經卷一二：「八相名苦，所謂生苦，老苦，病苦，死苦，愛別離苦，怨憎會苦，求不得苦，五盛陰苦。」

〔六〕五衰：天人壽命將盡時身體所現五種衰亡之相。佛本行集經卷五上託兜率品：「爾時，護明菩薩大士天壽滿已，自然而有五衰相現。何等爲五？一者、頭上花萎，二者、腋下汗出，三者、衣裳垢膩，四者、身失威光，五者、不樂本座。」大般涅槃經卷一九：「釋提桓因命將欲終，有五相現：一者、衣裳垢膩，二者、頭上花萎，三者、身體臭穢，四者、腋下汗出，五者、不樂本座。」阿毗達磨俱舍論卷一〇中則有五種小衰相、五種大衰相之説：「然諸天子將命終時，先有五種小衰相現：一者、衣服嚴具，出非愛聲；二者、自身光明，忽然昧劣；三者、於沐浴位，水滴著身；四者、本性囂馳，今滯一境；五者、眼本凝寂，今數瞬動。此五相現，非定當死。復有五種大衰相現，一者、衣染埃塵，二者、花鬘萎悴，三者、兩腋汗出，四者、臭氣入身，五者、不樂本座。此五相現，必定當死。」

〔七〕三障：一、煩惱障，貪欲、瞋恚、愚癡等；二、業障，五逆十惡之業；三、報障，地獄、餓鬼、畜生等苦報。

〔八〕四魔：一、煩惱魔，二、五衆魔（陰魔），三、死魔，四、自在天子魔。詳見本書卷三注。

〔九〕乃至：表示引文中間有删略。

〔一〇〕見央掘魔羅經卷二。

問：但了一心，不求諸法，紹隆三寶，自行化他，得圓滿妙覺位不？

答：覺心無昜，則開佛知見。佛知見開，無幽不矚。不二之相，佛眼所見；一實之道，佛智所知。照窮法界之邊，洞徹真原之底，上成諸佛，下化衆生，靡不由兹，自、他俱利。

夫欲正修行者，不歸宗鏡，皆墮邪修，或滯權小。此宗鏡正義，過去十方一切諸佛於此圓修已成，現在一切諸佛現成，未來一切諸佛當成；過去一切菩薩已學，現在一切菩薩現學，未來一切菩薩當學。所以起信論明須先正念真如之法〔一〕，石壁鈔〔二〕云：謂一切行門皆從真如所起，以是行原故。非真流之行，無以契真。何有契真之行，不從真起？此乃是所信法中之根本故，所以萬緣所起，起自真如；會緣所入，入於真如。菩薩發心，先念真如；菩薩起信，亦先信真如；菩薩所行，亦契會真如。

又問：云何是信真如之相？答：不信一切法，是信真如之相，以真如理中本無諸法。

若見諸法爲有，是信諸法，不信真如〔三〕。

是以無夙植廣大菩提一乘種子之因緣者，卒難起信。故祖師頌云：「大緣與信合。」〔四〕或得入宗鏡者，是知非小緣矣。

校注

〔一〕真諦譯大乘起信論：「信成就發心者，發何等心？略説有三種。云何爲三？一者，直心，正念真如法故。二者，深心，樂集一切諸善行故。三者，大悲心，欲拔一切衆生苦故。」

〔二〕石壁鈔：即傳奥大乘起信論隨疏記。石壁，即唐末石壁寺沙門傳奥。此處引文，不見他處，參見起信論疏筆削記卷一八。石壁鈔，參見本書卷六注。

〔三〕「問：云何是信真如之相」至此，見起信論疏筆削記卷一八，故當出傳奥大乘起信論隨疏記，參見本書卷六注。

〔四〕按，據景德傳燈録卷三等，此「祖師」者爲三十一祖道信。道信傳法弘忍，「付法傳衣，偈曰：華種有生性，因地華生生，大緣與信合，當生生不生」。

如楞伽經云：「尒時，世尊告大慧菩薩：攝受大乘者，則攝受諸佛、菩薩、緣覺、聲聞；攝受諸佛、菩薩、緣覺、聲聞者，則攝受一切衆生；攝受一切衆生者，則攝受正法；攝受正法者，則佛種不斷；佛種不斷者，則能了知得殊勝入處；知得殊勝入處，菩薩摩訶薩常得化生，建立大乘。十自在力〔一〕，現衆色像，通達衆生形類希望煩惱諸相，如實説法。如實者，不異。如實者，不來不去相。一切虚僞息，是名如實。」〔二〕又云：「佛言：但覺自心現量，妄想不生，安隱快樂，世事永息。」

校注

〔一〕十自在力：即如來十力：一、是處非處力，知一切因緣果報之智力；二、業力，知一切衆生三世因果業報之智力；三、定力，知諸禪定及八解脱三三昧之智力；四、根力，知衆生根性勝劣、得果大小之智力；五、欲力，知一切衆生種種欲樂善惡之智力；六、性力，於世間衆生各種不同境界而如實普知之智力；七、至處道力，於六道有漏行所至處、涅槃無漏行所至處如實遍知之智力；八、宿命力，了知過去世種種事之智力；九、天眼力，以天眼知衆生宿命又知無漏涅槃之智力；十、漏盡力，於一切妄惑餘氣永斷不生能如實知之智力。

〔二〕見楞伽阿跋多羅寶經卷四。下一處引文同。

安隱快樂者，則寂静妙常；世事永息者，則攀緣已斷。可謂遇圓滿寶藏，頓絶希求；到常樂涅槃，更無所至。是凡聖之際，如達家鄉；爲迷悟之依，已窮根本。大涅槃經云：「金剛寶藏，無所缺減。」〔一〕

校注

〔一〕見大般涅槃經卷三。

華嚴經偈云：「種種變化無量力，一切世界微塵等，欲悉了達從心起，菩薩以此初發心。」〔一〕

校注

〔一〕見實叉難陀譯大方廣佛華嚴經卷一六。

寶藏論本際品云：「是以本際無名，名於無名；本際無相，名於無相。名相既立，妄惑遂生，真一理沉，道宗事隱。是以無名之朴，徧通一切，不可名目，過限量界，一體無二。故經云：『森羅及萬像，一法之所印。』〔二〕即本際也。然本際之理，無自無他，非一非異，包含一氣，該入萬有。若復有人自性清浄，含一而生，中無妄想，即謂聖人。然實際中亦無聖人法如微塵許而有異也。若復有人自性清浄，含一而生，中有妄想，自然濁亂，則謂凡夫。然實際中亦無凡夫法如微塵許而有異也。故經云：『佛性平等，廣大難量。』凡聖不二，一切圓滿。咸備草木，周徧螻蟻，乃至微塵毛髮，莫不含一而生，故云『能了知一，萬事畢』〔三〕

也。是以衆生皆乘一而生，故云一乘。若迷故則異，覺故則一。故云：前念是凡，後念即聖〔三〕。又云『一念知一切法』〔四〕也。是以一即一切，一切即一，故云以一之〔五〕法，功成萬像。故經云：一切若有心即迷，一切若無心即徧十方。故真一萬差，萬差真一。譬如海涌千波，千波即海，一切皆無有異也。乃至〔六〕萬物含一而生，即彼萬物亦爲一也。何以故？以本一故，末則無異〔七〕。譬如檀生檀枝，非椿木也。」〔八〕

校注

〔一〕見敦煌本法句經普光問如來慈偈答品。
〔二〕見三慧經。
〔三〕宗寶本壇經般若第二：「前念迷即凡夫，後念悟即佛；前念著境即煩惱，後念離境即菩提。」
〔四〕見維摩詰所説經卷上菩薩品。
〔五〕「之」，心賦注卷二作「知」。
〔六〕乃至：表示引文中間有删略。
〔七〕「末則無異」，寶藏論作「即無二也」。
〔八〕見寶藏論本際虚玄品。

故法華經偈云：「十方佛土中，唯有一乘法。」〔一〕一乘者，即一心也。一切萬有，十方虚空，皆從真如一心之種子所現。如檀生檀枝，蘭生蘭葉，乃至本末、中邊，更無異相。故云：「一即一切，一切即一。」若能如是，何慮不畢？若能如是究竟圓通，此外更無不了之法，則無理而不明，無事而不盡，以一法能成一切法故。如華嚴疏云：「若入此觀法，則智與心相應。是以因由心學，果是心成，境由心現，解由心起。分位神通是心，力用造作是心，現起分别是心，決擇所得是心，乃至尋求知識、造詣佛土，並皆是心。心外無得，何所疑耶？」〔二〕

校　注

〔一〕見妙法蓮華經卷一方便品。

〔二〕見澄觀撰大方廣佛華嚴經疏卷二〇。

故知心垢則娑婆現相，心浄則華藏含空；迴轉而恒起識輪，交羅而匪離心網。故海幢不起寂定，廣作十方佛事之門〔一〕；善財不出道場，徧歷一百十城之法〔二〕。是以文殊即自心能證之妙慧，善財至弥勒一心佛果滿後，卻令見文殊，因位將極，令返照心原〔三〕，更無有異，未始動念故。再訪文殊不見其身者，但了自心空般若故，是真見文殊〔四〕。普賢是自心所證法界無盡妙行，善財雖徧法界參諸善友，欲見普賢，不假别指，便於初會始成之處，如來座前而起念求，隨念即見普賢在如來前，初無動移。此正顯觀心即見希奇之相，見聞證入，由覩前相，即是見心。所〔五〕以普賢身相如虚空，徧一切處故，以普眼菩薩等入百千三昧，求覓普賢不見。只謂離念入定，猒境求真，不知塵塵是文殊，念念即普賢故。是以善財一人，運悲智而横廣十方，修願行而竪窮三際，從初至後，因滿果圓，明顯一心以爲牓樣，揔攝一切。始行菩薩、諸觀行人，皆倣此修，離此觀心，别無殊勝。乃至六度萬行，若不了自心，皆成權漸，果歸生滅，報在人天。若能運心，福智無盡。

校注

〔一〕詳見實叉難陀譯大方廣佛華嚴經卷六三。

〔二〕延壽心賦注卷三：「李長者論云：善財徧巡諸友，歷一百十城之法，不出娑羅之林。」李通玄新華嚴經論卷三三：「一百一十城之法門，一時頓印無虧。信處成一百一十之法門，不出娑羅之林，而身遍遊諸國。」

〔三〕實叉難陀譯大方廣佛華嚴經卷七九：「善男子，汝當往詣文殊師利善知識所。」澄觀撰大方廣佛華嚴經疏卷六〇：「因位將極，令反照心源故。」

〔四〕實叉難陀譯大方廣佛華嚴經卷八〇：「是時，文殊師利遥伸右手，過一百一十由旬，按善財頂。」澄觀撰大方廣佛華嚴經疏卷六〇：「未移信心，故申右手。又，不見乃爲真見，但了自心空般若故。」

〔五〕「所」，磧砂藏、嘉興藏本作「於」，清藏本作「故」。

如大智度論云：「菩薩摩訶薩知諸法實相無取無捨，無所破壞，行不可得般若波羅蜜。以大悲心，還修福行。福行初門，先行布施。菩薩行般若波羅蜜，智慧明利，能分別施福。施物雖同，福德多少，隨心優劣。如舍利弗以一鉢飯上佛，佛即迴施狗而問舍利弗：『汝以飯施我，我以飯施狗，誰得福多？』舍利弗言：『如我解佛法義，佛施狗得福多。』舍利弗者，於一切人中智慧最上，而佛福田最爲第一，不如佛施狗惡田得福極多。以是故知，大福從心生，不在田也。如舍利弗千萬億倍，不及佛心。」〔一〕「問曰：如汝説福田妙故得福多，而舍利弗施佛不得大福？答曰：良田雖復得福多而不如心。所以者何？心爲内主，田是外事。」〔二〕

校注

〔一〕見龍樹造、鳩摩羅什譯大智度論卷三六。

〔二〕見龍樹造、鳩摩羅什譯大智度論卷三二。

菩薩本緣經偈云：「若行慧施時，福田雖不淨，能生廣大心，果報無有量。」〔一〕故知福從心生，不因田出。別請五百阿羅漢，不如依次一凡僧〔二〕。何者？以平等心福勝，取捨心福微，則勝劣由心，豈在田乎？施法既尔，六度、萬行亦然。所以清涼鈔云：

「因該果海，果徹因原。以極果由於始信，信依本智而起，今不離本智故，斯則以因成果，攝果酬因。然因有二種：一、約本有，恒沙性德、信解行願等無不具故；二、約修起，謂依本信德而起信心，依本解德而起解心。如起信論云『以知法性無慳貪故，隨順修行檀波羅蜜』等〔三〕，故一一修起，皆帶本有，俱來至果，無間道中一時頓圓，解脱道中因果交徹，名爲得果。果亦有二：一者、本有菩提涅槃，一切佛性本覺具故；二者、修起今〔四〕證菩提，始覺悟故。始覺同本，無復始、本之異，名究竟覺，則二果無礙。然二因本從本覺體上起來，則二因與本果無礙。始覺既同本覺，則果全同於二因，則二因與二果交徹，故因該果海，果徹因原。」〔五〕

校注

〔一〕見菩薩本緣經卷上毗羅摩品。

〔二〕十誦律卷四八：「僧中請一人得大福，勝别請五百阿羅漢。」

〔三〕真諦譯大乘起信論：「解行發心者，當知轉勝，以是菩薩從初正信已來於第一阿僧祇劫將欲滿故。於真如法中，深解現前，所修離相。以知法性體無慳貪故，隨順修行檀波羅蜜；以知法性無染，離五欲過故，隨順修行尸波羅蜜；以知法性無苦，離瞋惱故，隨順修行羼提波羅蜜；以知法性無身心相，離懈怠故，隨順修行毗梨耶波羅蜜；以知法性常定，體無亂故，隨順修行禪波羅蜜；以知法性體明，離無明故，隨順修行般若波羅蜜。」

〔四〕「今」，諸校本作「令」。按，大方廣佛華嚴經隨疏演義鈔作「今」。

〔五〕見澄觀述大方廣佛華嚴經隨疏演義鈔卷七三。

又，初發心時，便成正覺，因該果也；雖得佛道，不捨菩薩行，果徹因也。華嚴論云：「善財一念發心，頓無能所，了三世性，性絶古今。自覺自心，本來是佛，不成正覺，不證菩提。身心性相，無證修者，不成不壞，本來如是。隨緣動寂，不壞有無，所行諸行，皆唯智起。」〔一〕

斯宗鏡旨，是善巧智之所知，廣大心之所信。如華嚴經云：「知一切衆生種種所緣，唯是一相，悉不可得。一切諸法，皆如金剛善巧智。」〔二〕是以上至妙覺極聖之位，中及大權菩薩修行之門，下至底下凡夫生死之地，皆同一心，無有高下。迷之自墮，悟之即昇，迷悟似殊，真心靡易。古德云：「不鏡方寸，虚負性靈。」〔三〕又云：自己不明，則是空受例物。如此開示，不負前機，持王庫之真刀，得雪山之正味〔四〕。證解信入之者，直紹寶王；見聞隨喜之人，能成佛種。斯恩難報，莫等尋常，任肩負頂戴，盡塵沙劫中，亦不能報一句之恩。仰思曠古求法之人釋迦文等，投身大火〔五〕，翘足深林〔六〕，折骨刜身，剥皮刺血〔七〕，乃至常啼東請〔八〕，善財南求〔九〕，藥王燒手〔一〇〕，普明刎頭〔一一〕，皆是知恩報德之人，爲法忘軀之士。今勸後學，生殷重心，勿得自輕，虛擲光景。

校注

〔一〕見李通玄撰新華嚴經論卷二。

〔二〕見實叉難陀譯大方廣佛華嚴經卷五四。

〔三〕見澄觀華嚴法界玄鏡卷下。

〔四〕真刀、正味：皆喻指佛性。「王庫之真刀」者，詳見前引大般涅槃經文。「雪山之正味」者，大般涅槃經卷七：「譬如雪山有一味藥，名曰樂味，其味極甜，在深叢下，人無能見。有人聞香，即知其地當有是藥。過去往世有轉輪王，於此雪山爲此藥故，在在處處造作木筒，以接是藥，是藥熟時，從地流出，集木筒中，其味真正。王既殁已，其後是藥或醋、或鹹、或甜、或苦、或辛、或淡，如是一味，隨其流處有種種異，是藥真味停留在山，猶如滿月。」又，卷八：「雪山有草，名曰肥膩，牛若食者，純得醍醐，無有青、黃、赤、白、黑色穀草因緣，其乳則有色味之異。」

〔五〕詳見賢愚經卷一梵天請法六事品等。

〔六〕佛本行集經卷四：「我念往昔有一如來出現於世，號曰弗沙多陀阿伽度阿羅呵三藐三佛陀。時彼佛在雜寶窟内，我見彼佛，心生歡喜，合十指掌，翹於一脚，七日七夜，而將此偈讚歎彼佛，而説偈言：天上天下無如佛，十方世界亦無比，世間所有我盡見，一切無有如佛者。」

〔七〕詳見佛本行集經卷四、大般涅槃經卷一四等。湛然述止觀輔行傳弘決卷七之一：「言剜身等者，仍是三藏菩薩之事。報恩經云：釋迦菩薩爲輪王時，剜身千燈以求半偈。」延壽心賦注卷四：「釋迦如來因地，值無佛世，欲求經法，天帝化爲羅刹言：『汝能剥皮爲紙，折骨爲筆，打骨出髓爲墨，我能示汝佛經。』菩薩聞之歡喜，遂剥皮折骨，羅刹驚之，遂乃隱身不現。十方有佛現身，爲説法要。」

〔八〕詳見大般若波羅蜜多經初分常啼菩薩品。湛然述止觀輔行傳弘決卷一之二：「言常啼等者，爲求法故，七日七夜閑林悲泣，故名常啼，西音薩陀波崙。大品二十六云：佛告須菩提：『菩薩摩訶薩，爲求般若波羅蜜故，當如薩陀波崙。此菩薩今在大雷音佛所行菩薩行。』須菩提言：『彼云何求般若波羅蜜？』佛言：『此菩薩求般若波羅蜜時，不惜身命，不求名利，聞空中聲曰：善男子，從此東行，莫念疲睡、飲食、晝夜、寒熱等事，莫觀左右，莫壞身相。若壞身相，則於法有礙。有礙故，往來五道，不得般若波羅蜜。菩薩言：我從教也，爲求般若故，爲衆生故，作大明故，求菩提故。復聞空中聲曰：汝於三空，應生信心，親近供養善知識。善知識者，能説三空及以種智，令心歡喜。於是菩薩受教東行。又復念言：不問空聲，向何處去？去近遠？從誰聞？啼泣七夜，如喪一子。空中有佛告言：過去諸佛求般若時，亦復如是。從是東行五百由旬，有城名衆香，其城有曇無竭菩薩，日三時説般若，聞供養者，皆得不退。汝往詣彼，當聞般若。聞已歡喜。又念：我何時得見？作是念時，無量智慧、無量三昧皆現在前，於是便往。』」

〔九〕湛然述止觀輔行傳弘決卷一之二：「善財南求者，善財童子初託胎時，於其宮内有七大藏，其藏皆出七寶樓閣，自然周匝有七種物，從於七寶生七種牙。善財生已，牙高二七尋，廣於七尋。又其宅内，五百寶器盛滿衆寶，又七寶器更互生寶。以是因緣，諸婆羅門善明相者字曰善財。尋善知識，漸漸南行，百一十城。」

〔一〇〕湛然述止觀輔行傳弘決卷一之二：「藥王燒手者，藥王菩薩本於寶藏佛所發願，療治衆生身心兩病，今故號汝名爲藥王；於日月浄明德佛所名一切衆生喜見。彼佛滅後，起塔供養。一切衆生喜見菩薩爲供養塔故，於其塔前，然百福莊嚴臂，經七萬二千歲，令無量阿僧祇人發菩提心，然後發誓，兩臂還復。此亦爲求權實妙體。」

〔一一〕湛然述止觀輔行傳弘決卷一之二：「普明刎頭者，得名未知。此從仁王經名。大論名曰須陀摩王，方音不同耳。仁王云：昔天羅國王太子名班足，初登位時，受外道陀羅教，令取千王頭以祭塚神。自登王位，已得九百九十九王，唯少一王。北行萬里，即得一王，名曰普明。其王具白：願聽我一日飯食，沙門頂理三寶。班足許之。普明卻還，依七佛法請百法師，一日二時，講般若八千偈竟。第一法師爲王及眷屬說四非常偈，眷屬得法眼，王得空平等三昧。」

問：妙明真心，覺王秘旨，理雖圓頓，正解難成。更希善巧之門，重證將來之信。

答：前已引法説，今更將喻明。此宗鏡一心，是諸法自性。如一珠有八萬四千孔，入一孔全收珠體；似一月影現一切水，一一影不離月輪。又，若分白栴檀〔一〕，片片而本香無異；猶布青陽〔二〕令，處處而春色皆同。是則一法明心，萬緣指掌，皎然法喻，可以收疑。

校注

〔一〕栴檀：檀香。慧琳一切經音義卷八：「栴檀，上章羶反，下唐寒反，即前赤白檀香是也。」「白檀，唐蘭反，香木名也。白赤俱香，赤者爲上。梵云『贊那曩』，古譯云『栴檀香』是也。出外國海島中。」

〔二〕青陽：春天。爾雅釋天：「春爲青陽。」

問：凡曰提宗，直陳正義，何須引喻，廣具繁文？

答：爲未直下頓悟之人，不無方便。如方便心論云：「若就喻者，凡、聖同解，然後可説。如言是心動發，猶如迅風，一切凡夫知風動故，便得決了心爲輕躁。若不知者，不得爲喻。問曰：何故不但説正義而説喻也？答曰：凡説喻者，爲明正義。」〔一〕又云：「凡欲立義，當依四種知見。何等爲四？一者、現見，二者、比知，三、以喻知，四、隨經教。」

又，法華經云：「智者可以譬喻得解。」〔二〕

今但取正解圓明，非論法説喻説，若不悟道，徒執絶言。今所言者，皆是提宗唱道之言，極妙窮原之説。如云萬句浮言，不及一句妙理；千般魚目，不及徑寸明珠。夫一句妙理者，即宗鏡之言也，斯言不可辯而自通，不可解而自釋，所以云：「善言不辯，辯言不善〔三〕。」

校注

〔一〕見方便心論明造論品。下一處引文同。

〔二〕見妙法蓮華經卷二譬喻品。

〔三〕老子第八十一章：「善者不辯，辯者不善。」

問：佛旨開頓、漸之教，禪門分南、北之宗，今此敷揚，依何宗教？

答：此論見性明心，不廣分宗判教，單提直入，頓悟圓修，亦不離筌罤而求解脱，終不執文字而迷本宗。若依教，是華嚴即示一心廣大之文；若依宗，即達磨直顯衆生心性之旨。

如宗密禪師立三宗三教，和會祖教，一際融通〔一〕。禪三宗者，一、息妄修心宗，二、泯絶無寄宗，三、直顯心性宗；教三種者，一、密意依性説相教，二、密意破相顯性教，三、顯示真心即性教。

先叙禪宗。

初、息妄修心宗者，説衆生雖本有佛性，而無始無明覆之不見，故輪迴生死。諸佛已斷妄想，故見性了了，出離生死，神通自在。當知凡、聖功用不同，外境由〔二〕心故，各有分限，故須背境觀心，息滅妄念。念盡即覺，無所不知，如鏡昏塵，塵盡明現。須修禪觀，遠離喧雜，調息調身，心注一境等。

二、泯絶無寄宗者，説凡、聖等法，皆如夢幻，都無所有，本來空寂，非今始無。即此達無之智，亦不可得，平等法界，無佛、衆生，法界亦是假名。心既不有，誰言法界？無修不修，無佛不佛。設有一法勝過涅槃，我説亦如夢幻。無法可拘，無佛可作，凡有所作，皆是迷妄。如了達本來無事，心無所寄，方免顛倒，始名解脱。

三、直顯心性宗者，説一切諸法，若有若空，皆唯真性，無相無爲。體非一切，謂非凡非聖。然即體之用，謂能凡、能聖等。於中指示心性，復有二類：一云即今能言語、動作，貪嗔、慈忍，造善惡、受苦樂等，即汝佛性，即此本來是佛，除此無別佛。了此天真自然故，不可起心修道，道即是心。性如虚空，不增不減，但隨時隨處息業養神，自然神妙，此爲真悟。二云諸法如夢，諸聖同説，妄念本寂，塵境本空。本空之心，靈知不昧，即此空寂之知，是汝真性，任迷任悟，心本自知，不藉緣生，不因境起。知之一字，衆妙之門。若頓悟此空寂之知，知且無念無形，誰爲我相、人相？覺諸相空，心自無念。念起即覺，覺之即無，修行妙門，唯在此也。此上兩説，皆是會相歸性，故同一宗。

次佛教三種。

一、密意依性説相教者，佛説三界、六道，悉是真性之相，但是衆生迷性而起，無別自體，故云「依性」。然根鈍者，本難開悟，故且隨他所見境相説法，漸漸度之，故云「説相」。説未彰顯，故云「密意」。此一教中，自有三類：一、人天因果教，説善惡業報，令知因果；二、斷惑滅苦教，説三界無安，皆如火宅之苦，令斷業、惑之集，修道、證滅等；三、將識破境教，説上生滅等法，不關真如，但各是衆生無始已來，法尔有八種識，於中第八識是其根本，頓變根身、器界、種子，轉生七識，各能變現自分所緣。此八識外，都無實法。

問：如何變耶？

答：我、法分別熏習力故，諸識生時，變似我、法，六、七二識無明覆故，緣此執爲實我、法。如患夢者，患夢力故，心似種種外境相現，夢時執爲實有外物，寤來方知唯夢所變。我此身相及外世界，亦復如是，唯識所變。迷故，執有我及諸境；既悟，本無我、法，唯有心識。遂依此二空之智，修唯識觀及六度、四攝[三]等行，漸漸伏斷煩惱、所知二障，證二空所顯真如，十地圓滿，轉八識成四智菩提，真如障盡，成法性身大涅槃之果。此第三將識破境，與禪門息妄修心宗而相扶會，以知外境皆空故，不修外境事相，唯息妄修心也；息我、法之妄，修唯識之心。

二、密意破相顯性教者，據真實了義，則妄執本空，更無可破。無漏諸法是真性，隨緣妙用，永不斷絶，又不應破，但爲一類衆生執虚妄相，障真如實性，難得玄悟故，佛且不揀善惡、垢浄性相，一切訶破，以真性及妙用不無，而且云無，故云「密意」。又意在顯性，語乃破相，意不形於言中，故云「密」也。此教説前教中所變之境既皆虚妄，能變之識豈獨真實？心境互依，空而似有。且心不孤起，託境方生；境不自生，由心故現。心如境謝，境滅心空，皆假衆緣無自性故。是以一切諸法，無不是空，凡所有相，皆是虚妄。是故空中無五陰、六根、因緣、四諦，無智亦無得，生死涅槃，平等如幻。此教與禪門泯絶無寄宗全同。

三、顯示真心即性教。直示自心即是真性，不約事相而示，亦不約破相而示，故云「即性」。不是方便隱密之意，故云「示」也。此教説一切衆生皆有空寂真心，無始本來，性自清浄，明明不昧，了了常知，盡未來際，常住不滅，名爲佛性，亦名如來藏，亦名心地。達磨所傳，是此心也。

問：既云性自了了常知，何須諸佛開示？

答：此言知者，不是證知，意説真性不同虚空木石，故云「知」也。非如緣境分别之識，非如照體了達之智，直是真如之性，自然常知。起信論云：真如者，自體真實識知〔四〕。華嚴經云：「真如照明爲性。」〔五〕又，問明品説智與知異，智局於聖，不通於凡；知即凡、聖皆有，通於理智。覺首等諸菩薩問文殊師利菩薩：「何等是佛境界智？何等是佛境界知？」文殊頌答云：「諸佛智自在，三世無所礙，如是慧境界，平等如虛空。」〔六〕又頌云：「非識所能識，亦非心境界，其性本清淨，開示諸群生。」既云本淨，不待斷障即知群生本來皆有，但以惑翳而不自知。故法華中開示令得清淨者，即是寶性論中離垢清淨也〔七〕。此心雖自性清淨，終須悟修，方得究竟。

經論所明，有二種清淨、二種解脱。或只得離垢清淨、解脱故，毀禪門即心即佛；或只知自性清淨、解脱故，輕於教相，斥於持律、坐禪、調伏等行，不知必須頓悟自性清淨、自性解脱，漸修令得離垢清淨〔八〕、離障解脱，成圓滿清淨、究竟解脱。若身若心，無所壅滯，同釋迦佛。

經問「云何佛境界智」，此問「證悟之智」；「云何佛境界知」，此問「本有真心」。答智云：「諸佛智自在，三世無所礙。」答知云：「非識所能識，亦非心境界。」識是分別，分別非真知，唯無念方見。

又，若以智證之，即屬所詮之境，真知非境界故。暫起照心，即非真知。故非心境界，以不起心爲玄妙。以集起名心，起心看〔九〕即妄想，故非真知。是以真知必虛心遺照，言思道斷矣〔一〇〕。

北宗看心，是失真旨。若有可看，即是境界也。寶藏論云：「知有有壞，知無無敗。真知之知〔一〕，有、無不計。」〔二〕既不計有、無，即自性無分別之知〔三〕。

校注

〔一〕按，以下詳見宗密禪源諸詮集都序卷上之二。智旭閱藏知津卷四二禪源諸詮集都序解題中有云：「亦名禪那理行諸詮集，圭峰山沙門宗密述。今但存序，大意先判三宗三教，然後會爲一味，以息門諍。」

〔二〕「由」，禪源諸詮集都序作「内」。

〔三〕四攝：即四攝法。仁王護國般若波羅密多經卷上菩薩行品：「行四攝法：布施，愛語，利行，同事。」詳見本書卷一三注。

〔四〕真諦譯大乘起信論：「真如自體相者，一切凡夫、聲聞、緣覺、菩薩、諸佛，無有差别增減，非前際生，非後際滅，畢竟常恒。從本已來，性自滿足一切功德。所謂自體有大智慧光明義故，徧照法界義故，真實識知義故，自性清淨心義故，常樂我淨義故，清涼不變自在義故。」

〔五〕見實叉難陀譯大方廣佛華嚴經卷三〇。

〔六〕見實叉難陀譯大方廣佛華嚴經卷一三菩薩問明品。下一處引文同。

〔七〕究竟一乘寶性論卷四身轉清淨成菩提品：「離垢清淨者，謂得解脱。又彼解脱，不離一切法，如水不離諸塵垢等而言清淨，以自性清淨心遠離客塵諸煩惱垢更無餘故。」

〔八〕「清淨」，磧砂藏、嘉興藏本作「解脱」。按，禪源諸詮集都序作「清淨」。

〔九〕「看」，澄觀述大方廣佛華嚴經隨疏演義鈔卷三四作「看心是」。參後注。

〔一〇〕澄觀撰大方廣佛華嚴經疏卷一五：「瞥起亦非真知，故非心境界。」澄觀述大方廣佛華嚴經隨疏演義鈔卷三四：「『瞥起亦非真知』者，此釋第二句，遣北宗之病也，北宗以不起心爲玄妙故。以集起名心，起心看心，是即妄想，故非真知。是以真知必忘心遺照，言思道斷矣。」

〔一一〕「真知之知」，原作「其知之智」，據嘉興藏本、寶藏論及禪源諸詮集都序改。

〔一二〕見寶藏論廣照空有品。

〔一三〕「如宗密禪師立三宗三教」至此，詳見宗密禪源諸詮集都序卷上之二。

是以此真心自體之知，即無緣心，不假作意，任運常知，非涉有、無，永超能、所。水南和尚云：「即體之用曰知，即用之體爲寂。如即燈之時即是光，即光之時即是燈。燈爲體，光爲用，無二而二也。」又云：「知之一字，衆妙之門。」〔一〕

校注

〔一〕按，水南和尚所説亦見澄觀述大方廣佛華嚴經隨疏演義鈔卷三四引。又，「知之一字，衆妙之門」，宗密圓覺經大疏卷上之三等引，云「菏澤云」，然澄觀大方廣佛華嚴經隨疏演義鈔卷三四云：「亦是水南之言也。」宗密圓覺經大疏釋義鈔卷一之上引云：「荷澤云：即體而用自知，即知而體自寂，名説難差，體用一致，實謂用而常寂，寂而常用。知之一字，衆妙之門。」則此處所引水南和尚所説，皆被視爲「菏澤云」。水南，不詳，或云水南爲菏澤弟子。又，延壽心賦注卷一：「如燕公張悦問水南善知識云：『法在前耶？佛在前耶？』答云：『法在前。諸佛所師，所謂法故。』便被難云：『若爾，最初成佛，前無佛説，何由悟法？』答云：『自然而悟。如月令中，獺乃祭天，豈有人教？』燕公大伏也。」可知其大致生活在盛唐時代。

如是開示靈知之心，即是真性，與佛無異，故名顯示真心即性教，全同禪門第三直顯心性之宗。

既馬鳴標心爲本原，文殊揀知爲真體，如何破相之黨，但云寂滅，不許真如？説相之家，執凡異聖，不許即佛？今約教判定，正爲斯人，故西域傳心，多兼經論，無二途也。但以此方迷心執文，以名爲體，故達磨善巧，揀文傳心，標舉其名，心是名也〔一〕。默示其體，知是心也。喻以壁觀，令絶諸緣。絶諸緣時，問：「斷滅不？」答：「雖絶諸念，亦不斷滅。」問：「以何證驗，云不斷滅？」答：「了了自知，言不可及。」師即印云：「只此是自性清淨心，更勿疑也。」若所答不契，即但遮諸非，更令觀察，畢竟不與他先言知字。直待他自悟，方驗真實。是親證其體，然後印之，令絶餘疑。故云：默傳心印。所言默者，唯默「知」字，非揔不言。六代相傳，皆如此也。至荷澤時，他宗競起，欲求默契，不遇機緣。又思惟達磨懸絲之記，達磨云：「我法第六代後，命若懸絲。」〔二〕恐宗旨滅絶，遂言知之一字，衆妙之門。

問：悟此心已，如何修之？還依初説相教中，令坐禪不？

答：若惛沉厚重難可策發，掉舉猛利不可抑伏，貪嗔熾盛觸境難制者，即用前教中種種方便，隨病調伏。若煩惱微薄，慧解明利，即依本宗一行三昧〔三〕。如起信論云：「若修止者，住於静處，端身正意，不依氣息、形色。乃至〔四〕唯心，無外境界。」〔五〕法句經偈云：「若學諸三昧，是動非是禪。心隨境界流，云何名爲定？」〔六〕即不起滅定，現行坐之威儀；不於三界，現攀緣之身意〔七〕。然此教中，以一真心性，對染、浄諸法，全揀全收。

全揀者，如上所説，但剋體直指靈知，即是心性，餘皆虛妄，故云非識非心，非境非智，乃至非性非相，非佛非衆生，離四句，絶百非也。全收者，染、浄諸法，無不是心。心迷故，妄起惑業，乃至四生、六道，雜穢國土；心悟故，從體起用，四等、六度，乃至四辯、六通、妙身、浄刹，無所不現。既是此心現諸法故，法法全即真心。如人夢所現事，事事皆人；如金作器，器器皆金；如鏡現影，影影皆鏡。

故華嚴經云：「知一切法，即心自性，成就慧身，不由他悟。」〔八〕起信論云：三界虛僞，唯心所作，離心則無六塵境界。乃至〔九〕一切分別，皆分別自心。心不見心，無相可得，故云一切法如鏡中像〔一〇〕。楞伽經云：「寂滅者，名爲一心。一心者，名如來藏。」〔一一〕能徧興造一切趣生。造善造惡，受苦受樂，果與因俱，故知一切無非心也〔一二〕。

全揀門，攝前第二破相教；全收門，攝前第一説相教。將前望此，此則迥異於前；將此望前，前則全同於此。深必該淺，淺不至深。深者直顯出真心之體，方於中揀一切，收一切也。如是收、揀自在，性、相無礙，方能於一切悉無所住，唯此名爲了義〔二三〕。

校注

〔一〕「心是名也」，磧砂藏、嘉興藏本爲正文大字。按，禪源諸詮集都序亦爲子注。後子注同。

〔二〕唐神清北山録卷六譏異説：「異説曰：達磨六過，被菩提流支、光統密毒其食。五過吐出，至第六過，不吐而卒。又謂其徒曰：吾宗至第六世，命若懸絲。」

〔三〕一行三昧：心定於一行而修三昧。文殊師利所説摩訶般若波羅蜜經卷下：「法界一相，繫緣法界，是名一行三昧。」又稱真如三昧、一相三昧等。真諦譯大乘起信論：「依是三昧故，則知法界一相，謂一切諸佛法身與衆生身平等無二，即名一行三昧。」

〔四〕乃至：表示引文中間有删略。按，宗密禪源諸詮集都序卷上引已删。

〔五〕見真諦譯大乘起信論。

〔六〕見敦煌本法句經普光問如來慈偈答品。

〔七〕維摩詰所説經卷上弟子品：「夫宴坐者，不於三界現身意，是爲宴坐；不起滅定而現諸威儀，是爲宴坐；不捨道法而現凡夫事，是爲宴坐；心不住内亦不在外，是爲宴坐；於諸見不動而修行三十七品，是爲宴坐；不斷煩惱而入涅槃，是爲宴坐。若能如是坐者，佛所印可。」

〔八〕見實叉難陀譯大方廣佛華嚴經卷一七。

〔九〕乃至：表示引文中間有删略。按，宗密禪源諸詮集都序卷上引已删。

〔一〇〕按，此爲宗密禪源諸詮集都序卷上之二引。真諦譯大乘起信論：「三界虚僞，唯心所作，離心則無六塵境界。此義云何？以一切法皆從心起妄念而生，一切分别即分别自心。心不見心，無相可得。當知世間一切境界，皆依衆生無明妄心而得住持，是故一切法如鏡中像，無體可得，唯心虚妄。以心生則種種法生，心滅則種種法滅故。」

〔一一〕見入楞伽經卷一請佛品。

〔一二〕楞伽阿跋多羅寶經卷四：「如來之藏，是善不善因，能遍興造一切趣生。譬如伎兒，變現諸趣，離我我所。不覺彼故，三緣和合方便而生。（中略）此如來藏識藏，一切聲聞、緣覺心想所見。」

〔一三〕「如是開示靈知之心」至此，詳見宗密禪源諸詮集都序卷上之二。

上之三教，攝盡一代經論之所宗，三義全殊，一法無别。就三義中，第一第二空、有相對，第三第一性、相相對，皆迢然易見，唯第二、第三破相與顯性相對，講者、禪者俱迷，謂〔一〕同是一宗一教，皆以破相便爲真性，故今廣辯空宗、性宗，有其十異〔二〕。

校注

〔一〕「謂」，原作「爲」，據禪源諸詮集都序改。

〔二〕「上之三教」至此，見宗密禪源諸詮集都序卷下之一。

空宗唯破相，性宗唯顯性，權、實有異，遮、表全殊，不可以遮詮遣蕩、排情破執之言，爲表詮直示、建立顯宗之教。又不可以逗機誘引、一期權漸之説，爲最後全提見性真實之門。

如上判教分宗，言約義豐，最爲殊絶。初則歷然不濫，後則一味融通，可釋群疑，能歸宗鏡。

十異者，一、法義真俗異者。空宗未顯真性，但以一切差別之相爲法，法是俗諦。照此諸法無爲、無相、無生、無滅爲義，義是真諦；性宗以一真之性爲法，空有等種種差別爲義。經云：「無量義者，從一法生。」〔一〕華嚴經云：法者知自性，義者知生滅〔二〕。

二、心性二名異者。空宗一向目諸法本原爲性，性宗多目諸法本原爲心。起信論云：「一切諸法，從本已來，唯是一心。」〔三〕良由所説本性不但空寂，而乃自然常知故，應目爲心。

三、性字二體異者。空宗以諸法無性爲性，性宗以虚明常住不空之體爲性，性字雖同，而體異也。

四、真智真知異者。空宗以分別爲知，無分別爲智，智深知淺；性宗以能證聖理之妙慧爲智，以該於理智、通於凡聖之真性爲知，知通智局。華嚴經云：「真如照明爲性。」〔四〕起信論云：真如自體，真實識知〔五〕。

五、有我無我異者。空宗以有我爲妄，無我爲真；性宗以無我爲妄，有我爲真。故涅槃經云：「無我者名爲生死，我者名爲如來。」〔六〕

六、遮詮表詮異者。遮謂遣其所非，表謂顯其所是。又，遮者，揀卻諸餘；表者，直示當體。如諸經所説真如妙性，每云不生不滅、不垢不淨、無因無果、無相無爲、非凡非聖、非性非相等，皆是遮詮，遣非蕩跡，絶想祛情。若云知見覺照、靈鑒光明、朗朗昭昭、堂堂寂寂等，皆是表詮。若無知見等體，顯何法爲性？説何法不生不滅等？必須認得現今了然而知即是我之心性，方説此知不生不滅等。如説鹽，云不淡是遮，云鹹是表；説水，云不乾是遮，云濕是表。空宗但遮，性宗有遮有表。今時人皆謂遮言爲深，表言爲淺，故唯重非心非佛，無爲無相，乃至一切不可得之言，良由只以遮非之詞爲妙，不欲親自證認法體，故如此也〔七〕。

校　注

〔一〕見無量義經説法品。

〔二〕按，此非經原文，以意述之也。宗密禪源諸詮集都序卷下之一引，云「華嚴十地云」。

〔三〕見真諦譯大乘起信論。

〔四〕見實叉難陀譯大方廣佛華嚴經卷三〇。

〔五〕詳見真諦譯大乘起信論。參前引。

〔六〕見大般涅槃經卷二。

〔七〕「又二、法義真俗異者」至此，見宗密禪源諸詮集都序卷下之一。

又，若實識我心，不同虛空，性自神解，非從他悟，豈藉緣生〔一〕？若不對機隨世語言，於自性上尚無表示真實之詞，焉有遮非方便之説？如今實未親證見性之人，但傚依通〔二〕，情傳意解，唯取言語中妙，以遮非泯絶之文而爲極則，以未見諦故，不居實地，一向託空，隨言所轉。近來尤盛，莫可遏之。若不因上代先賢多聞廣學，深入教海，妙達禪宗，何能微細指陳，始終和會，顯出一靈之性，剔開萬法之原？是以具録要文，同明宗鏡。

校注

〔一〕元曉撰起信論疏卷上：「何爲一心？謂染浄諸法，其性無二；真妄二門，不得有異，故名爲『一』。此無二處，諸法中實，不同虛空，性自神解，故名爲『心』。」

〔二〕依通：憑藉藥力、咒術等而顯現的神通。

七、認名認體異者。謂佛法、世法一一皆有名、體。且如世間稱大，不過四物。如智論云：地、水、火、風，是四物名。堅、濕、煖、動，是四物體〔一〕。今且說水。設有人問：「每聞澄之即清，混之即濁，堰之即止，決之即流，而能溉灌萬物，洗滌群穢，此是何物？」舉功能義用而問之〔二〕。答云：「是水。」舉名答也。愚者認名謂已解，智者應更問云：「何者是水？」徵其體也。答云：「濕即是水。」剋體指也。佛法亦尔，設有人問：「每聞諸經云『迷之即垢，悟之即净，縱之即凡，修之即聖，能生世、出世間一切諸法』，此是何物？」此舉功能義用問也。答云：「是心。」舉名答也。愚者認名便爲已識，智者應更問：「何者是心？」徵其體也。答：「知即是心。」指其體也。此一言最親最的，餘字餘説皆疎。如云非性非相、能言能語等是體，緣慮動用等是心，即何異他之所問也？以此而推，水之名、體，各〔三〕唯一字，餘皆義用。濕之一字，貫於清濁等萬用萬義之中。心之名、體亦然，知之一字，亦貫於貪瞋、慈忍、善惡、苦樂萬用萬義之處，直須悟得水是名不是水〔四〕，濕是水不是名，即清濁凝流，無義不通也。以例心是名不是心〔五〕，知是心不是名，即真妄、善惡無義不通也。空宗、相宗，爲對初學及淺機，恐隨言生執故，但標名而遮其非，唯廣義用而引其意。性宗，爲對久學及上根，令忘言認體故，一言直示。達磨云：指一言以直示，即是知字一言。若言即心是佛，此乃四言矣。若領解不謬，親照靈知之性，方於體上照察義用，故無不通矣。

八、二諦三諦異者。空宗唯二諦，性宗攝一切性相及自體揔爲三諦：以緣起色等諸法爲俗諦；緣無自性諸法即空爲真諦；一真心體非空非色，能空能色，爲中道第一義諦。

九、三性空有異。空宗説有即徧計、依他，空即圓成；性宗即三法皆具空、有之義，徧計即情有理無，依他即相有性無，圓成即情無理有。

十、佛德空有異。空宗説佛以空爲德，無有少法，是名菩提；性宗一切諸佛自體，皆有常樂我淨、十身、十智、相好無盡，性自本有，不待機緣。

十異歷然，二門奂矣。故須先約三種佛教，證三宗禪心，然後禪、教雙亡，佛、心俱寂。俱寂即念念皆佛，無一念而非佛心；雙亡即句句皆禪，無一句而非禪教。如此則自然聞泯絶無寄之説，知是破我執情；聞息妄修心之言，知是斷我習氣。執情破而真性顯，即泯絶是顯性之宗；習氣盡而佛道成，即修心是成佛之行。頓、漸互顯，空、有相成。若能如是圓通，則爲他人説，無非妙方；聞他人説，無非妙藥。藥之與病，只在執之與通。故先德云：執則字字瘡疣，通則文文妙藥〔六〕。

校注

〔一〕按，大智度論中未見此説。

〔二〕按，此子注，磧砂藏、嘉興藏本作正文大字。後同。禪源諸詮集都序中亦皆爲子注。

〔三〕「各」，原作「名」，據禪源諸詮集都序改。

〔四〕「水」，大正藏本禪源諸詮集都序作「濕」。據大正藏校勘記，元禄十一年刊大谷大學藏禪源諸詮集都序作「水」。

〔五〕「心」，大正藏本禪源諸詮集都序作「知」。據大正藏校勘記，元禄十一年刊大谷大學藏禪源諸詮集都序作「心」。

〔六〕「七、認名認體異者」至此，見宗密禪源諸詮集都序卷下之一。

如上依教依宗，撮略和會，挑抉宗旨之本末，開析法義之差殊，校量頓、漸之異同，融即真、妄之和合，對會遮、表之迴互，褒貶權、實之淺深，可謂卷教海之波瀾，湛然掌内；蔟義天之星象，奂若目前：則頓釋群疑，豁然妙旨。

若心外立法、立境，起鬭諍之端倪；識上變我、變人，爲勝負之由漸。遂乃立空破有，賓有非空；崇教毁禪，宗禪斥教。權、實兩道，常爲障礙之因；性、相二宗，永作怨讎之見。皆爲智燈燄短，心鏡光昏，終不能入無諍之門，履一實之道矣。

音　義

寱，魚祭反，睡語也。　撐，徒郎反。　屠，同都反，殺也。　羖，公户反，羖羊也。　輔，扶雨反，助也，弼也。　稗，傍派反，稻也。　拇，莫厚反，大拇指也。縈，於營反，繞也。　劇，奇逆反。　陷，户暗反，入地隤也。　傭，余封反。　蟻，魚倚反，蚍蜉。　賃，乃禁反。　絆，博縵反。　彊〔一〕，居良反。　螻，落侯反，螻蛄。　椿，敕倫反，木名。　倣，分兩反，學也。　翹，渠遙反，舉也。　剜，一丸反。　剥，比角反。　刎，武粉反。　迅，私閏反，疾也。　躁，則到反，動也。　罤，杜奚反，兔網也。　壅，於隴反，塞也。　黨，多朗反。　黨，輩。　掉，徒吊反，振也。　誘，與久反。　祛，去魚反。　剔，他歷反，解骨也。　堰，於扇反。　溉，古代反。　滌，徒曆反，除也。　挑，吐凋反，撥也。　抉，於決反，出也。　疣，羽求反。　褒，博毛反，揚美也。　貶，方斂反。　蔟，千木反。　奂，呼貫反，文彩明皃也。　倪，五雞反。　讎，市流反。

丁未歲高麗國分司大藏都監奉敕彫造

校　注

〔一〕「彊」，文中作「殭」。

宗鏡録卷第三十五

慧日永明寺主智覺禪師延壽集

夫説此法門，是無始終説，不定方所，亦無時分。以無時之時，理無間斷；無處之處，説徧十方。故一切佛，法尔皆於無盡世界，常轉如是無盡法輪，令諸衆生反本還原，窮未來際，無有休息。

華嚴疏云：「夫心冥至道，則渾一古今，法界無生，本亡時分。故經頌云：『諸佛得菩提，實不計於日。』」〔一〕

又云：「此圓教法門，以會緣入實體者有二：一、以本收末，以諸聖教從真流故，不異於真；二、會相顯性，謂彼一切差別教法，從緣無性，即是真如。是故虚相本盡，真性本現。如來言説，皆順於如故。金剛三昧經云：『如我説者，義語非文；衆生説者，文語非義。』〔二〕又，理事無礙體者，謂一切教法雖舉體即真，不礙十二分等事相宛然顯現；雖真如舉體爲一切，不礙一味湛然平等。」〔三〕

夫一乘三乘，一性五性，「就機則三，約法則一，新熏則五，本有無二。若入理雙拂，則三一兩亡；若約佛化儀，則能三能一。是故競執是非，達無違諍。大集五部雖異，不離法界本原〔四〕；涅槃各説身因，佛許無非正説。」〔五〕

此宗鏡機，是圓教攝，則圓根所對，大小俱含。故先德云：「教海宏深，包含無外。色空交映，德用重重。語其横收，五教乃至人天揔無不包，方顯深廣。其猶百川不攝大海，大海必攝百川。雖攝百川，同一鹹味，故隨一滴，迴異百川。前之四教不攝於圓，圓必攝四。雖攝於四，圓以貫之，故十善、五戒，亦圓教攝。」〔六〕

校注

〔一〕見澄觀撰大方廣佛華嚴經疏卷一。「經頌云」者，見實叉難陀譯大方廣佛華嚴經卷一三。

〔二〕見金剛三昧經真性空品。

〔三〕見澄觀撰大方廣佛華嚴經疏卷三。

〔四〕大方等大集經卷二二：「我涅槃後，我諸弟子受持如來十二部經，讀誦書寫，廣博遍覽五部經書，是故名爲摩訶僧祇。善男子，如是五部雖各别異，而皆不妨諸佛法界及大涅槃。」

〔五〕見澄觀撰大方廣佛華嚴經疏卷二。「涅槃各説身因」云者，大般涅槃經卷三五：「善男子，如我所説十二部經，或隨自意説，或隨他意説，或隨自他意説。（中略）舍利弗白佛言：『世尊，如是諸人，誰是正説？誰不正説？』佛告舍利弗：『善哉，善哉！一一比丘無非正説。』」又，大方廣佛華嚴經隨疏演義鈔卷八：「疏『大集五部雖異』者，謂五部僧。故涅槃三十二亦云：『五部僧互生是非。』長没三惡道。疏『涅槃各説身因』者，即第三十五，經云：善男子，如來所説十二部經，或隨自意説，或隨他意説，或隨自他意説。」灌頂撰大般涅槃經疏卷二七：「五部僧者，二解：一云五衆向五衆邊更互説過，二云是五部律。佛滅度後一百餘年，育王設會，上座他鞞羅立義，摩訶僧祇大衆不同，分爲二部。後上座部更生二部，謂雪山、薩婆多。雪山絶後，薩婆多更習僧祇，生於三部，謂彌沙塞、曇無德、迦葉遺，就婆多僧祇爲五部，如來預見互相是非。大集經亦預指五部。」

〔六〕見澄觀撰大方廣佛華嚴經疏卷二。

今依宗鏡，若約教唯依一心而説，則何教非心？何心非教？諸經通辯，皆以一心真法界爲體。如來所説十二分教，親從大悲心中之所流出。大悲心從後得智，後得智從根本智，根本智從清淨法界流出，即是本原，更無所從，無有法離於法界而有。華嚴經頌云：「未曾有一法，得離〔一〕於法性。」〔二〕即一切衆生迷悟本。若不迷此，即不成迷，以無顛倒執著、輪迴生死故。若不悟此，即不成悟，以無如法修行、證窮果故。所以真如一心，爲迷悟依。

校注

〔一〕「離」，大方廣佛華嚴經作「入」。按，起信論疏筆削記卷六、卷一六等引皆作「離」，延壽此引，或據傳奥大乘起信論隨疏記。

〔三〕見實叉難陀譯大方廣佛華嚴經卷一三。

夫立教之本，無出意言，以意詮量，從言開演。故基師云〔一〕：至理澄寂，是非之論息言；般若幽玄，一異之情絶慮。息情慮故，非識非心；絶言論故，非聲非説。法非聲説，説徧塵沙；理無識心，心該法界。心該法界，斯乃非心作心；説徧塵沙，此亦無説爲説。非心作心，心開二種；無説爲説，説乃兩門。心開二種者，一、心生滅門，二、心真如門。釋生滅門者，只如三界循環，斯皆妄識；四生盤泊，並是惑心。榮辱迅譬石光，古今駛過拍毱〔二〕。此則生滅門也。釋真如門者，只如摩羅淨識，湛若太虚；佛性明珠，皎同朗月。隱、顯雖異，膚内更明，染、淨緣分，法身澄止。此則真如門也。言説乃兩門者，一、大機受法，則教説滿乘；二、小聖聞思，則藏開半字。

校注

〔一〕按，此説出處俟考。稱「基師」者，較著名的有大乘基（窺基）、會稽基（慧基）。此「基師」不知孰是。窺基著述宏富。慧基也有著述傳世，隋唐時期如吉藏、智顗及湛然等人的著述中皆有稱引。高僧傳卷八慧基傳：「釋慧基，姓吕，吴國錢塘人。（中略）基乃著法華義疏，凡有三卷。及製門訓義序三十三科，并略申方便旨趣，會通空有二言。及注遺教等，並行於世。」智顗妙法蓮華經文句卷二下：「基師云：空理無形，故云無量，序意同前，難亦如是。」智度述法華疏義纘卷三：「『基師云』者，越州法華寺基法師也。」智顗所引，即出慧基法華義疏。

〔二〕拍毱：即蹋毬、蹴鞠。玄應一切經音義卷二：「拍毱，古文『⿰革窮』，今作『鞠』，字林：巨六反。郭璞三蒼云：毛丸可蹋戲者曰鞠。蹋鞠，兵勢也，所以陳武士，簡才力也。劉向別録曰：蹵鞠也。」

神鍇和尚〔一〕云：教起所由者，如來一代説法，欲令衆生悟佛知見。佛知見者，所謂平等真心，諸法無二，無二之法，即是實性。實性之體，離有離無，不生不滅，理自恒真，不由觀智所顯，道常顯露，實無翳障。平等真心者，若法相宗，真即是智，將智證真，三乘無別，即是真家之心，依主釋也。若法性宗，真即是心，體同名別，真心即平等，持業釋也。故經云：泥洹真法寶，衆生從種種門入〔二〕。種種之門，是能通、所通唯一道。

校注

〔一〕「神鍇」，宋高僧傳作「神楷」。傳見宋高僧傳卷四周京兆崇福寺神楷傳：「釋神楷，姓郭氏，太原人也。（中略）於經論義理，大小該通，耳聞口誦，譬鮮氎之易染。遂講攝大乘、俱舍等論，穎晤輩流，罕有齊駕。後因講净名經，見古師判處，喟然歎曰：『美則美矣，未盡善也！』乃於安陸白趙山撰疏。」新唐書藝文志著録神楷維摩經疏六卷，高麗義天新編諸宗教藏總録卷一海東有本見行録上則著録神楷維摩經疏七卷。其維摩經疏，敦煌遺書中殘存卷一、卷三、卷五和卷六。

〔三〕成實論卷一六四十四品智：「泥洹是真法寶，以種種門入。」

又云：「經説門不同，或文字爲門，大品經明四十二字門是也〔一〕；或觀行爲門，釋論明菩薩修三三昧緣諸法實相是也〔二〕；或智慧爲門，法華經云『其智慧門難解難入』〔三〕是也；或理爲門，大品經云『明無生法，無來無去，即是佛也』〔四〕。依教門通觀，依觀門通智，依智門通理。理爲門，復通何處？教、觀、智等諸門，悉依於理。能依是門，所依何得非門？雖無所通，究竟徧通，是妙門也。」〔五〕則衆妙之門，一真心之所依也。

校注

〔一〕詳見摩訶般若波羅蜜經卷五廣乘品。四十二字門：就梵文四十二字母而論其字義的一種法門。摩訶般若波羅蜜經卷二四四攝品：「當善學分別諸字，亦當善知一字乃至四十二字。一切語言皆入初字門，一切語言亦入第二字門，乃至第四十二字門，一切語言皆入其中。一字皆入四十二字，四十二字亦入一字。」龍樹造、鳩摩羅什譯大智度論卷四八：「四十二字，是一切字根本。因字有語，因語有名，因名有義。菩薩若聞字，因字乃至能了其義。」

〔二〕三三昧：意譯「三定」，謂空三昧、無相三昧、無願三昧。就所觀之理，仁王經謂之三空；就所斷之障，十地論謂之三治。有有漏、無漏二種：有漏定謂之三三昧，無漏定謂之三解脱門。隋慧遠大乘義章卷二三解脱門義八門分別：「三解脱門者，謂空、無相及與無願。所言空者，就理彰名，理寂名空。言無相者，釋有兩義：一、就理彰名，理絶衆相，故名無相；二、就涅槃法相解釋，涅槃之法，捨離十相，故曰無相。言無願者，經中或復名爲無作，亦名無起，釋有三義：一、就理彰名，理中無有貪求願樂，故名無願。理中無有作用集起，是故亦名無作、無起。二、就生死法相以釋，生死之法，不可願求，故名無願。三、就行以論，於生死中不生願求，故名無願。不作願求故名無作，不起願求故曰無起。此三，經論名解脱門，亦名三治，亦名三空，義或復説爲三三昧門。（中略）三三昧者，就行名也。前三是數，後三胡語。言三昧者，此言正定，以心合法，離於邪亂，故曰三昧。此等差別，故名爲門。亦可通入趣入名門。」龍樹造、鳩摩羅什譯大智度論卷一九：「於三界中，智慧亦不著一切三界，轉爲空、無相、無作解脱門。」卷二〇：「摩訶衍義中，是三解脱門，緣諸法實相。以是三解脱門，觀世間即是涅槃。何以故？涅槃空、無相、無作，世間亦如是。」

〔三〕見妙法蓮華經卷一方便品。

〔四〕見摩訶般若波羅蜜經卷二七法尚品。

〔五〕見智顗説、灌頂記摩訶止觀卷五上。

華嚴經云：「譬如日出，先照高山。」〔一〕日譬於佛，光譬説教。日即無緣之慈，非出而出；隨衆機之所扣，非照而照〔二〕。説華嚴如高山，説方等如食時，説般若如禺中，説法華如正中，説涅槃如平地。若菩薩大人，蒙般若光諸法之用。二乘之人，既無此用，譬如七日嬰兒，若視日輪，令眼失光，以無明全在，喪一切智明故。外道闇證，譬如夜遊，以未承正教之照故。菩薩利他，譬如日中，作務施運役之功〔三〕。然平地高山，同承日照；小根大器，咸禀教光。約能照則無淺深，對所照自分前後。如大車等賜，一雨普霑；道絶始終，理無偏黨。若得宗鏡一乘之光，平等大慧，自他兼利，更無差别。

校注

〔一〕見實叉難陀譯大方廣佛華嚴經卷五〇。

〔二〕「日譬於佛」至此，出湛然述法華玄義釋籤卷一。

〔三〕智顗妙法蓮華經玄義卷一上：「復有義，大人蒙其光用，嬰兒喪其睛明，夜遊者伏匿，作務者興成。」湛然述法華玄義釋籤卷二：「『復有義』者，華嚴經譬但云平地，今離彼平地，以譬方等、般若、法華，方等如食時，般若如禺中，法華如正中，於彼義上，更加二義，故云『復有』。言『大人蒙其光用』等者，菩薩大人，蒙般若光諸法之用。二乘之人，既無此用，是故譬之如七日嬰兒，若視日輪，令眼失光，故名爲『喪』。外人暗證，譬如夜遊。菩薩利他，譬如作務。」

故大涅槃經云：譬如有人以新毒藥塗大鼓，於衆中擊令出聲，雖無心欲聞，若有聞者，遠近皆死，唯除一人不横死者〔一〕。謂一闡提纔聞，即能破無明惑，名爲近死。聞未即益，作後世因，名爲遠死〔二〕。

校注

〔一〕大般涅槃經卷九：「譬如有人以雜毒藥用塗大鼓，於衆人中擊令發聲，雖無心欲聞，聞之皆死，唯除一人不横死者。」

〔二〕「故大涅槃經云」至此，出湛然述止觀輔行傳弘決卷七之四。

止觀釋云：「一切衆生心性正因，譬之如乳。聞了因法，名爲置毒。正因不斷，如乳四微〔一〕，五味〔二〕雖變，四微恒存。是故毒隨四微，味味殺人。衆生心性，亦復如是。正因不壞，了因之毒隨正奢、促，處處得發，或理發，教、行、證發，如辟支佛利根，根熟出無佛世，自然得悟。理發亦尔，久植善根，今生雖不聞圓教，了因之毒任運自發。若聞華嚴日照高山即得悟者，此是教發。聞已思惟，思惟即悟，是爲觀行發。若是六根浄位，進破無明，是相似證發。若見道損生，亦是證發。」〔三〕

校注

〔一〕四微：色、香、味、觸。

〔二〕五味：乳味、酪味、生酥味、熟酥味、醍醐味。大般涅槃經卷一四：「譬如從牛出乳，從乳出酪，從酪出生酥，從生酥出熟酥，從熟酥出醍醐，醍醐最上，若有服者衆病皆除，所有諸藥，悉入其中。善男子，佛亦如是，從佛出於十二部經，從十二部經出修多羅，從修多羅出方等經，從方等經出般若波羅蜜，從般若波羅蜜出大涅槃，猶如醍醐。言醍醐者，喻於佛性，佛性者即是如來。」

〔三〕見智顗説、灌頂記摩訶止觀卷三下。

今依華嚴立五教、天台立四教乃至八教。

且華嚴一心立五教，約識而論者，一、如小乘教，但有六識，賴耶但得其名。二、大乘始教，但得一分生滅之義，以其真理未能體通，但説凝然不作諸法。第三、大乘終教，於此賴耶得理事通體，不生滅與生滅和合，非一非異，以許真如隨緣而作諸法。以阿賴耶識所熏浄法與能熏染法各差別故，非一；能熏、所熏但一心作，無有他故，非異。始教約法相差別門説，終教約體相容門説，爲第一義真心也，謂如來藏性，依此有諸趣等。第四、頓教，即一切法唯一真心，差別相盡，離言絶慮，不可説也。以一切染浄相盡，無有二法可以體會，故不可説，如浄名所顯，入不二門也。第五、圓教，約性海圓明，法界所起，唯一法界性起，心即具十德〔一〕。

校　注

〔一〕「且華嚴一心立五教」至此，詳參法藏述華嚴一乘教義分齊章卷二。「圓教，約性海圓明，法界所起，唯一法界性起，心即具十德」，華嚴一乘教義分齊章作「若依圓教，即約性海圓明，法界緣起，無礙自在，一即一切、一切即一，主伴圓融，故説十心以顯無盡，如離世間品及第九地説。又，唯一法界性起，心亦具十德，如性起品説」。此十德者，即華嚴經所説如來心十相。據實叉難陀譯大方廣佛華嚴經卷五一，第一相，如來智慧爲一切世出世間智所依，而如來智無所依。第二相，如來智慧恒出一切世出世間種種智慧，而如來智無增減。第三相，佛智海水流入一切衆生心中，若諸衆生觀察境界、修習法門，則得智慧清淨明了，而如來智平等無二、無有分別，但隨衆生心行異故，所得智慧各各不同。第四相，如來有積集寶、無盡藏、遠離熾然和具足莊嚴四智寶，普能利益諸菩薩衆，令其悉得智慧光明。第五相，如來有四種大智慧寶（滅一切散善波浪大智慧寶、除一切法愛大智慧寶、慧光普照大智慧寶和與如來平等無邊無功用大智慧寶），具足無量威德光明，此智寶光觸諸菩薩，令得如來大智。第六相，如來智慧遍一切，普容無量智慧而無分別。第七相，如來智慧以根善安住，生無休息故，無有增減。第八相，如來智慧平等悉明達故，分別三世一切衆生、一切國土、一切劫數、一切諸法，無不知者。第九相，如來大智風，能滅一切諸大菩薩煩惱習氣，能巧持其根未熟菩薩，不令輪斷其一切煩惱習氣。第十相，如來能教衆生修習聖道，令離妄想，證得無量智慧，利益安樂一切衆生。

問：云何一心約就諸教，得有如是差別義耶？

答：約法通收，由此甚深所起一心，具五義門，隨以一行攝化衆生：一、小乘，攝義從名門；二、始教，攝理從事門；三、終教，理事無礙門；四、頓教，事盡理顯門；五、圓教，性海具德門。五義相顯，唯一心轉〔一〕。

校注

〔一〕「問：云何一心約就諸教」至此，詳見法藏述華嚴一乘教義分齊章卷一。

秘密義記〔一〕云：佛子，善聽！譬如暗家寶，人不知故，無燈明故，於彼撐觸誤，謂爲蛇所毒。由誤故，毒氣入身，其身膖脹，受種種苦。智者見已，即將燈明，示以利寶。其所螫人即見此寶，身内毒氣即能除愈。以得此寶故，飛行無礙，見人恭敬。諸惡者皆以慈心相向，惡心消滅，由無怨讎故，得無所畏。無所畏故，安隱快樂。行者亦尔，由不知法性家内實德寶故，爲八萬四千塵勞；由知親近善友聞法故，返塵勞垢爲八萬四千道品法，除自然執。又知因緣空，又知佛性常住，又知言語道亡、心行處滅，又開悟法界緣起，由是一切諸法，從一地不至一地，會是淨心中。是故諸煩惱及諸淨心不從他方來，一手反覆耳，智者不須疑也。

校注

〔一〕秘密義記：當即本書卷二八引雜華嚴經一乘修行者秘密義記。詳見本書卷二八注。

又，前所譬暗家實寶，即是顯清浄法門，爲對治染法。對治有五：一者、小乘教，即對治外道不依因緣，起自然執。二、初教，即對治小乘由於因緣有執。已前揔名有爲緣起。三者、終教，即對治初教一切諸法無常、苦、空、無我執，此名無爲緣起。由真如隨緣，名爲無爲緣起。四者、頓教，即對治終教念念紛紛，起有言説，即自體緣起，窮源盡性，一念不生，故爲自體。五者、圓教，即對治頓教寂默言説，心行處滅，一切歸寂源，不能一即一切、一切即一自在等。此法界緣起，動静具足，故名性起。圓融無礙，取捨都盡，即三毒即佛故。

若小乘，雖隨起對治，唯知第六識，不知由心有諸法故。言心者，即八識心王〔一〕。又，小乘不知常樂我浄心萬法主故，不可得故，如虚空故不可治，雖有如是法，以不知所因故，不知由心有萬法故，不覺心源故，唯取小果〔二〕，皆滅色取空。若不滅色取空，知色即是空，即得入初教。

次初教人，如上諸次第所起法，皆言識變有，識外不有。識者，即第八識。約識性亦不可得，纔證此心，即知諸法因緣生，緣生無自性。雖證此法，猶有刹那生滅，故名有爲，證凝然真如故。

次終教人，云一切諸法不出一心。是一心譬如大海濕性，依一心所有諸法如大海波瀾，雖攝波入水而不滅波浪，雖波瀾紛紛起而不滅寂水。如是，雖攝萬境入一心，而不滅萬境；雖萬境紛紛起，而不滅一心。何以故？一心所有故。是故真該妄末，妄達真源，性相融通，本末平等。雖自性無生，不失業果〔三〕。雖不失業果，自性無生。雖得一心，不得無盡，故不得重重，故名一實諦。

自此已前諸教，依漸次階位，即名漸教。

次頓教者，一念不生，即是佛也。何以故？一切諸法，從本以來，常自寂滅相〔一〕。下自衆生，上盡諸佛，一切所作事，不遺一毛，諸皆如夢。故成佛度生，猶此夢攝，不明一中多、多中一，一即多、多即一等。

校注

〔一〕八識心王：即眼等八識之本體。玄奘譯大乘百法明門論：「心法略有八種：一、眼識，二、耳識，三、鼻識，四、舌識，五、身識，六、意識，七、末那識，八、阿賴耶識。」

〔二〕「果」，原作「乘」，據諸校本改。

〔三〕澄觀大方廣佛華嚴經疏卷一四：「不失業果，方顯中道。」業指善、惡業，果即由業所感之果報，業爲因，果爲報。

次圓教所明，以十十無盡顯其義，以十十重重辯其相，隨舉爲主，萬法爲伴，由主不防〔二〕伴，伴不防主，俱周徧法界。

校注

〔一〕妙法蓮華經卷一方便品：「諸法從本來，常自寂滅相。」

〔二〕「防」，嘉興藏本作「妨」，皆可通。

問：如上所説重重無盡者，且何物重重？何物無盡？何法廣大？何法圓融？何法包含？何法秘密？

答：則是一切凡聖，心相重重，心性無盡，是心廣大，是心圓融，是心包含，是心秘密。若無此一心爲宗，則教門無一法可興，諸佛無一字可説。既全歸心旨，廣備信根，圓解已周，纖疑不起，不可唯憑口説，密在心行，但以定水潛澄，慧燈轉耀。若一向持文求理，執教談宗，如入海筭塵砂，仰空數星宿，終不親見，去道尤賒。昔人云：如天地，終日轟轟，不及真理。是故學人去文取理，端坐凝情，以心眼自看，是名專住一境，修定勝因也。

又，圓教義者，本末融通，理事無礙。説真妄，則凡聖昭昭而交徹；語法界，則理事歷歷而相收。佛知見一偈，開示而無遺〔一〕；大涅槃一章，必盡其體用〔二〕。如華嚴經云：無有智外如爲智所入，亦無如外智能證於如〔三〕。又云：「無有少法，與法同止。」〔四〕以舉心攝境，則無心外之境；舉境攝心，則無境外之心。以性無二相即性故，相隨性融，隨一皆攝〔五〕。

校注

〔一〕詳見妙法蓮華經卷一方便品。又，普瑞集華嚴懸談會玄記卷三：「『法華佛知見一義』者，即問明品文殊答九首菩薩問佛境界之知偈也。偈云：『非識所能識，亦非心境界，其性本清淨，開示諸群生。』」問明品者，詳見實叉難陀譯大方廣佛華嚴經卷一三。

〔二〕「説真妄，則凡聖昭昭而交徹」至此，見澄觀述大方廣佛華嚴經隨疏演義鈔卷一。普瑞集華嚴懸談會玄記卷三：「『一章必盡其體用』者，即出現品『出現涅槃』一章，有其十相：一、體性真常，二、德用圓備，三、出没常湛，四、虧盈不遷，五、示滅常存，六、隨緣起盡，七、存亡互現，八、大用無涯，九、體離二邊，十、結歸無住。此一章，必盡涅槃經圓净性净之體及方便净應化之用也。」出現品者，詳見實叉難陀譯大方廣佛華嚴經卷五二。

〔三〕實叉難陀譯大方廣佛華嚴經卷二五：「無有少法爲智所入，亦無少智而入於法。」按，這裏引文，或據大方廣佛華嚴經疏卷二等。

〔四〕見實叉難陀譯大方廣佛華嚴經卷二五。

〔五〕「如華嚴經云」至此，見澄觀述大方廣佛華嚴經隨疏演義鈔卷三一。

是以性外無相，則何法不融？理中立事，則何門不入？可謂觸目菩提，一念圓證。所以無量義經云："無量義者，從一法生。其一法者，所謂無相。"〔一〕古人云：此是出生義〔二〕。法華經云："究竟至於一切智地。"〔三〕此是收入之法。則三乘萬化，從實相生，究竟還歸一實相。則初後不離一心，本末咸居正位。如法華經云："心相體信，入出無難。"〔四〕可以知大乘家業，紹佛種位。又，初則一出無量，後乃無量歸一。今無量非無量，一亦非一，即證法華三昧。

校注

〔一〕見無量義經説法品。

〔二〕澄觀述大方廣佛華嚴經隨疏演義鈔卷二八："無量義者，是出生義。"

〔三〕見妙法蓮華經卷三藥草喻品。

〔四〕見妙法蓮華經卷二信解品。

又，先德目爲教海者，以含衆法，喻如大海，傍無邊涯，連天一色，空徹海底，海映空天，即是圓教。摠攝諸教歸真，並皆空淨。理事無礙，如交映色空，色不礙空，空不礙色。德用重重，即唯明唯深。具十玄門，重重無盡，即事事無礙，如海十德〔一〕，互相周徧〔二〕。即心海包容，深廣無際矣。所以守護國界主陀羅尼經偈云：「一字演説一切法，多劫無有窮盡時。一一字門亦復然，此住寶篋真言地。」〔三〕生法師釋法華經一毫之善、舉手低頭皆已成佛〔四〕言：無非佛流，即涅槃意。乃至外道典籍，亦佛法流，況内法耶？大小等教，皆從如來大悲所流故〔五〕。是知無有一法不從心原、性空而出，如源出水，似空出雲。以十方如來證心成佛，佛即是心，所有萬善萬德悲智願行，無不從此流矣。

校注

〔一〕實叉難陀譯大方廣佛華嚴經卷三九：「譬如大海，以十種相，得大海名，不可移奪。何等爲十？一、次第漸深；二、不受死屍；三、餘水入中，皆失本名；四、普同一味；五、無量珍寶；六、無能至底；七、廣大無量；八、大身所居；九、潮不過限；十、普受大雨，無有盈溢。」

〔二〕「先德目爲教海者」至此，詳見澄觀述大方廣佛華嚴經隨疏演義鈔卷一〇。故此「先德」者，當即澄觀也。

〔三〕見守護國界主陀羅尼經卷三陀羅尼品。

〔四〕妙法蓮華經卷一方便品：「若使人作樂，擊鼓吹角貝，（中略）或以歡喜心，歌唄頌佛德，乃至一小音，皆已成佛道。（中略）或有人禮拜，或復但合掌，乃至舉一手，或復小低頭，以此供養像，漸見無量佛。」

〔五〕澄觀撰大方廣佛華嚴經疏卷三〇：「以一毫之善，皆佛因故，無非佛所流故。」澄觀述大方廣佛華嚴經隨疏演義鈔卷五一：「疏『一毫之善』下，即生公釋法華一毫之善，發跡顯佛；舉手、低頭，皆已成佛。言無非佛流，即涅槃意。乃至外道典籍，亦佛法流，況内法耶？大小等教，皆從如來大悲所流故。」

又，約金師子章論五教者，一、此師子雖是因緣之法，念念生滅，實無師子可得，名愚人法，是聲聞教；二、即此緣生諸法，各無自性，徹底唯空，名大乘初教；三、雖復徹底唯空，不礙幻法宛然，緣生幻有，二相雙存，名大乘終教；四、即此師子與金二相互奪兩亡，情謂不存，俱無有力，空有雙泯，名言路絶，棲心無寄，名大乘頓教；五、即此情盡體露之法，混成一塊，繁興大用，起必全真，萬像紛然，參而不雜，一切即一，皆同無性；一即一切，因果歷然。力用相收，卷舒自在，名一乘圓教〔一〕。此名最上乘也。

校注

〔一〕「約金師子章論五教者」至此，參見法藏華嚴金師子章論五教。

次，天台立四教者，一、藏教，明因緣生滅四諦理〔一〕，正教小乘，傍化菩薩〔二〕。二、通教，三人同禀，明因緣即空無生四真諦〔三〕，正爲菩薩，傍通二乘〔四〕教、理、智、斷、行、位、因、果皆空，三人同證〔五〕。此藏、通二教，俱不識常住真心，皆以滅心爲極果。三、別教，是不共之名，明因緣假名無量四聖諦理〔六〕，的〔七〕化菩薩，不共二乘。若教別者，具演恒沙佛法，別爲菩薩，若理別者，藏識有恒沙俗諦之理，乃至智、斷、行、位、因、果，俱與三教事別〔八〕。雖知一心不空無盡之理，即今未具，猶待次第生起，執教道而不融，據行布而成別。四、圓教，明不思議因緣無作四諦〔九〕，教理正説中道，即一切法圓理不偏。智圓，則一成一切成；斷圓，則不斷而斷；行圓，則一心具足萬行；位圓，則一地具足一切地；因圓，則雙照二諦，自然流入薩婆若海；果圓，則妙覺不思議三德之果，即一念心圓具法界〔一〇〕。

校注

〔一〕宗密撰圓覺經大疏釋義鈔卷三：「因緣之言，通於四教。因緣故生滅，因緣故即空，因緣故假名，因緣故中道，因緣爲主，故四教皆帶因緣之言生滅四真諦理者。苦以逼迫爲義，集以增長生死爲事，道以除患爲功，滅以累盡爲名。有苦可知，有集可斷，有滅可證，有道可修。迷則苦、集生而真道滅，悟則苦、集滅而正道生，有可生滅，故云生滅四諦。」

〔二〕智顗四教義卷一：「此教明因緣生滅四聖諦理，正教小乘，傍化菩薩。所言三藏教者，一、修多羅藏，二、毘尼藏，三、阿毘曇藏。一、修多羅藏者，修多羅，此或言有翻，或言無翻。言有翻，亦有多家不同，然多用『法本』。出世善法，言教之本，故云『法本』，即是四阿含經也。二、毘尼藏者，毘尼，此翻爲『滅』，佛説作無作戒，能滅身口之惡，是故云『滅』，則是八十誦律也。三、阿毘曇藏者，阿毘曇，此翻云『無比法』。聖人智慧分別法義，世所無比，故云『無比法』。若佛自分別法義，若佛弟子分別法義，皆名阿毘曇也。然此三法通名藏者，藏以含藏爲義。但解者不同，有言文能含理，故名爲藏；又言理能含文，故名爲藏。今言三法之名，各是一句，三名各含一切文理，故名藏也。阿含即是定藏，四阿含多明修行法也；毘尼即是戒藏，正明因事制戒，防止身口之惡法也；阿毘曇即是慧藏，分别無漏慧法不可比也。此之三藏教，的屬小乘，故法華經云：『貪著小乘三藏學者。』」

〔三〕宗密撰圓覺經大疏釋義鈔卷三：「從緣生法，無性即空，非色敗壞然後云空，亦不要析故破云即空。（中略）『無生四真諦理』者，第二重四諦也，謂解苦無苦，名爲苦諦；解集無和合，名爲集諦；解滅無滅，解道無道。四諦性空，本無生滅，不同初教有可生滅。」

〔四〕宗密撰圓覺經大疏釋義鈔卷三：「『正爲菩薩』者，雙明二空故。『傍爲聲聞』者，初以空門遣蕩小乘執心，令漸通泰，故云『傍通』。」

〔五〕智顗四教義卷一：「通者，同也。三乘同禀，故名爲通。此教明因緣即空無生四真諦理，是摩訶衍之初門也。正爲菩薩，傍通二乘。（中略）所言通教者，義乃多途，略出八義：一、教通，二、理通，三、智通，四、斷通，五、行通，六、位通，七、因通，八、果通也。教通者，三乘同禀因緣即空之教；理通者，同見偏真之理；智通者，同得巧度一切智；斷通者，界内惑斷同也；行通者，見思無漏行同也；位通者，從乾慧地乃至辟支佛地位皆同也；因通者，九無礙因同也；果通者，九解脱有餘無餘二種涅槃之果同也。通義有八而但名通教者，若不因通教，即不知通理，乃至得成通果也。故諸大乘方等及諸般若，有二乘得道者，爲同禀此教也。」

〔六〕宗密撰圓覺經大疏釋義鈔卷三：「言無量者，苦無量相，非諸聲聞、緣覺所知，集、滅、道各有無量相等。」

〔七〕「的」，原作「約」，據智顗四教義卷一改。的化菩薩，謂獨被菩薩，故「不共二乘」也。參後注。

〔八〕智顗四教義卷一：「別者，不共之名也。此教不共二乘人説，故名別教。此教正明因緣假名無量四聖諦理，的化菩薩，不涉二乘，故聲聞在座，如聾如啞。（中略）所言別者，義乃多途，略明有八：一、教別，二、理別，三、智別，四、斷別，五、行別，六、位別，七、因別，八、果別也，故名別教也。教別者，佛説恒沙佛法，別爲菩薩不通二乘；理別者，藏識有恒沙俗諦之理別也；智別者，道種智也；斷別者，塵沙無知界外見思無明斷也；行別者，歷塵沙劫修行諸波羅蜜自行化他之行別也；位別者，三十心伏無明是賢位，十地發真斷無明，是聖位之別也；因別者，無礙金剛之因也；果別者，解脱涅槃四德異二乘也。別義有八種，但名別教者，若不因別教，則不知別理乃至得成別果也。」

〔九〕智顗四教義卷一：「圓以不偏爲義，此教明不思議因緣二諦中道，事理具足，不偏不別，但化最上利根之人，故名圓教也。」

〔一〇〕智顗四教義卷一：「所言圓者，義乃多途，略説有八：一、教圓，二、理圓，三、智圓，四、斷圓，五、行圓，六、位圓，七、因圓，八、果圓。教圓者，正説中道，故言不偏也；理圓者，中道，即一切法理不偏也；智圓者，一切種智圓也；斷圓者，不斷而斷無明惑也；行圓者，一行一切行也。大乘圓因涅槃圓果，即因果而具足無缺，是爲一行一切行；位圓者，從初一地具足諸地功德也；因圓者，雙照二諦自然流入也；果圓者，妙覺不思議三德之果不縱不橫也。圓義有八，但名圓教者，若不因圓教，則不知圓理乃至得成圓果也。」

約觀心明四教者，淨名疏云：「今但論即心行用，識一切教門，皆從初心觀行而起。四教既攝一切經教，若一念觀心分明，能分别一念無明因緣所生之心，四辯歷然，則一切經教大意，皆約觀心通達。就此即爲四意：

「第一、約觀心明三藏教相者，即是觀一念因緣所生之心生滅，析假入空，約觀門起一切三藏教也。若觀生滅四諦入道，即是修多羅藏，故增一阿含云〔一〕：佛告諸比丘，謂一切法者，只是一法。何等爲一法？心是一法，離心無一切法也。智度論云：從初轉法輪經至大涅槃，結修多羅藏〔二〕。此只是約心生滅説四聖諦，即是法歸法本之義也。觀心出一切毗尼藏者，佛制戒時，問諸比丘：汝何心作？若有心作，即是犯戒，有犯故有持也。若無心作，則不名犯，犯義不成，不説持也。故重〔三〕心發戒，無心則不發戒。若言從心出阿毗曇藏者，四卷略説，名毗曇心〔四〕。達磨多羅處中而説，名爲雜心〔五〕。如此皆是約心而辯毗曇。無比法者，分别諸心、心數法，一切法不可比也。

「第二、約觀心明通教者，觀心因緣所生一切法，心空則一切法空，是爲體假入空，一切通教所明行、位、因、果，皆從此起也。

「第三、約觀心明别教者，觀心因緣所生，即假名，具足一切恒沙佛法，依無明阿賴耶識，分别無量聖諦，一切别教所明行、位、因、果，皆從此起也。

「第四、約觀心明圓教者，觀心因緣所生，具足一切十法界法，無所積聚，不縱不横，不思議中道二諦之理，一切圓教所明行、位、因、果，皆從此起，如輪王頂上明珠。是則四教皆從一念無明心起。上來數引華嚴經，明破微塵出三千大千世界經卷義，意在此也。」〔六〕

校注

〔一〕按，後文所引，增一阿含經中未見，當爲經意撮述。

〔二〕見龍樹造、鳩摩羅什譯大智度論卷二：「大迦葉語阿難：從轉法輪經至大般涅槃，集作四阿含：增一阿含、中阿含、長阿含、相應阿含，是名修妬路法藏。」

〔三〕「重」，嘉興藏本作「從」。按，維摩經玄疏作「重」。

〔四〕毗曇心：即阿毗曇心論，四卷，法勝造，僧伽提婆爲慧遠於廬山譯。

〔五〕雜心：即雜阿毗曇心論，前後四譯，一存三闕，存者爲僧伽跋摩等譯本，十一卷。

〔六〕見智顗維摩經玄疏卷四，參見四教義卷一二。

又，約頓、漸、不定、秘密，通前四教，摠立八教：一、頓教，如華嚴無聲聞乘，故名爲頓；二、漸教，即三藏及方等、般若，漸引入圓教；三、不定教，謂一音異解，或説大而得小果，或説小而得大道，故名爲不定；四、秘密教，此有二種：一、顯露秘密，謂同席異聞，不得道果，互不相知，故名秘密；二、秘密秘密，唯佛能證，密令衆生而得開悟，不可指示。摠前四教，而成八教。

又，教分五味〔一〕。釋論云旃延子明六度限劑而滿〔二〕者，此調雜血衆生爲乳也；大品云菩薩發心與薩婆若〔三〕相應者，此欲調乳入酪也；大品云菩薩發心遊戲神通、浄佛國土，又如浄名中得不思議解脱者，皆能變身登座而復能受屈被訶者，此欲調酪爲生酥就熟酥也；大品云菩薩發心即坐道樹、成正覺、轉法輪、度衆生者，是調熟酥爲醍醐也〔四〕。此乃從一開一，接引酥酪之機；後即會一歸一，成熟醍醐之衆。終無别法，更有卷舒，本迹相收，機應冥合。

校注

〔一〕五味：乳味、酪味、生酥味、熟酥味、醍醐味，是加工牛乳的過程中次第所成之味，智顗因之定如來所説一代聖教之次第，故有「五味教」之説。乳味，自牛初出，譬佛初説之華嚴經，此時二乘之機未熟；酪味，取自生乳者，譬佛於華嚴之後所説阿含經，聞阿含經，爲小乘之機；生酥味，更自酪製者，以譬於阿含之後説方等經，小機熟而爲大乘通教之機；熟酥味，更精製生酥者，以譬於方等經之後説般若經，通教之機熟而爲大乘别教之機；醍醐味，更煎熟熟酥者，以譬於般若經之後，説法華、涅槃二經，别教之機熟而爲大乘圓教之機。

〔二〕旃延子：即迦旃延子，佛十大弟子中論議第一。「旃延子明六度限劑而滿」者，智顗説妙法蓮華經文句卷一〇上：「迦旃延子明五法成就，獲不退轉，六度菩薩位也。」「六度限劑而滿」者，即權教六度菩薩位，修六度萬行，斷二障，證二空，但未聞圓頓實教者。湛然述止觀輔行傳弘決卷六之二：「又大論第五廣斥六度菩薩云：是迦旃延子輩不讀衍經，非大菩薩。不知實相，自以利根於佛法中作諸論議，作結使、智、根等楗度尚處處失，況菩薩論？故此初文云：釋論引迦旃延子明菩薩義。」「釋論云」者，詳見龍樹造、鳩摩羅什譯大智度論卷四。

〔三〕薩婆若：意譯「一切智」「一切種智」等，是諸佛究竟圓滿果位之智。

〔四〕「教分五味」至此，詳見智顗説妙法蓮華經文句卷二上。「大品云」者，詳參摩訶般若波羅蜜經卷二往生品。湛然述法華玄義釋籤卷六：「初人元在通教，乃至乾慧，亦得義云『與薩婆若相應』；若成別、圓，縱入初地初住，亦得通爲初發心也。以望本人，是初得故，況未入位而非初耶？今文別教爲『遊戲神通』者，以存教道，讓證屬圓故也。若入圓教，借使住前，亦得通名坐道場也，即是相似觀行爲如佛也。」又，大般涅槃經卷一四：「譬如從牛出乳，從乳出酪，從酪出生酥，從生酥出熟酥，從熟酥出醍醐，醍醐最上，若有服者，衆病皆除，所有諸藥，悉入其中。善男子，佛亦如是，從佛出於十二部經，從十二部經出修多羅，從修多羅出方等經，從方等經出般若波羅蜜，從般若波羅蜜出大涅槃，猶如醍醐。言醍醐者，喻於佛性，佛性者即是如來。」卷三五：「衆生佛性，如雜血乳。血者，即是無明行等一切煩惱；乳者，即是善五陰也。（中略）如衆生身，皆從精血而得成就，佛性亦爾。須陀洹人、斯陀含人，斷少煩惱，佛性如乳；阿那含人，佛性如酪；阿羅漢人，猶如生酥；從辟支佛至十住菩薩，猶如熟酥；如來佛性，猶如醍醐。」

又，分半、滿之教，小乘爲半，大乘爲滿。又，三乘爲半，一乘爲滿。如涅槃經明半字及滿字等，説半字故，半字即顯，滿字即隱；今日説滿字者，滿字即顯，半字即隱〔一〕。此即約緣而説隱顯。又如月喻品，此方見半，他方見滿，而彼月性本無虧盈，隨緣所見，故有增減〔二〕。此即是大乘宗中説也。如智儼法師依華嚴一乘宗辯者，不待説與不説，常半而常滿，隱顯無別時，如彼月性常滿而常半，增減無異路〔三〕。正同宗鏡所録法門，隱則一心無相，顯則萬法標形，不壞前後而同時，常居一際而前後，當舒即卷，當卷即舒。故知以教照心，以心明教，諸佛所説，悉是自心。

校注

〔一〕詳見大般涅槃經卷八。又，大般涅槃經卷八：「半字義者，皆是煩惱言説之本，故名半字。滿字者，乃是一切善法言説之根本也，譬如世間，爲惡之者名爲半人，修善之者名爲滿人。」

〔二〕南本大般涅槃經卷九月喻品：「如此滿月，餘方見半。此方半月，餘方見滿。閻浮提人若見月初，皆謂一日，起初月想；見月盛滿，謂十五日，生盛滿想。而此月性實無虧盈，因須彌山而有增減。」

〔三〕「如涅槃經明半字及滿字」至此，見智儼華嚴一乘十玄門之「第三祕密隱顯俱成門者」。「如智儼法師依華嚴一乘宗辯者」，華嚴一乘十玄門作「若通宗辨者」。

輔行記引華嚴經頌云：「諸佛悉了知，一切從心轉，若能如是解，彼人真見佛。」〔一〕

校注

〔一〕見湛然述止觀輔行傳弘決卷一之五。「華嚴經頌云」者，見佛馱跋陀羅譯大方廣佛華嚴經卷一〇。

寶性論云：有神通人，見佛法滅，以大千經卷，藏一塵中〔一〕。又，華嚴云：善哉，善哉！云何如來在於身中而不覺知〔二〕？故明四諦、十二因緣境，八萬四千法門，不出一心。若得此意，八年廣演法華，在乎一念，經五十劫，詎動刹那？例一代逗機，居于心性。十方佛事，宛然矚目〔三〕。乃至涅槃三德〔四〕，在一心中，則大經一部，全標方寸；無邊教法，攝一刹那。千枝萬葉，同宗一根；衆籍群經，咸詮一法。

校注

〔一〕勒那摩提譯究竟一乘寶性論卷二僧寶品第四：「彼等三千大千世界極大經卷，在一極細小微塵內，一切微塵皆亦如是。時有一人出興於世，智慧聰達，具足成就清淨天眼，見此經卷在微塵內，作如是念：『云何如此廣大經卷在微塵内而不饒益諸衆生耶？我今應當勤作方便，破彼微塵，出此經卷，饒益衆生。』作是念已，爾時彼人即作方便，破壞微塵，出此經卷，饒益衆生。」此處引文，當據止觀輔行傳弘決卷一轉引。

〔二〕實叉難陀譯大方廣佛華嚴經卷五一：「此大經卷，雖復量等大千世界，而全住在一微塵中。如一微塵，一切微塵皆亦如是。時有一人，智慧明達，具足成就清淨天眼，見此經卷在微塵內，於諸衆生無少利益，即作是念：『我當以精進力，破彼微塵，出此經卷，令得饒益一切衆生。』作是念已，即起方便，破彼微塵，出此大經，令諸衆生普得饒益。如於一塵，一切微塵應知悉然。（中略）如來以無障礙清浄智眼，普觀法界一切衆生而作是言：『奇哉！奇哉！此諸衆生云何具有如來智慧，愚癡迷惑，不知不見？我當教以聖道，令其永離妄想執著，自於身中得見如來廣大智慧與佛無異。』」按，此處引文，當據止觀輔行傳弘決卷一轉引。

〔三〕「若得此意」至此，見湛然述法華文句記卷四中。

〔四〕涅槃三德：大般涅槃經所説大涅槃所具之三德：法身德、解脱德和般若德。此三德，不一不異，不縱不横，稱爲大涅槃之秘密藏。大般涅槃經卷二：「解脱之法，亦非涅槃；如來之身，亦非涅槃；摩訶般若，亦非涅槃。三法各異，亦非涅槃。我今安住如是三法，爲衆生故，名入涅槃。」

如上所引五味、八教、半滿等文，然雖分判一代時教，皆是一心融攝，一理全收。分而非多，聚而非一；散而不異，合而不同。恒沙義門，無盡宗趣，皆於一乘圓教宗鏡中現。所以古德云：「契之於心，然後以之爲法。在心爲法，形言爲教。法有自相、共相，教有遮詮、表詮。」〔一〕故知就事雖分，約理常合，乃至開爲恒沙法門，究竟不離一心之旨。若從一心中方便開示、成其教迹者，即不可定其權實、時分前後。以是如來逗機，一期方便，切不得自生決定解也〔二〕，有乖正法。

如法華玄義云：「約五味、半滿相成者，若直論五味，猶同南師，但得方便；若直論半滿，猶同北師，但得其實。今明五味不離半滿，半滿不離五味。五味有半滿，則有慧方便解；半滿有五味，則有方便慧解。權實俱遊，如鳥二翼，雖復俱遊，行藏得所。若華嚴頓滿大乘家業，但明一實，不須方便，唯滿不半，於漸成乳。三藏客作，但是方便，唯半不滿，於漸成酪。若方等彈訶，則半滿相對，以滿斥半，於漸成生酥。若大品領教，帶半論滿，半則通爲三乘，滿則獨爲菩薩，於漸成熟酥。若法華付財，廢半明滿，若無半字方便調熟鈍根，則亦無滿字開佛知見，於漸成醍醐。如來慇懃稱歎方便者，半有成滿之功，意在此也。」〔三〕

校注

〔一〕見廣弘明集卷二三釋明濬答博士柳宣。

〔二〕「切」，原作「竊」；「也」，原作「耶」，據清藏本改。

〔三〕見智顗説妙法蓮華經玄義卷一〇下。

次，約觀分別者，唯識宗立二種觀，華嚴宗立四觀，天台教立三觀，普賢門立十觀。唯識二觀者，一、唯心識觀，二、真如實觀。進趣大乘方便經云：「若依一實境界修信解者，應當學習二種觀道：一、唯心識觀，二、真如實觀。學唯心識觀者，所謂於一切時、一切處，隨身、口、意所有作業，悉當觀察，知唯是心。乃至一切境界，若心往〔一〕念，皆當察知，勿令使心無記攀緣，不自覺知〔二〕。於念念間，悉應觀察，隨心所有緣念，當使心隨逐彼念，令心自知。知己内心自生想念，非一切境界有念有分別也。所謂内心自生長短、好惡、是非、得失、衰利、有無等見，無量諸想，而一切境界未曾有想，起於分別。當知一切境界，自無分別想故，即自非長非短、非好非惡，乃至非有非無，離一切相。如是觀察，一切法唯心想生。若使離心，則無一法一相而能自見有差別也。」「真如實觀者，思惟心性無生無滅，不住見聞覺知，永離一切分别之想。」〔三〕

校　注

〔一〕「往」，清藏本及占察善惡業報經作「住」。按，據大正藏校勘記，宫本占察善惡業報經作「往」。

〔二〕智旭撰占察善惡業報經義疏卷下：「心若住念於一切境，則成偏計所執，名分别性。今即察知，勿令無記攀緣不覺，故名爲觀此言無記，與三性中無記不同。三性中無記性者，于善、不善不可記别，故名無記。今以唯心識觀守記内心，名之爲記。若復忘失唯心識觀，妄想攀緣計有外境，名爲無記也。」

〔三〕見占察善惡業報經卷下。進趣大乘方便經者，詳參本書卷三注。

華嚴四觀者，此約一心真如法界，就理、事行布圓融，成四種法界〔一〕。對此法界，爲四種觀門。此四觀門，法本如是，故依法而觀，故名爲觀。一、事觀，謂迷悟因果，染浄歷然；二、理觀，謂我、法俱空，平等一相；三、理事無礙觀，謂彼此相偏，隱顯成奪，同時無礙；四、事事無礙觀，謂觀事法以理融故，相即相入，重重無盡。若依此一心無礙之觀，念念即是華嚴法界，念念即是毗盧遮那法界。經云：「若與如是觀行相應，於諸法中不生二解，一切佛法疾得現前。」〔二〕

校注

〔一〕澄觀述華嚴經行願品疏卷一：「然其法界，非界非不界，非法非不法，無名相中强爲立名，是曰無障礙法界。寂寥虚曠，沖深包博，總該萬有，即是一心。體絶有無，相非生滅，莫尋終始，豈見中邊？爲聖智境而二智不知，唯證所見而五目亡照，解之則廓爾大悟，迷之則生死無窮。諸佛出世，本欲開示，令其悟入，於此無障礙法界，開爲事、理二門。色、心等相，謂之事也；體、性空寂，謂之理也。事理相融，即無有障礙。故於法界略分三種：一、事法界，二、理法界，三、無障礙法界。無礙有二，則分四種法界，謂事理無礙法界、事事無礙法界。古德立五種法界，亦不出此，謂：一、有爲法界，即事界也；二、無爲法界，即理界也；三、亦有爲亦無爲法界，雙具事理；四、非有爲非無爲法界，即雙非顯理；五、無障礙法界，即第三所攝。從一至五，並不出無障礙法界。」

〔二〕見實叉難陀譯大方廣佛華嚴經卷一七。

台教三觀者，三觀義云：「夫三寸之管，氣序不衰；一尺之表，朝陽可測。是知得其道者，豈遠乎哉！三觀詣理之妙門，今明此義，故借爲喻也。仰佛法遐蹤，神功浩曠，求兹非遠，寄以一心，體之有原，揔乎三智。若其假方便以致殊，會歸一道，寂然而雙照。」〔一〕三觀之名，出自瓔珞。經云：從假入空，名二諦觀；從空入假，名平等觀。雙照二諦，心心寂滅，自然流入薩婆若海也〔二〕。

校　注

〔一〕見智顗三觀義卷上。按，三觀義，具稱維摩詰經三觀玄義。三觀者，一、空觀，觀諸法之空諦，又稱二諦觀；二、假觀，觀諸法之假諦，又稱平等觀；三、中觀，觀諸法亦非空、亦非假、亦空亦假，又稱中道第一義諦觀。

〔二〕菩薩瓔珞本業經卷上賢聖學觀品：「三觀者，從假入空名二諦觀，從空入假名平等觀，是二觀方便道。因是二空觀，得入中道第一義諦觀。雙照二諦，心心寂滅，進入初地法流水中，名摩訶薩聖種性。無相法中，行於中道，而無二故。」

天台疏問曰：「三觀俱照二諦，有何等殊？

「答曰：前觀雖照二諦，破用不等。次觀亦照二諦，破用平等。既不見中道，但是異時平等。第三觀者，得見中道，雙照二諦，即是一時平等也。」〔一〕「若修觀心，還用前二觀雙亡雙照之方便也。雙亡方便者，初觀知俗非俗，即是俗空；次觀知真非真，即是真空。非真非俗，即是中道。因是二空觀，入中道第一義諦觀。」

「今明一心三觀者，一、明所觀不思議之境者，即是一念無明心因緣所生十法界以爲境也。此心神微妙，一念具一切三世諸心諸法。譬眠法覆心，一念之内，夢見一切諸心諸事，若正眠夢之時，謂經無量〔二〕，如法華經説夢見初發心，乃至成佛無量諸事〔三〕，比其覺時反觀，只是一念眠心也。心譬自性清浄心；眠法覆心，譬於無明；無量夢事，譬恒沙無知，覆一切恒沙佛法；夢事不實、善惡憂喜，譬見、思惑〔四〕覆真空也。若不細尋夢譬，不思議之疑終無決理，故諸大乘經多説十喻〔五〕。但諸法師不圓取譬意，止偏得虚僞空邊，不見譬無量無明法性邊也，故三諦之境義不成也。

「二、明能觀者，若觀此一念無明之心非空非假，一切諸法亦非空非假，而能知心空假，即照一切法空假，是即〔六〕一心三觀圓照三諦之理，不斷癡愛，起諸明脱〔七〕。若水澄清，珠相自現，此即觀行即〔八〕也。

「三、明證成者，若證一心三觀，即是一心三智五眼也。若得六根清浄，名相似證，即十信位也。若發真無漏，名分證真實即〔九〕，此是初住也。經云：『一念知一切法是道場，成就一切智故。』〔一〇〕大品經云：『有菩薩從初發心即坐道場。』〔一一〕當知是菩薩爲如佛也。智度論云：『三智其實一心中得，佛欲分別爲人説，令易解故，所以次第説耳。』〔一二〕

又，摠明三種三觀。「一者、别相三觀，二者、通相三觀，三者、一心三觀。一、别相三觀者，歷别觀三諦，若從假入空，但得觀真，尚不得觀俗，豈得觀中道也？若從空入假，但得觀俗，尚未得觀中道。若入中道正觀，方得雙照二諦。二、通相三觀者，則異於此。從假入空，非但知俗假是空，真諦中道亦通是空也；若從空入假，非但知俗假是假，真空中道亦通是假；若入中道正觀，非但知中道是中，俗真通是中也。是則一空一切空，無假無中而不空；一假一切假，無中無空而不假；一中一切中，無假無空而不中。但以一觀當名，解心無不通也。三、一心三觀者，知一念心不可得，不可説，而能圓觀三諦也。即淨名經云：『一念知一切法是道場，成就一切智故。』」〔一三〕

校注

〔一〕見智顗維摩經玄疏卷二。下一處引文同。

〔二〕「無量」，維摩經玄疏作「無量劫」。

〔三〕詳見妙法蓮華經卷五安樂行品。

〔四〕見、思惑：三界煩惱之通稱。見惑者，各種妄見，是邪分别計度道理而起之我見、邊見等妄惑；思惑者，即凡夫思慮世間事物而起之貪、瞋、癡等惑。

〔五〕十喻：摩訶般若波羅蜜經卷一序品：「無數億劫説法巧出，解了諸法如幻、如焰、如水中月、如虚空、如響、如乾闥婆城、如夢、如影、如鏡中像、如化，得無閡無所畏。」

〔六〕「即」，磧砂藏、嘉興藏本及維摩經玄疏作「則」。

〔七〕明脱：脱離愚癡云明，脱離貪愛云脱。詳見本書卷二一注。

〔八〕觀行即：不惟解知名字，更進而依教修行，心觀明了，理慧相應，所行如所言，所言如所行者。詳見本書卷三七。

〔九〕分證真實即：即分真即，又稱分證即，謂分斷無明而證中道之位，即由十住、十行、十迴向、十地、等覺等位，漸次破除一品無明，而證得一分中道。詳見本書卷三七。

〔一〇〕見維摩詰所説經卷上菩薩品。

〔一一〕見摩訶般若波羅蜜經卷六等。

〔一二〕見智顗維摩經玄疏卷二。「智度論云」者，見龍樹造、鳩摩羅什譯大智度論卷二七。

〔一三〕出智顗撰維摩經文疏卷二一。又，「净名經云」者，見維摩詰所説經卷上菩薩品。

是以在境，爲一諦而三諦；在心，爲一觀而三觀；在果，爲一智而三智。如一圓珠，珠相喻有，珠徹净喻空，圓明喻中。三無前後，此喻一諦而三諦。若以明鏡照之珠上，三義一時頓現，即喻一觀而三觀。若就鏡中觀珠，珠之與鏡非一非異，則喻心、境二而不二，爲真覺也〔一〕。

校注

〔一〕「在境，爲一諦而三諦」至此，見澄觀述大方廣佛華嚴經隨疏演義鈔卷一八。

妙觀〔一〕者，觀一念心爲所緣境，返觀此心從何處來、去至何所，浄若虚空，名空觀；觀境歷歷分明，名假觀；雖歷歷分明而性常自空，而境觀歷然，名中觀。即三而一，即一而三，語默行住，不生不滅。不常不斷，不一不異，不來不去，不有不無，不住不著，不垢不浄，不愛不取，不虚不實，不縛不脱，皆不生不滅之異名，義無别也。即空不住空，即假不住假，即中不住中，是名中。何以故？爲即空，空有何可住？即假，幻化影復何可住？二邊既無可住，豈有中可住？故曰三諦無住，是名爲中。當須如此：空中無空只勿空，假中無假只勿假，中中無中只勿中。當如是照：照中無照只勿照。若見如是理，即見萬物而自虚也。

校注

〔一〕妙觀：天台宗謂圓教之「圓融三觀」。於空、假、中三諦之中，觀空諦即爲三諦，則觀假、中二諦亦各皆爲三諦，稱爲即一而三；觀三諦俱爲空諦，則觀三諦亦皆各爲假、中二諦，稱爲即三而一。如是即一而三、即三而一，圓妙融通，是爲妙觀。

此三觀者，是不思議境。若闕一觀，境智不成，故云不思議，備收一切法。一切雖多，十法界〔一〕收盡。既其鎔融，一則具十，成百法界。一界又具十如〔二〕，一如又具三種世間，謂五陰、衆生、國土，千如則有三千世間，名不思議假。此假即空即中，若無中，攝理不徧；若無十界，收事不盡；若無十如，因果不具；若無三種世間，依正不足。故知實相悉揔諸法，重重無盡，融融無礙，猶如帝網，名不思議境也。凡聖同有此理，故云己之三千偏彼三千。彼彼三千，互偏亦尒〔三〕。故得依正〔四〕，終日炳然，無所分別，法界洞朗，爲顯此境，故云觀不思議境也。如三觀頌云：「空觀如性不可得，假觀相含法界邊，中觀體等理無二，即一而三常宛然。」〔五〕

校注

〔一〕十法界：地獄、餓鬼、畜生、阿羅修、人、天、聲聞、緣覺、菩薩、佛之境界。其中前六爲六凡，後四爲四聖。詳見本書卷四。

〔二〕十如：諸法如是相、如是性、如是體、如是力、如是作、如是因、如是緣、如是果、如是報、如是本末究竟等。

〔三〕湛然述止觀輔行傳弘決卷五之二：「學者縱知内心具三千法，不知我心遍彼三千，彼彼三千，互遍亦爾。」

〔四〕「正」，磧砂藏、嘉興藏本作「止」。依正，謂依報、正報。
〔五〕見唐法聰撰觀無量壽佛經記。

又，空觀，了諸法無自性故；二、假觀，此空處具諸法故；三、中觀，空、假無別體故，唯一真心故。以空是心之性，即是真空，非是但空；以假是心之相，即是妙假，非是偏假。性相分三而非三，真心冥一而非一。非一而三觀宛然，非三而一心不動。又，即一而三相不同，如鏡體一，有光明影像差別之相；即三而一體無異，如影像光明，俱同一鏡。

又，古釋三觀義云：一念心起，起無起相，徹底唯空，三際寂然，了不可得，無見聞覺知相，無眼、耳、鼻、舌、身、意相，空觀也。

一念心起，有三千世間相：國土世間一千，山河、大地、日月、星辰是也；五陰世間一千，染、淨一切色心是也；衆生世間一千，六凡、四聖假質是也。一念心起，三千性相一時起；一念心滅，三千性相一時滅也。念外無一毫法可得，法外無一毫念可得也。此心性圓明，一而能多，小而能大，染而能淨，因而能果，有而能無，故一一色、一一香、一一念介尔有心，即具三千也。一處見多，多處見一。一念即多劫，多劫即一念，重重互現，喻天帝珠網，此假觀也。

一念心起，起而無起；三際寂然，無起而起。三千性相，非空非假，雙照空假，此中觀也。

説即有三名字，照時不作三一解，只念念見自心性，任運非三非一，亦不用破除身心，亦不要安立境觀，念想斷處，一切時中任運心常三觀也。

人無圓機，自謂我是凡穢、我多煩惱、我智慧劣、我是生死人，此乃瞖眼見空華，空實無華也。圓人觀明，觸事全同古佛，非分同也。何以故？法性圓理，三德三身，只是一念，不可分故。此圓理亦無次位，爲人未能任運常觀，觀有斷續，我性未破，破而未盡，故分六即〔一〕四十二位〔二〕，點空接引，令至無修耳〔三〕。

或謂凡人但有佛法身性，未有報化德用，此乃别教中解，圓觀惑、業、苦〔四〕三，本自無性，全是三德。三德本無住處，住惑、業、苦中。三身三道，悉是假名，畢竟空中，了不可得，無惡可捨，無道可證，纔見有一毫理可依泊者，便是妄境牽生心，三觀不明也。學人嫌惡貪、瞋、癡，作意斷除，殊不知此嫌惡心自是惑也。若纔覺起，即照此起處，自無性不可取捨，三觀明也。

若别作對治，别作真如實相解，别作佛菩薩想，别運身心徧法界想，並非圓意，圓人即念無念耳。若謂能覺知〔五〕識别者是心，此是心苗，非心性也〔六〕。故云：動是法王苗，寂是法王根〔七〕。心性者，三觀明時〔八〕是也。三觀明時，不見有情無情、佛與衆生，若罪若福，在我觀内，在我觀外，在我觀中，皆不可也〔九〕。

校注

〔一〕六即：與真理相即，成爲一體之六個階段。智顗説、灌頂記摩訶止觀卷一下：「六即謂理即、名字即、觀行即、相似即、分真即、究竟即。此六即者，始凡終聖，始凡故除疑怯，終聖故除慢大。」詳參本書卷三七。

〔二〕四十二位：菩薩乘之階位。詳見本書卷二三注。

〔三〕「至無修耳」，天台宗未決作「自强不息」。

〔四〕玄奘譯成唯識論卷八：「發業潤生煩惱名惑，能感後有諸業名業，業所引生衆苦名苦。」

〔五〕「知」，天台宗未決作「所」。

〔六〕「是心，此是心苗，非心性也」，天台宗未決作「是心苗，非心性」。

〔七〕善慧大士語録卷三：「寂是法王根，動是法王苗。」

〔八〕「明時」，天台宗未決作「中所明」。

〔九〕「古釋三觀義云」至此，見天台宗未決附釋疑。按，天台宗未決一卷，日僧最澄問，道邃決義。宋高僧傳卷二九唐天台山國清寺道邃傳：「釋道邃，不知何許人也。（中略）貞元二十一年，日本國沙門最澄者，亦東夷卉服中剛決明敏僧也。泛溟涬，達江東，慕天台之法門，求顗師之禪決。屬邃講訓，委曲指教，澄得旨矣，乃盡繕寫一行教法東歸。」此處出附録釋疑，日僧圓澄疑問，維蠲決答。維蠲爲天台國清寺座主。

若不明三觀，妄情計佛性在身中，計徧草木上，經中唤作徧計所執性，外道所宗，四教所不攝，況圓人解乎！

夫中觀難明，圓解微妙，凡言中者，有二種中：一、但中，二、圓中。如首楞嚴經明八還〔一〕義，若析前塵，見無還處，見性獨妙，但中也；見與見緣，元是菩提妙淨明體，云何於中有是非是？此圓中也。又，空假即中，但中也；中即空假，不但中也，即是圓中。如藏、通二教，是但空，即析色體塵，歸徹底自性之空；如别、圓二教，是不可得空，具中道佛性不空之理。

校注

〔一〕八還：八種變化相，各自還其本所因由處，故稱。大佛頂如來密因修證了義諸菩薩萬行首楞嚴經卷二：「阿難，汝咸看此諸變化相，吾今各還本所因處。云何本因？阿難，此諸變化明還日輪。何以故？無日不明，明因屬日，是故還日；暗還黑月；通還户牖；擁還牆宇；緣還分别；頑虚還空；鬱𡋯還塵；清明還霽。則諸世間一切所有，不出斯類。」

傅大士頌云：「獨自精，其實離聲名。三觀一心融萬品，荊棘叢林何處生？」〔一〕

釋曰：若能内觀返照，獨精自心，何言詮所及？故云「其實離聲名」。了此一念心起處不可得，是名空觀；即於空處見緣生法似有現顯，故云一切法是，一切法非，於無性無像而有得〔二〕有像〔三〕，是名假觀；求空不得空，尋假不得假，非空非假，全是一心，是名中觀。念念具三觀之法，塵塵成佛智之門，故云「三觀一心融萬品」。則煩惱荊棘、五陰叢林、生死根株、我慢原阜，更從何處而起？故云「荊棘叢林何處生」。

校注

〔一〕出傅大士獨自詩二十章。按，此詩善慧大士語録卷三作：「獨自情，其實離聲名。三觀一心離萬品，荊棘叢林皆自平。」湛然止觀輔行傳弘決卷二之四引作：「獨自精，其實離聲名。三觀一心融萬品，荊棘叢林皆自平。」然其止觀義例卷上引，則與宗鏡録同。宋處元述摩訶止觀義例隨釋卷五：「言『獨自精』者，謂三千絶妙，法界獨立，其體精妙，故云『獨自精』也。三千妙體，本離聲教名字，故云『其實離聲名』。『三觀一心融萬品』者，三觀，三千也。三千即空、假、中，只一念是。若了三千自融萬品，一即一切、一切即一，非一非一切、而一而一切，融相可知也。『荊棘叢林何處生』者，九界惑染生死因果，荊棘也；佛界因果萬德莊嚴，叢林也。善惡崝嶸，同歸一相，一相無相，故云『何處生』也。此『獨自精』詩，以證真如理觀也。」

〔二〕「得」，清藏本作「性」。按，清藏本或爲臆改，參後注。

〔三〕祖堂集卷一五鵝湖和尚："佛身無爲，不墮衆數，安得四禪八定是道耶？大師之旨，一切法是，一切法非，於無性無像而有得有喪，豈可以一方定趣決爲道耶？"鵝湖和尚，釋大義，道一法嗣。

普賢觀云止觀十門者，"一、心行稱理，攝散名止。二、止不滯寂，不礙觀事。三、由理事交徹而必俱，遂使止觀無礙而雙運。四、理事形奪而俱盡故，止觀兩亡而絶寄。五、絶理事無礙之境與泯止觀無礙之心二而不二故，不礙心境而一味；不二而二故，不壞一味而心境。六、由即理之事收一切法故，即止之觀亦見一切。七、由此事即是彼事故，令止觀見此心即是彼心。八、由前中六則一多相入而非一，七則一多相是而非異，此二不二同一法界，止觀無二之智，頓見即入二門，同一法界，而無散動。九、由事則重重無盡，止觀亦普眼齊照。十、即此普門之智爲主故，頓照普門法界時，必攝一切爲伴，無盡無盡"〔一〕。

校注

〔一〕見澄觀撰大方廣佛華嚴經疏卷一五。

音義

渾，呼本反。又，户昆反。　基，居之反。　泊，傍各反，止也。　毱，渠竹反，皮毛也。　鍇，苦駭反。　禺，虞俱反。　奢，式車反，侈也。　矚，之欲反，視也。　介，古拜反，大也，助也。　棘，紀力反。　阜，房久反，陵阜也。　撑，丑庚反，又丑孟反，撑拄也。　胮〔一〕，鋪巷反。　脹，知亮反，脹滿。　螫，施隻反，毒虫。　讎，市流反。　紛，撫文反，分紜。　瀾，盧閑反，大波也。　轟，呼宏反，車聲。

丁未歲高麗國分司大藏都監奉敕彫造

校注

〔一〕「胮」，「胮」的異體，正文中作「膖」。慧琳一切經音義卷五一：「胮脹，上朴尨反，埤蒼：胮，肛腸脹也。考聲：肛滿大貌也。肛，音呼江反。古今正字從月夆聲。論作『膖』，俗字也。」

宗鏡録卷第三十六

慧日永明寺主智覺禪師延壽集

夫觀門略有二種：一、依禪宗及圓教，上上根人直觀心性，不立能、所，不作想念，定、散俱觀，内、外咸等，即無觀之觀，靈知寂照；二、依觀門，觀心似現前境，雖權立假相，悉從心變。如觀經中，立日觀、水觀等十六觀門〔一〕；上生經中，觀兜率天宫弥勒内院等〔二〕。諸章鈔釋云：言觀一字，理有二種：一、觀矚，二、觀察。初、觀矚者，如前五識缘五塵〔三〕境，矚對前境，顯現分明，無推度故，現量性境〔四〕之所攝故；次、觀察者，向自識上安模建立，伺察推尋境分劑故。今立觀門，即當第二觀察。約能觀之心，出體〔五〕有四：一、尅性出體，唯别境慧〔六〕。此慧能揀去散亂〔七〕、染、無記等，擇留善、浄所變境故。二、能所引體〔八〕，定〔九〕引慧故。三、相應體，五藴除色。四、眷屬體，并色五藴〔一〇〕。

校注

〔一〕詳見觀無量壽佛經。隋慧遠觀無量壽佛經疏：「定善生中觀别十六：一是日觀，二是水觀，三是地觀，四是樹觀，五是池觀，六是總想觀一切樓、樹、池等，七、華座觀，八、佛菩薩像觀，九、佛身觀，十、觀世音觀，十一、大勢至觀，十二、自往生觀，十三、雜明佛菩薩（觀），十四、上品生觀，十五、中品生觀，十六、下品生觀。」

〔二〕詳參觀彌勒菩薩上生兜率天經。

〔三〕五塵：色塵、聲塵、香塵、味塵、觸塵。

〔四〕現量：即直覺知識，謂以直覺去量知色等外境諸法之自相。現即顯現，量即量度。玄奘譯因明入正理論：「現量謂無分別，若有正智，於色等義離名種等所有分別，現現別轉，故名現量。」　性境：即真實之境，謂眼識乃至身識及第八識等所緣色等實境相分，不起名言，無籌度心，是名性境。性即實之義。參後注。

〔五〕出體：提出諸法之體，也就是在解釋經典的時候，提出應該解釋的問題的主體。體，本體、體性。

〔六〕別境：即別境心所，指各別不同的境界，也就是由特定外境引起的心理活動。　慧：別境之一，分別、通達事理和決定疑念的精神作用。大乘廣五蘊論：「云何慧？謂即於彼擇法爲性，或如理所引，或不如理所引，或俱非所引。『即於彼』者，謂所觀事；『擇法』者，謂於諸法自相、共相，由慧簡擇得決定故；『如理所引』者，謂佛弟子；『不如理所引』者，謂諸外道；『俱非所引』者，謂餘衆生。斷疑爲業，慧能簡擇，於諸法中得決定故。」

〔七〕散亂：隨煩惱之一，意謂貪、瞋、癡等令人心思分散。　大乘廣五蘊論：「云何散亂？謂貪、瞋、癡分令心、心法流散爲性，能障離欲爲業。」

〔八〕能所引體：即能引體、所引體。靈泰撰成唯識論疏抄卷五：「能所引者，能引是心因，所引即是所境，或是心家所引果也。」

〔九〕定：即令心不散亂，別境之一。

〔一〇〕窺基妙法蓮華經玄贊卷三本：「出體者，決擇分五十七云：『佛具知根，慧根爲體。』對法論云：『若定若慧，及彼相應諸心、心所。』菩薩地云：『謂總五根爲其自性。』雖復三文不同，然體有五：一、最勝體，故決擇分『佛具知根，慧根爲性』。二、引生體，故對法云『若定若慧』。三、剋實體，菩薩地云：『五根爲性，由慧勝故。且説十力慧爲自性，所以但言處非處等智力，不言信力、精進等力。』依此即會決擇文訖。四、相應體，對法又云：『及彼相應諸心、心所，四蘊爲性』。五、眷屬體，五蘊爲性，定共、道共無漏色等助爲體故。」五蘊者，色蘊、受蘊、想蘊、行蘊、識蘊，謂積聚色、受、想、行、識五法以成身也。

問：相應四蘊心王、心所，取其何者爲能觀察？

答：先辯心王，次明心所。若八識心王，唯取第六。

問：前五、七、八俱能緣慮，何以不取？

答：且前五識有漏位中，唯現量緣實五塵境。第八唯現量緣三境〔一〕故，種子、根身、器世間境〔二〕，性唯無記。第七有漏位中，常緣第八見分爲境，非量〔三〕所收。今能觀心，因教比知變起相分，比量〔四〕善性獨影境攝，故唯第六有此功能。

校注

〔一〕三境：即性境、獨影境和帶質境。大明三藏法數卷八：「一、性境，性即實之義也，謂眼識乃至身識及第八識等，所緣色等實境相分，不起名言，無籌度心，是名性境；二、獨影境，影即影像，是相分異名，謂如第六識緣空華、兔角，及過去、未來等所變相分，無種爲伴，但獨自有，是名獨影境；三、帶質境，帶即兼帶，質即體質，謂以心緣心也，如第七識緣第八識見分境時，其相分無别種生，一半與本質同種生，一半與能緣見分同種生，是名帶質境。」又，卷一〇：「性境者，謂意識與眼、耳、鼻、舌、身五識同緣五塵，初心取境，未有分别，是名性境；意識於五塵境上，分别方圓、長短、好惡以有塵相可分别故，是名帶質境；意識不與五識同緣而獨緣法塵，謂緣過去、未來變現之相，或緣空華水月等相，以無境可對，是名獨影境。」

〔二〕種子：指能生一切諸法的潛在功能。根身：眼等諸根。器世間：即衆生居住的國土世界，以世界如器故。大明三藏法數卷八：「三類境者，謂第八阿賴耶識緣三種境，種子、根身即内境也；器世間即外境也。一、種子境，謂第八識能遍任持世間、出世間諸法種子，故名種子境；二、根身境，謂第八識覺明能了之心，發起内外塵勞之相，於一圓湛析出根塵，聚内四大而爲身分，故名根身境；三、器世間境，世界如器，名器世間。謂從第八識轉相而成現相，即有山河、大地等境界，故名器世間境。」

〔三〕非量：指似現量、似比量，是錯誤的認知與推論。似，似是而非之意。似現量，即對於所緣之境生起分别惑亂之智，不能正確量知其真實自相。似比量，依不成、不定、相違、似喻等似因而生似是而非之智，不能正確比知量度所對之境，如見霧爲煙而妄推有火。玄奘譯因明入正理論：「有分别智，於義異轉，名似現量。謂諸有智了瓶衣等分別而生，由彼於義不以自相爲境界故，名似現量。若似因智爲先所起諸似義智，名似比量。似因多種，如先已説，用彼爲因，於似所比諸有智生，不能正解，名似比量。」

〔四〕比量：謂以已知之事比類量度未知之事，即由推論而獲得知識。比即比類。玄奘譯因明入正理論：「言比量者，謂藉衆相而觀於義。」

問：第六心王，有其幾種？

答：義説有四：一、明了意識，與前五識同緣五塵，分明顯了。二、定中意識，引得上定，定中所起。三、獨散意識，不與前五同緣，爲揀明了，故立獨名。又非定中所起，故名爲散，獨於散位而生起故。四、夢中意識，於睡眠位起此識故。

問：四中何者是能觀心？

答：得上定者，定中意識，現量觀故；未得定者，獨散意識，能爲觀體。

次明心所者，有五十一法，揔分六位。且通辯諸識有漏位中相應者，前五識各有三十四心所相應，謂徧行五〔一〕，別境五〔二〕，善十一〔三〕，根本煩惱三：貪、嗔、癡，中隨二〔四〕，大隨八〔五〕；第六識三界、三性〔六〕、定散通論，具與五十一心所相應；第七識與十八心所相應，謂徧行五，根本煩惱四：我癡、我見、我慢、我愛，大隨八，別境中慧；第八識唯與徧行心所相應。此八種識，若成無漏，唯與二十一心所〔七〕相應，謂徧行、别境、善法。今明能觀心，但唯善性。第六識，其相應心所，隨心王説。定中心所唯二十一，謂徧行五、别境五、善十一，或尋、伺中隨取一法即二十二，尋麁伺細，不俱起故，淺深推度，思慧爲體。若與散位心王相應，即二十法，於前善中除輕安故。輕安一法是定引故，有定資身，方得調暢，有輕安義。或二十一，於尋、伺中隨取一故。

校注

〔一〕徧行五：一、作意，能警覺爲性，心未起能警令起，心已起能引趣於境；二、觸，對境；三、受，領納前境；四、想，於境取像；五、思，起心造作諸業。五法起則同起，體徧三界、三性諸識，故曰徧行。

〔二〕别境五：一、欲，希望樂境；二、勝解，於理明了無礙；三、念，明記不忘；四、定（等持），令心專注不散；五、慧，揀擇名慧，能揀擇善惡法也。由此五法起時各起，故名别境。

〔三〕善十一：一、信，於善法深樂不疑；二、慚，耻己無德；三、愧，羞爲惡行；四、無貪，於五欲境心生厭離；五、無瞋，於違情境不起怒心；六、無癡，於事於理明解決了；七、精進，於諸善法精勤修習；八、輕安，遠離昏亂；九、不放逸，於不善法，心不染著；十、捨，遠離掉舉；十一、不害，於有情之所，不加損惱。

〔四〕中隨二：謂無慚、無愧二種煩惱。中隨即中隨煩惱。昏煩惱亂之法，長時隨逐不捨，故名隨煩惱。

〔五〕大隨八：謂掉舉（心思浮動）、昏沉、不信、懈怠、放逸、散亂、不正、失念八種煩惱。

〔六〕三性：善性（第六識所起一切善法之性）、惡性（第六識所起一切惡法之性）和無記性（第六識所具一切不善不惡之性）。

〔七〕二十一心所：徧行五、别境五、善十一，共成二十一。

問：能觀心於三境之中，此何境？

答：定、散二位皆獨影境，變假相故。此假相分，從能緣見分種生，自無其種，故名獨影。不同性境，是實色心，各有種生，如眼識緣色等；又不同帶質境，心緣心時定有質故，中間相分從質見起。言獨影境，自有二類：一、有質，即此觀心託彼爲質；二、無質，緣龜毛等。

問：既有彼質，何非帶質？

答：帶質有二：一、真帶質，以心緣心，如第七緣第八、第六緣餘識；二、似帶質，心緣色故，即此所觀帶彼質故，通似帶質。

問：定、散二位，託彼質緣，熏得何種？

答：唯熏能觀心、心所見分種子，相分是假，不熏有漏觀心，不熏無漏質種。

問：三量〔一〕之中，此是何量？

答：定位現量收，散位比量攝。不通非量，非正觀故。

校注

〔一〕三量：即現量、比量和非量。

問：三性〔一〕何性？

答：唯善性故。

校注

〔一〕三性：即善性、惡性和無記性。

問：四緣〔一〕何緣？

答：四緣皆具。第六心王并實心所，皆從種生，是因緣〔二〕。假相分是所緣爲緣〔三〕。即前念引後念，是等無間緣〔四〕。增上有二〔五〕：一、順，二、違。順增上有二：一、有力順，作此觀時，諸緣有力，隨順能觀，名有力增上；二、無力順〔六〕，作此觀時，不障餘法，雖無力，能不違他，故名無力增上。二、違增上，亦有二種：一、違背，作此觀時，而能違背散亂心、心所，又能違背無記性等；二、違損，作此觀時，而能違損諸染法故。

校注

〔一〕四緣：即因緣（六根爲因，六塵爲緣）、等無間緣（又稱次第緣，謂心、心所法次第無間，相續而起）、所緣緣（心、心所法由託緣而生起，是自心之所緣慮）和增上緣（謂六根能照境發識，有增上力用，諸法生時，不生障礙）。

〔二〕法藏述十二門論宗致義記卷下觀緣門第三：「因緣者，以因爲緣，故云因。此則因即緣，故名因緣，非是親疏並舉名爲因緣。」

〔三〕法藏述十二門論宗致義記卷下觀緣門第三：「緣者，所緣也，以所緣法緣起能緣心、心法等故名緣，則所緣爲緣，故云緣緣，新名所緣緣。」

〔四〕法藏述十二門論宗致義記卷下觀緣門第三：「次第生者，由前心、心法雖謝滅，然有開避引導之力，令後心法無間而生，故云次第生，與次第法爲緣故名也，新翻名等無間緣也。」

〔五〕法藏述十二門論宗致義記卷下觀緣門第三：「以此法於彼法有增上勝力，故云增上。增上即緣，故云增上緣。此有二種，一、不相礙增上，二、勝力助成增上。」

〔六〕「二、無力順」，原無，據諸校本補。

問：於三依〔一〕中，此是何依？

答：三依皆具：一、因緣依，能觀心等有自種子爲因緣依，現依種故，亦名種子依；

二、俱有依，謂六根處能與諸心、心所爲依故，今能觀第六用七、八二識爲所依故，亦名增上緣依；三、開導依，謂前念心、心所開避〔二〕引導後念心、心所，取前念心王名開導依，後念必依前念生故，即現在心望後念心，假名前念，亦名等無間緣依。

校注

〔一〕三依：即因緣依（種子依、根本依）、俱有依（增上緣依）和開導依（等無間緣依），就是心、心所生起作用時所依賴的三種緣。依謂依賴。

〔二〕「避」，清藏本作「闢」。

問：五果〔一〕之中，此是何果？

答：一〔二〕、異熟果〔三〕。能觀心體非異熟果，唯第八識是真異熟。二、等流果。此能觀心、心所從自種生，種、現俱善，流類齊等。三、離繫果。此有漏觀，未斷障染繫縛法故，非離繫果。四、士用果。有二：一、人士用，此人能作此觀，人爲士用，因觀心成就，即士用果。二、法士用，作此觀時，諸緣法等有力，如世士夫力用，成就觀心，即士用果。五、增上果。前四果中有不攝法，但於觀心有隨順義，即爲其因，觀心成就，即增上果。

校注

〔一〕五果：因緣所生與道力所證的五種有爲無爲果，即異熟果、等流果、離繫果、士用果和增上果。諸衆生現世作不善業則招來世惡趣之果，若作有漏善業則招來世善趣之果，以其異世成熟，是名異熟果。諸衆生由修不善故，樂住不善，則不善之業轉多。若修善法故，樂住善法，則善法增長。果隨業轉，業與果同，業果相似，是名等流果。等即同等，流即流類。諸衆生因修八正道而遠離煩惱，不受果報，是名離繫果。離繫者，遠離繫縛也。於世間諸法，隨依一種，起士夫用，如營農、商賈、書筭、計數等事，由依此故，農者因稼而成熟，商者因貨而獲利，是名士用果。士用者，士夫所用也。如眼根雖有見性，若無眼識緣境，則無照用之力，是故根識和合而成一切事果。耳、鼻、舌、身、意諸根識，亦由和合照境而成諸事，是故諸根各有增上勝力，是名增上果。增上者，謂根身有增上勝力也。

〔二〕「一」，原無，據嘉興藏本補。

〔三〕「異熟果」，原無，據文意補。

問：此能觀心等，具幾緣生？

答：具五緣生：一、作意，警心故；二、種子，生現法；三、根，即第七識；四、境，假相分；五、根本，即第八識。若加等無間，即六緣生。

如上理、事雙明，方圓觀法。

問：若境本無生，心常不住，又何煩立觀，背自天真？

答：爲未達本無生而欲向外妄修者，令自内觀，冥合真性。如永嘉集云：「誡其疎怠者，然渡海先須上船，非船何以能渡？修心必須入觀，非觀何以明心？心尚未明，相應何日？」〔一〕此勸守愚空坐、不慕進修者，如欲渡關津，非船靡濟；將窮生死，無智焉明？又云：「妙契玄原者，夫悟心之士，寧執觀而迷旨？達教之人，豈滯言而惑理？理明則言語道斷，何言之能議？旨會則心行處滅，何觀之能思？心言不能思議者，可謂妙契寰中矣。」斯乃得旨之人，奚須言觀？即届寶所，終不問程；已見玉蟾，寧當執指？

校注

〔一〕見玄覺撰禪宗永嘉集優畢叉頌。下一處引文同。

故般若吟云：「見月休觀〔一〕指，歸家罷問程。即心心是佛〔二〕，何佛更堪成？」〔三〕輔行記問云：四句〔四〕推檢，貪欲泯然，但有妙觀，無復貪欲，何得復云「而起而照」？

答：防於起時理須照，起、不起俱照，照、不照俱亡，亡、不亡咸泯，泯、不泯湛然，如是方成入空之觀，故云不見起照，起照宛然〔五〕。

校注

〔一〕「觀」，祖堂集作「看」。

〔二〕「即心心是佛」，敦煌遺書中作「識心心即佛」，祖堂集作「識心豈測佛」，景德傳燈録作「識心心則佛」。

〔三〕此詩見敦煌遺書伯三五九一、祖堂集卷四丹霞和尚、景德傳燈録卷三〇等。

〔四〕按，據摩訶止觀卷二下，「四句」者，即「未貪欲滅欲貪欲生，未貪欲不滅欲貪欲生，亦滅亦不滅欲貪欲生，非滅非不滅欲貪欲生」。

〔五〕智顗説摩訶止觀卷二下：「若蔽恒起，此觀恒照，亦不見起，亦不見照，而起而照。」湛然述止觀輔行傳弘決卷二之四：「問：四句推檢，貪欲泯然，但有妙觀，無復貪欲，何得復云『而起而照』？答：言起照者，正明有起無時不照，照時豈可必須於起？今明此觀有破蔽功，是故須云『而起而照』。又爲防於起時妨照，是故復云『而起而照』。理須起、不起俱照，照、不照俱亡，亡、不亡咸泯，泯、不泯湛然，如是方成入空之道，是故今云不見起照，起照宛然。」

如上所説，諸觀門一心之旨，義理昭彰，解雖分明，行須冥合，因解成行，行成解絶，不可一向執解，背道迷宗。行解相應，方明宗鏡。

如首楞嚴經所明，全爲見性修行，不取多聞知解，所以如來訶阿難言：「非汝歷劫辛勤證修，雖復憶持十方如來、十二部經清浄妙理如恒河沙，只益戲論。汝雖談説因緣自然決定明了，人間稱汝多聞第一，以此積劫多聞熏習，不能免離摩登伽難〔一〕。」乃至阿難白佛言：「世尊，我今雖承如是法音，知如來藏妙覺明心，徧十方界，含育如來十方國土，清淨寶嚴妙覺王刹；如來復責多聞無功，不逮修習。我今猶如旅泊之人，忽蒙天王賜與華屋，雖獲大宅，要因門入。唯願如來不捨大悲，示我在會諸蒙闇者捐捨小乘，畢獲如來無餘涅槃，本發心路，令有學者從何攝伏疇昔攀緣，得陁羅尼，入佛知見？」〔二〕

是以佛告阿難：「汝常聞我毗柰耶中宣説修行三決定義，所謂攝心爲戒、因戒生定、因定發慧，是則名爲三無漏學。阿難，云何攝心我名爲戒？若諸世界六道衆生其心不婬，則不隨其生死相續。汝修三昧，本出塵勞，婬心不除，塵不可出，縱有多智禪定現前，如不斷婬，必落魔道，上品魔王、中品魔民、下品魔女。乃至〔三〕汝以婬身求佛妙果，縱得妙悟，皆是婬根。根本成婬，輪轉三塗，必不能出。如來涅槃，何路修證？必使婬機，身心俱斷，斷性亦無，於佛菩提，斯可希冀。若不斷殺修禪定者，譬如有人自塞其耳，高聲大叫，求人不聞，此等名爲欲隱弥露。若不斷偷修禪定者，譬如有人水灌漏巵，欲求其滿，縱經塵劫，終無平復。若不斷大妄語者，如刻人糞爲栴檀形，欲求香氣，無有是處。」〔四〕

乃至「造十習因，受六交報〔五〕」。十習因者，一者、婬習。是故十方一切如來，色目行婬，同名欲火。菩薩見欲，如避火坑。二者、貪習。是故十方一切如來，色目多求，同名貪水。菩薩見貪，如避瘴海。三者、慢習。是故十方一切如來，色目我慢，名飲癡水。菩薩見慢，如避巨溺。四者、瞋習。是故十方一切如來，色目瞋恚，名利刀劍。菩薩見瞋，如避誅戮。五者、詐習。是故十方一切如來，色目奸僞，同名讒賊。菩薩見詐，如畏豺狼。六者、誑習。是故十方一切如來，色目欺詐，同名劫殺。菩薩見誑，如踐蛇虺。七者、怨習。是故十方一切如來，色目怨家，名違害鬼。菩薩見怨，如飲鴆酒。八者、見習。是故十方一切如來，色目惡見，同名見坑。菩薩見諸虛妄偏執，如入毒壑。九者、枉習。是故十方一切如來，色目怨謗，同名讒虎。菩薩見枉，如遭霹靂。十者、訟習。交諠發於覆藏，是故十方一切如來，色目覆藏，同名陰賊。菩薩觀覆，如戴高山，履於巨海」〔六〕。

校注

〔一〕摩登伽：義譯「本性」，此女過去名曰本性，以今本昔，亦名性比丘尼，昔爲婬女。「摩登伽難」者，大佛頂如來密因修證了義諸菩薩萬行首楞嚴經卷一：「爾時，阿難因乞食次經歷婬室，遭大幻術摩登伽女以娑毗迦羅先梵天呪攝入婬席，婬躬撫摩，將毁戒體。」閱藏知津卷一一：「阿難示墮摩登伽難，佛放頂光説咒，敕文殊將咒往護，提奬來歸，啓請大法。佛爲先開圓解，次示圓行，次明圓位，乃至精研七趣，詳辨陰魔。」

〔二〕以上參見大佛頂如來密因修證了義諸菩薩萬行首楞嚴經卷四。子璿集首楞嚴義疏注經卷四：「捐，棄；畢，盡也；疇昔，往日也；無餘者，無明永盡，二死已亡，究竟之無餘也。願示我等如來本昔因地發心，入涅槃道，即真三昧也，故云『本發心路』。攀緣妄想，無始本有，故云『疇昔』。如何攝斂折而伏之，令得佛慧，故云『入佛知見』。」

〔三〕乃至：表示引文中間有删略。

〔四〕見大佛頂如來密因修證了義諸菩薩萬行首楞嚴經卷六。

〔五〕子璿集首楞嚴義疏注經卷八：「十習因者，別指惡業，即由十使煩惱於六根門發識造業，洎受其報，從六根出，報與業交，故云『交報』。同受地獄即引業招，六根別受即滿業致，俱是衆生妄情習造耳。」

〔六〕見大佛頂如來密因修證了義諸菩薩萬行首楞嚴經卷八。

六交報者，一者、見報，二者、聞報，三者、齅報，四者、味報，五者、觸報，六者、思報。此六識造業所招惡報，從六根出，各各招引惡果。臨終，神識〔一〕墮無間獄，見受明、暗二苦相，聞受開、閉二苦相，齅受通、塞二苦相，味受吸、吐二苦相，觸受合、離二苦相，思受不覺、覺知二苦相。一一受苦無量，具在經文〔二〕。是以阿難已悟妙覺明心，知宗不昧，方乃重告善逝，密請修行。

校注

〔一〕神識：猶言「靈魂」，即有情靈妙不可思議的心識。

〔一二〕「具在經文」者，詳見大佛頂如來密因修證了義諸菩薩萬行首楞嚴經卷八。

故知先悟後修，應須理行冥合。若但取一期知解，不慕進修，欲證究竟菩提，無有是處。故經云：「縱得妙悟，皆是婬根。」〔一〕以生死根本不斷故，直須保護浮囊〔二〕，方渡業海。如大涅槃經云「尒時，海中有羅刹」〔三〕者，貪等煩惱各別現行，名「一羅刹」。全乞，喻索交合也；乞半，喻求摩觸也；三分之一，喻索行事也；手許，喻共坐等也；微塵許，喻衣相觸也。若但破四重禁〔四〕等者，合全乞浮囊也；破僧殘〔五〕者，合乞其半也；犯偷蘭〔六〕者，合三分之一也；犯捨墮及波逸提〔七〕者，合乞手許也，二罪同篇〔八〕，共合手許也；破突吉羅〔九〕者，合乞微塵也。故知微細須持，方全戒體。如雖乞微塵之許，終壞浮囊，豈況全、半乎？是以若犯此篇，其過尤重，非唯有障大道，不出塵勞，以惡業相酬，果牽地獄。十習因既作，六交報寧亡？皆是一念惡覺心生，顛倒想起，對境作因成之假，隨情運相續之心，不以智眼正觀，遂陷凡夫業道。雖則一期徇意，罔思萬劫沉身。是以一切如來同宣，審宜刻骨；十方菩薩皆懼，實可驚心。

校注

〔一〕見大佛頂如來密因修證了義諸菩薩萬行首楞嚴經卷六。

〔二〕浮囊：氣囊。佛經中用以譬戒律，護持菩薩之戒，猶如渡海者之浮囊。慧琳一切經音義卷三：「浮囊者，氣囊也。欲渡大海，憑此氣囊輕浮之力也。」

〔三〕大般涅槃經卷一一：「譬如有人帶持浮囊，欲渡大海。爾時，海中有一羅刹，即從其人乞索浮囊，其人聞已，即作是念：『我今若與，必定没死。』答言：『羅刹，汝寧殺我，浮囊叵得。』羅刹復言：『汝若不能全與我者，見惠其半。』是人猶故不肯與之。羅刹復言：『汝若不肯惠我半者，幸願與我三分之一。』是人不肯。羅刹復言：『若不能者，當施手許。』是人不肯。羅刹復言：『汝今若復不能與我如手許者，我今飢窮，衆苦所逼，願當濟我如微塵許。』是人復言：『汝今所索，誠復不多，然我今日方當渡海，不知前途近遠如何？若與汝者，氣當漸出，大海之難，何由得過？脱能中路，没水而死。』善男子，菩薩摩訶薩護持禁戒，亦復如是，如彼渡人護惜浮囊。」

〔四〕四重禁：即四波羅夷，犯四戒（殺、盜、婬和妄語）之極重罪。波羅夷，意譯「斷頭」，其罪最重，如斷頭而不能再生，不得復爲比丘。大智度論卷三一：「如比丘破四重禁，是名畢竟破戒，不任得道。」灌頂撰大般涅槃經疏卷一四：「破四重禁，名爲破戒。」

〔五〕僧殘：次於波羅夷之重罪。犯此罪，須向僧衆懺悔，以全殘命。若不行，則與犯波羅夷罪同。

〔六〕偷蘭：即偷蘭遮，意譯「大障善道」，謂大障一切善根。

〔七〕捨墮：「尼薩耆波逸提」之意譯，又翻爲「盡捨」等。此罪聚貯多餘之衣鉢等，故以其所犯之物，捨於衆中而懺悔之，謂之盡捨。若不懺悔，則墮落於地獄，故曰墮。　波逸提：意譯「墮」，由此罪墮落於地獄。四分比丘戒本疏卷下：「尼薩耆者，此翻爲盡捨。波逸提者，此翻爲墮。謂犯此罪，牽墮三惡，此就總名，故稱爲墮。若犯此墮，要先捨財，後懺墮罪，故云捨墮。」

〔八〕篇：戒律之類目名。佛教戒律，有五篇七聚之説。五篇者，一、波羅夷，二、僧殘，三、波逸提，四、提舍尼（意譯「向彼悔」），五、突吉羅。七聚者，五篇外加偷蘭遮、惡説。此「二罪同篇」者，謂「捨墮及波逸提」，同屬波逸提也。

〔九〕突吉羅：意譯「惡作惡説」，謂身惡作、口惡説。毗尼母經卷七：「突吉羅者，名爲惡作。犯身口律儀，名爲惡作。」

所以華嚴經云：「尔時，文殊師利菩薩問法首菩薩言：『佛子，如佛所説，若有衆生受持正法，悉能除斷一切煩惱，何故復有受持正法而不斷者？隨貪、瞋、癡，隨慢、隨覆、隨忿、隨恨、隨嫉、隨慳、隨誑、隨諂，勢力所轉，無有離心，能受持法，何故復於心行之内，起諸煩惱？』時法首菩薩以頌答曰：『佛子善諦聽，所問如實義，非但以多聞，能入如來法。如人水所漂，懼溺而渴死，於法不修行，多聞亦如是。如人設美饍，自餓而不食，於法不修行，多聞亦如是。如人善方藥，自疾不能救，於法不修行，多聞亦如是。如人數他寶，自無半錢分，於法不修行，多聞亦如是。如有生王宫，而受餒與寒，於法不修行，多聞亦如是。如聾奏音樂，悦彼不自聞，於法不修行，多聞亦如是。如盲繢衆像，示彼不自見，於法不修行，多聞亦如是。譬如海船師，而於海中死，於法不修行，多聞亦如是。如在四衢道，廣説衆好

事，内自無實德，不行亦如是。』」〔一〕

校注

〔一〕見實叉難陀譯大方廣佛華嚴經卷一三。

大寶積經云：「佛言：迦葉，若有趣菩薩乘善男子、善女人等適聞此法，不能生於如實深信，終不能得阿耨多羅三藐三菩提。何以故？由修學故證彼菩提，非不修學而能得證。若不修習得菩提者，猫、兔等類亦應證得無上菩提。何以故？不正行者，不能證得無上覺故。何以故？若不正行得菩提者，音聲言説，亦應證得無上菩提，作如是言：『我當作佛！我當作佛！』以此語故，無邊衆生應成正覺。」〔一〕

校注

〔一〕見大寶積經卷一。

永嘉集云：「心與空相應，譏毁讚譽，何憂何喜〔一〕？身與空相應，刀割香塗，何苦何樂〔二〕？依報與空相應，施與劫奪，何得何失〔三〕？心與空、不空相應，愛、見都忘，慈悲普救〔四〕。身與空、不空相應，内同枯木，外現威儀〔五〕。依報與空、不空相應，永絶貪求，資財給濟〔六〕。心與空不空、非空非不空相應，實相初明，開佛知見。身與空不空、非空非不空相應，一塵入正受，諸塵三昧起。依報與空不空、非空非不空相應，香臺寶閣，嚴土化生。」〔七〕

是以若不斷四重深愆，欲求一乘妙果，如塞耳大叫，難免他聞；徒灌漏巵，終無滿日。又，若所行非所説，所説非所行，心口自違，相應何日？似盲畫衆像，如聾奏樂音，但悦彼情，於己無益。故知聞之不證，解之不行，雖處多聞寶藏，如王宫凍死；虚遊諸佛智海，猶水中渴亡。比況可知，應須改轍。不生慙悔，焉稱智乎？

校注

〔一〕明傳燈永嘉禪宗集注卷下：「人逢逆順之境，喜怒縈之於懷，以其心不空也。若得心空，不因讚譽而喜，不爲譏毁而憂，以其心空而無所受故也。」

〔二〕明傳燈永嘉禪宗集注卷下：「喜怒不形於色，古之高士及修忍之人皆能行之，惟刀割不苦，恐不能以强力忍。若忍辱仙人爲歌利王割截身體，節節支解而無煩惱。金剛經云：『爾時，若有我相、人相、衆生相、壽者相，應生瞋恨。』此則身與空相應，乃能若是也。」

〔三〕明傳燈永嘉禪宗集注卷下：「依報者，謂人身正報所依一切受用物也。若素位君子，於富貴患難無適而不自得，則已能忘得失、略喜愠，矧修禪之人，依報與空相應者，得失能擾其心哉？」

〔四〕明傳燈永嘉禪宗集注卷下：「愛、見俱忘，空之力也；慈悲普救，不空之力也。始則旋假以入空，次則旋空而入假，故能不住無爲而利益諸趣。」

〔五〕明傳燈永嘉禪宗集注卷下：「與空相應，内則枯木倚寒巖，三冬無暖氣；與不空相應，外則山花若也逢春力，根在深巖也著開。」

〔六〕明傳燈永嘉禪宗集注卷下：「石壁云：貪求已滅，理順於空，給濟恒施，事符於假。肇法師云：般若之門觀空，漚和之門涉有。」

〔七〕見玄覺撰禪宗永嘉集優畢叉頌。明傳燈永嘉禪宗集注卷下：「香臺寶閣者，自受用身所居實報莊嚴土也，即以之而嚴土自用，即以之而嚴土化生。」

問：此宗鏡録於頓、漸兩教，真、緣二修，云何悟入？如何修行？

答：今宗鏡中依無作三昧〔一〕，觀真如一心，念念冥真，念念圓滿。如台教明：修無作三昧，觀真如實相，不見緣修〔二〕作佛，亦不見真修〔三〕作佛，亦不見真、緣二修合故作佛，亦不離真、緣二修而作佛。若無四修，即無四作，是無作三昧，豈同尔相州北道〔四〕明緣修作佛？南土大小乘師亦多用緣修，亦不同相州南道用真修作佛。

問：偏用何過？

答：道無諍，何得諍同水火？今明用三昧修中道第一義諦，開無明、顯法性，忘真緣、離諍論，言語法滅，無量罪除，清淨心一，水若澄清，佛性寶珠自然現也。見佛性故，即住大涅槃。

問曰：若尒者，今云何説？

答曰：大涅槃經云：不生不生，名大涅槃〔五〕。以修道得故，故不可説，豈如諸大乘論師偏執定説？今以因緣故，亦可得説者，若解四悉檀〔六〕意，如前四種説則無咎。次明證成者，若觀無明見中道者，即是入不二法門，住不思議解脱。故入不思議法門品云：若知無明即是明，明亦不可得，是爲入不二法門〔七〕。若入中道，即能雙照二諦，自然流入薩婆若海〔八〕。

今依四悉〔九〕，普爲群機，於真、緣二修中，是無作真修。頓、漸四句中，若約上上根，是頓悟頓修；若約上根，或是頓悟漸修。

校注

〔一〕無作三昧：指對一切法無所願求之禪定。

〔二〕緣修：依真如理而起有心有作之修行，即在修觀時有所藉緣而修。

〔三〕真修：不假作意，與理體相應任運而修，即無修而修。妙法蓮華經玄義卷一上：「先藉緣修，生後真修。」

〔四〕相州北道：相州，今河南安陽，菩提流支弟子道寵在相州南部弘傳十地論，勒那摩提弟子慧光在相州北部弘傳十地論，兩者見解有異，故地論宗分爲相州南道、相州北道二派。湛然述法華玄義釋籤卷一八：「『如地論有南北二道』者，陳、梁已前，弘地論師二處不同：相州北道計阿黎耶以爲依持，相州南道計於真如以爲依持。此二論師，俱稟天親，而所計各異，同於水火。」法華文句記卷七中：「古弘地論，相州自分南、北二道，所計不同，南計法性生一切法，北計黎耶生一切法，宗黨既别，釋義不同，豈地論令爾耶？」

〔五〕大般涅槃經卷二〇：「阿闍者名不生，不生者名涅槃。」

〔六〕四悉檀：佛化度衆生的四種教法：一、世界悉檀，二、各各爲人悉檀，三、對治悉檀，四、第一義諦悉檀。詳見本書卷二九注。

〔七〕維摩詰所説經卷中入不二法門品：「明、無明爲二。無明實性即是明，明亦不可取，離一切數，於其中平等無二者，是爲入不二法門。」

〔八〕「如台教明」至此，詳見智顗撰維摩經玄疏卷二。

〔九〕四悉：即四悉檀。

問：如何是真、緣二修？

答：若約緣修，用智成佛，真如但是境故，約緣修以明自也。真修，正用真如一心爲佛，萬行及智，但是福智莊嚴，故用真如一心爲自，一切福智爲他。若直了真如心即成佛者，是圓頓宗。若不了此心，妄有修證者，是藏、通等教灰斷之果。若依此心發行別修者，是別教大乘，與圓教即心便具者，所有行位功程，日劫相倍，故云「即心是者疾，發心行者遲」〔一〕。

校注

〔一〕按，此説本書卷八八、心賦注卷三引，皆云「祖師云」。

問：既即心是，何用更修？

答：只爲是故，所以修，如鐵非金，即不可鍛成妙器。

問：如何是頓、漸四句？

答：一、漸修頓悟，二、頓悟漸修，三、漸修漸悟，四、頓悟頓修。楞伽經中，有四漸四頓。經云：「大慧白佛言：『世尊，云何浄除自心現流？爲頓爲漸？』」〔二〕答中先明四漸，後説四頓漸。經云：「佛告大慧：漸浄非頓，一、如菴羅果〔三〕，漸熟非頓，如來漸除衆生自心現流，亦復如是，漸浄非頓；二、如陶家作器，漸成非頓；三、如大地，漸生非頓；四、如習藝，漸就非頓。」上之四漸，約於修行，未證理故。下之四頓，約已證理故。一、明鏡頓現喻。經云：「譬如明鏡，頓現一切無相色像。如來浄除一切衆生自心現流，亦復如是，頓現無相、無所有清浄法界。」二、日月頓照喻。經云：「如日月輪，頓照顯示一切色像。如來爲離自心現習氣過患衆生，亦復如是，頓爲顯示不思議勝智境界。」三、藏識頓知喻。經云：「譬如藏識，頓分别知自心現及身安立受用境界。彼諸報佛，亦復如是，頓熟衆生所處境界，以修行者安處於彼色究竟天。」四、佛光頓照喻。經云：「譬如法佛所作，依佛光明照耀。自覺聖趣，亦復如是，於彼法相有性無性惡見妄想，照令除滅。」

校注

〔一〕見楞伽阿跋多羅寶經卷一。下同。

〔二〕菴羅果：慧琳一切經音義卷二五：「菴羅果，此無正翻，狀如木瓜，其味香甘，經取生熟難分者也。」注維摩詰經卷一：「什曰：菴羅樹，其果似桃而非桃也。」

今取頓悟漸修，深諧教理。首楞嚴經云：理雖頓悟，承悟併消。事在漸修，依次第盡〔一〕。如大海猛風頓息，波浪漸停；猶孩子諸根頓生，力量漸備。似曦光之頓出，霜露漸消；若印文之頓成，讀有前後。

或頓悟頓修，正當宗鏡。如華嚴宗，取悟如日照，即解悟、證悟皆悉頓也。又如磨鏡，一時徧磨，明浄有漸。今論「明是本明，漸爲圓漸」〔二〕。「明是本明」者，「恐謂拂鏡非頓，明鏡本來浄，何用拂塵埃？此是六祖直顯本性，破其漸修〔三〕。今爲順經，明其漸證，隨漸漸明，皆本明矣，故云『明是本明』。即無念體上自有真知，非別有知，知即心體也。『漸爲圓漸』者，即天台智者意。彼云：『漸漸非圓漸，圓圓非漸圓。』〔四〕謂漸家亦有圓漸，圓家亦有圓漸。漸家漸者，如江出岷山，始於濫觴；漸家圓者，如大江千里。圓家漸者，如初入海，雖則漸深，一滴之水已過大江，況濫觴耶？圓家圓者，如窮海涯底。故今云漸是圓家漸，尚過漸家之圓，況漸家之漸！』〔五〕

校注

〔一〕大佛頂如來密因修證了義諸菩薩萬行首楞嚴經卷一〇：「理則頓悟，乘悟並銷。事非頓除，因次第盡。」

〔二〕見澄觀撰大方廣佛華嚴經疏卷七。

〔三〕宗寶本壇經：「菩提本無樹，明鏡亦非臺，本來無一物，何處惹塵埃？」法海本壇經：「菩提本無樹，明鏡亦無臺，佛性常清浄，何處有塵埃？」

〔四〕見智顗說、灌頂記摩訶止觀卷三下。

〔五〕見澄觀述大方廣佛華嚴經隨疏演義鈔卷二一。

禪原集云：頓門有二：一、逐機頓，二、化儀頓。一、逐機頓者，遇凡夫上根利智，直示真法，聞即頓悟，全同佛果。如華嚴中，初發心時，即得阿耨菩提〔一〕。圓覺中，觀行即成佛〔二〕。二、化儀頓者，謂佛初成道，爲宿世緣熟上根之流，一時頓説性相事理、衆生萬惑、菩薩萬行、賢聖地位、諸佛萬德。因該果海，初心即得菩提；果徹因原，位滿猶同菩薩。此唯華嚴一經，名爲頓教。其中所説諸法是全一心之諸法，一心是全諸法之一心，性相圓融，一多自在。

又，約機頓漸不同，有云先因漸修功成而豁然頓悟，如伐木，片片漸斫，一時頓倒；亦如遠詣皇城，步步漸行，一日頓到。有云先因頓修而後漸悟，如人學射，頓者，箭箭直注意在的；漸者，久始漸親漸中。此説運心頓修，不言功行頓畢。有云漸修漸悟，如登九層之臺，足履漸高，所見漸遠。已上皆證悟也。

有云先須頓悟，方可漸修，此約解悟。若約斷障説者，如日頓出，霜露漸消。若約成德説者，如孩初生即具四支六根，長即漸成志氣功用。如華嚴經云：初發心時，即成正覺。三賢十聖，次第修證。若未悟而修，非真修也。良以非真流之行，無以稱真。何有飾真之行，不從真起？經云：若未聞此法，多劫修六度萬行，竟不證真。

有云頓悟頓修者，此説上上智根性樂欲俱勝，一聞千悟，得大摠持。一念不生，前後際斷〔三〕。若斷障説，如斬一籰絲，萬條頓斷；若修德説，如染一籰絲，萬條頓色。荷澤云：

「見無念體，不逐物生。」〔四〕又云：「一念與本性相應，八萬波羅蜜行一時齊用。」〔五〕

校注

〔一〕阿耨菩提：即「阿耨多羅三藐三菩提」，意譯「無上正等正覺」，佛所具有的覺知一切真理、了知一切事情的最高智慧。實叉難陀譯大方廣佛華嚴經卷一七梵行品：「若諸菩薩能與如是觀行相應，於諸法中不生二解，一切佛法疾得現前，初發心時，即得阿耨多羅三藐三菩提，知一切法即心自性，成就慧身，不由他悟。」

〔二〕大方廣圓覺修多羅了義經：「無上法王有大陀羅尼門，名爲圓覺，流出一切清淨、真如、菩提、涅槃及波羅蜜教授菩薩。一切如來本起因地，皆依圓照清淨覺相，永斷無明，方成佛道。」宗密圓覺經大疏卷上之二：此經「總以心境空寂，覺性圓滿，凡聖平等爲宗，令修行者忘情等佛，觀行速成爲趣」。

〔三〕前後際斷：截斷前際（過去）與後際（未來），徹見本來面目。

〔四〕按，此說亦見景德傳燈録卷二八洛京荷澤神會大師語。荷澤，即神會，傳見宋高僧傳卷八唐洛京荷澤寺神會傳。景德傳燈録卷五亦有傳。

〔五〕「禪原集云」至此，詳見禪源諸詮集都序卷下之一。

又，頓悟者，不離此生，即得解脱，如師子兒，初生之時是真師子，即修之時即入佛位。如竹春生筍，不離於春即與母齊。何以故？心空故。若除妄念，永絶我人，即與佛齊。經云：不壞世間而超世間，不捨煩惱而入涅槃〔一〕。不修頓悟，猶如野干，隨逐師子經百千劫，終不得成師子〔二〕。

校注

〔一〕維摩詰所説經卷上弟子品：「夫宴坐者，不於三界現身意，是爲宴坐；不起滅定而現諸威儀，是爲宴坐；不捨道法而現凡夫事，是爲宴坐；心不住内，亦不在外，是爲宴坐；於諸見不動而修行三十七品，是爲宴坐；不斷煩惱而入涅槃，是爲宴坐。若能如是坐者，佛所印可。」實叉難陀譯大方廣佛華嚴經卷四〇：「菩薩摩訶薩亦復如是，住此妙光廣大三昧，不壞世間安立之相，不滅世間諸法自性；不住世界内，不住世界外；於諸世界無所分別，亦不壞於世界之相；觀一切法一相無相，亦不壞於諸法自性；住真如性，恒不捨離。」

〔二〕「頓悟者」至此，見慧海撰頓悟入道要門論卷上。大般涅槃經卷二七：「如彼野干，雖逐師子至于百年，終不能作師子吼也。若師子子，始滿三年，則能哮吼如師子王。」

故知若不直了自心，豈成圓頓？隨他妄學，終不成真。此宗鏡録是圓頓門。即之於心，了之無際，更無前後，萬法同時。所以證道謌云：「是以禪門了卻心，頓入無生慈忍力。」〔一〕

校注

〔一〕「慈忍」，永嘉證道歌作「知見」。

〔二〕見永嘉證道歌。

又，若因〔一〕悟而修，即是解悟；若因修而悟，即是證悟〔二〕。

校注

〔一〕「因」，原作「用」，據禪源諸詮集都序改。

〔二〕「若因悟而修」至此，見禪源諸詮集都序卷下之一。

又，頓教，初如華嚴海會，於逝多林中，入師子嚬伸〔一〕三昧，大衆皆頓證法界，無有别異〔二〕。後乃至將欲滅度，在拘尸那城娑羅雙樹間，作大師子吼〔三〕，顯常住法，決定説言：「一切衆生，皆有佛性。」凡是有心，定當作佛，究竟涅槃，常樂我淨，皆令安住秘密藏中〔四〕。以此教法本從世尊一真心體流出，亦只是凡聖所依一心真體，隨緣流出，展轉偏一切處一切衆生身心之中。只各於自心静念，如理思惟，即如是如是顯現，於宗鏡中了然明白。起此無涯之一照，偏法界無際之虚空，無一塵而不被光明，凡一念而咸承照燭，斯乃般若無知之照，照豈有邊？涅槃大寂之宗，宗何有盡？

校注

〔一〕「伸」，嘉興藏本作「呻」。按，嚬伸，或作「頻呻」「頻申」等，即奮迅義。實叉難陀譯大方廣佛華嚴經卷六〇：「爾時，世尊知諸菩薩心之所念，大悲爲身，大悲爲門，大悲爲首，以大悲法而爲方便，充遍虚空，入師子頻申三昧。入此三昧已，一切世間普皆嚴淨。」澄觀撰大方廣佛華嚴經疏卷五四：「嚬申、奮迅，俱是展舒四體通暢之狀。」慧琳一切經音義卷二三：「師子頻申三昧，杜注左傳曰：頻，急；申，展也。謂申展四體之拘急，所以解於勞倦，故曰頻申也。表此三昧能申展自在無礙法界，解脱障礙拘急勞倦，故喻名耳。此或全是梵言，如刊定記也。」慧苑述續華嚴經略疏刊定記卷一五：「正入定者，明定業用，從喻爲名，如師子頻申。言頻申者，梵音訛略也，具正應云『堅實稟多』，此翻爲『自在無畏』。如師子王，入出群獸之中，自在無畏，無障礙也。此定亦爾，能得之者，入出一切諸三昧中，自在無礙。」智顗撰法界次第初門卷中上師子奮迅三昧初門第三十一：「所言師子奮迅者，借譬以顯法也。如世師子奮迅，爲二事故：一、爲奮卻塵土，二、能前走卻走，捷疾異於諸獸。此三昧亦爾，一則奮除障定細微無知之惑，二能入出捷疾無間，異上所得諸禪定也，故名師子奮迅三昧。」

〔二〕詳見實叉難陀譯大方廣佛華嚴經卷六〇。

〔三〕大師子吼：喻指佛演説佛法。佛以無畏音説法，如獅子咆吼。獅子爲百獸之王，佛爲人中至尊，猶人中獅子，故有此喻。

〔四〕詳見大般涅槃經卷九等。又，「又，頓教」至此，詳見禪源諸詮集都序卷下之一。

故如般若無知論云：「放光云：般若無所有相，無生滅相〔一〕。道行云：般若無所知，無所見〔二〕。此辯智照之用而曰無相、無知者，何也？果有無相之知、不知之照明矣！何者？夫有所知，則有所不知。以聖心無知，故無所不知。不知之知，乃曰一切知。故經云：聖心無知，無所不知〔三〕。信矣！是以聖人虛其心而實其照，終日知未嘗知也，故能默耀韜光，虛心玄鑒，閉智塞聰，而獨覺冥冥者矣〔四〕。然則智有窮幽之鑒而無知焉，神有應會之用而無慮焉。神無慮，故能獨王於世表；智無知，故能玄照於事外。智雖事外，未始無事；神雖世表，終日域中。所以俯仰順化，應接無窮，無幽不察，而無照功。斯則無知之所知，聖神之所會也。然其爲物，實而不有，虛而不無，存而不可論者，其唯聖智乎？何者？欲言其有，無狀無名；欲言其無，聖以之靈。聖以之靈故，虛不失照；無狀無名故，照不失虛。照不失虛故，渾而不渝；虛不失照故，動以接麁。是以聖智之用，未始暫廢；求之形相，未始可得。故寶積曰：『以無心意而現行。』〔五〕放光曰：不動等覺而建立諸法〔六〕。所以聖迹萬端，其致一而已矣。是以般若可虛而照，真諦可亡而知，萬動可即而靜，聖應可無而爲，斯則不知而自知，不爲而自爲矣！復何知哉？復何爲哉？

「問曰：夫聖人真心獨朗，物物斯照，應接無方故，動與事會；物物斯照故，知無所遺；動與事會故，會不失機；會不失機故，有會於可會；知無所遺故，必有知於可知；有知於可知故，聖不虚知；有會於可會故，聖不虚會。既知既會，而曰『無知無會』者，何耶？若夫忘知遺會者，則是聖人無私於知會以成其私耳〔七〕，斯可曰不自有其知，安得無知而以哉？

「答曰：夫聖人功高二儀而不仁〔八〕，明逾日月而弥昬者〔九〕，豈曰木石瞽其懷，其於無知而已哉？誠以異於人者神明，故不可以事相求之耳。子意欲令聖人不自有知，而聖人未嘗不有知，無乃乖於聖心，失於文旨者乎？何者？經云：真般若者，清淨如虚空，無知無見，無作無緣〔一〇〕。斯則知自無知矣。豈待反照然後無知哉？若有知性空而稱淨者，則不辯於惑智，三毒四倒，皆亦清淨，又何獨尊淨於般若？若以所知美般若，所知則非般若，所知自常淨，般若未嘗淨，亦無緣致淨歎於般若。然經云『般若清淨』者，將無以般若體相真淨，本無惑取之知，無惑取之知，不可以知名哉！豈唯無知名無知？知自無知矣！是以聖人以無知之般若，照彼無相之真諦，真諦無兔、馬之遺，般若無不窮之鑒〔一一〕，所以會而不差，當而無是，寂怕〔一二〕無知，而無不知者矣。

「難曰：夫物無以自通，故立名以通物。物雖非名，果有可名之物當於此名矣。是以即名求物，物不能隱。而論云『聖心無知』，又云『無所不知』，意謂無知未嘗知，知未嘗無知，斯則名教之所通，立言之本意也。然論者欲一於聖心，異於文旨，尋文求實，未見其當。

何者？若知得於聖心，無知無所辯；若無知得於聖心，知亦無所辯。若二都無得，無所復論哉！

「答曰：般若義者，無名無説，非有非無，非實非虚。斯無名之法，故非言所能言也。言雖不能言，然非言無以傳，是以聖人終日言而未嘗言也。今試爲子狂言辯之：夫聖心者，微妙無相，不可爲有；用之弥勤，不可爲無。不可爲無故，聖智存焉；不可爲有故，名教絶焉。是以言知不爲知，欲以通其鑒；不知非不知，欲以辯其相。辯相，不爲無；通鑑，不爲有。非有故，知而無知；非無故，無知而知。是以知即無知，無知即知，無以言異而異於聖心也。

「難曰：夫真諦深玄，非智不測。聖智之能，在兹而顯。故經云：不得般若，不見真諦〔一三〕。真諦則般若之緣也。以緣求智，智則知矣〔一四〕。

「答：以緣求智，智〔一五〕非知也。何者？放光云：『不緣色生識，是名不見色。』〔一六〕又云：『五陰清浄故，般若清浄。』〔一七〕般若即能知也，五陰即所知也，所知即緣也。夫知與所知，相與而有，相與而無。相與而無，故物莫之有；相與而有，故物莫之無。物莫之無，故爲緣之所起；物莫之有，故緣所不能生。緣所不能生，故照緣而非知；爲緣之所起，故知、緣相因而生。是以知與無知，生於所知矣。何者？夫知以所知取相，故名知。真諦自無相，真智何出知？所以然者，夫所知非所知，所知生於知。所知既生知，知亦生所知〔一八〕。所知既相生，相生即緣法，緣法故非真，非真故非真諦。故中觀曰：物從因緣有，故不真。不從因緣有，故即真〔一九〕。今真諦曰真，真則非緣。真非緣故，無物從緣而生也。故經云：不見有法無緣而生〔二〇〕。是心真智觀真諦，未嘗取所知。智不取所知，此智何由知？然智非無知，但真諦非所知，故真智亦非知，而子欲以緣求智，故以智爲知，緣自非緣，於何而求知乎？

「難曰：論云『不取』者，爲無知故不取？爲知然後不取耶？若無知故不取，聖人則冥若夜遊，不辯緇素之異也。若知然後不取，知則異於不取矣。

「答曰：非無知故不取，又非知然後不取。知則不取，故能不取而知。

「難曰：論云『不取』者，誠以聖心不物於物，故無惑取耶〔二一〕？無取則無是，無是則無當，誰當於聖心而云聖心無所不知耶？

「答曰：然。無是、無當也〔二二〕。夫無當，則物無不當；無是，則物無不是。物無不是故，是而無是；物無不當故，當而無當。故經云『盡見諸法而無所見』〔二三〕者也。

「難曰：聖心非不能是，誠以無是可是。雖不是是〔二四〕，故當是於無是矣。是以經云『真諦無相故般若無知』者，誠以般若無有有相之知。若以無相爲無相，又何累於真諦耶？

「答曰：聖人無無相也。何者？若以無相爲無相，無相即爲相，捨有而之無，猶逃峰而赴壑，俱不免於患矣〔二五〕。是以至人處有而不有，居無而不無，雖不取於有無，然亦不捨於有無，所以和光塵勞，周旋五趣〔二六〕，寂然而往，怕〔二七〕尔而來，恬淡無爲而無不爲者也〔二八〕。

「難曰：聖心雖無知，然其應會之道不差，是以可應者應之，不可應者存之。然則聖心有時而生，有時而滅，可乎？

「答曰：生滅者，生滅心也。聖人無心，生滅焉起？然非無心，但無心心耳。又非不應，但是不應應耳。是以應會則信若四時之質，直以虛無爲體，斯不可得而生，不可得而滅也。

「難曰：聖智之無，惑智之無，俱無生滅，何以異之耶？

「答曰：聖智之無者，無知；惑智之無者，知無。其無雖同，所以無者異也。何者？夫聖心虛静，無知可無，可曰無知，非謂知無；惑智有知，故有知可無，可謂知無，非曰無知也。無知，即般若之無也；知無，即真諦之無也。是以般若之與真諦，言用，即同而異；言寂，即異而同。同故無心於彼此，異故不失於照功。是以辯同者，同於異；辯異者，異於同。斯則不可得而異，不可得而同也。何者？内有獨鑒之明，外有萬法之實，萬法雖實，然非照不得，内外相與，以成其照功，此聖所不能同，用也；内雖照而無知，外雖實而無相，内外寂然，相與俱無，此則聖所不能異，寂也。是以經云『諸法不異』者，豈曰續鳧截鶴〔二九〕、夷嶽盈壑，然後無異哉？誠以不異於異故，雖異而不異耳。故經曰：甚奇，世尊，於無異法中而説諸法異。又云：般若與諸法亦不一相，亦不異相，信矣〔三〇〕！

「難曰：論云『言用則異，言寂則同』，未詳般若之内，則有寂、用之異乎？

「答曰：用即寂，寂即用，用、寂體一，同出而異名，更無無用之寂主於用也。是以智弥昧，照逾明；神弥静，應逾動。豈曰明昧動静之異哉？故成具曰：『不爲而過爲。』〔三一〕寶積曰：無心無識，無不覺知〔三二〕。斯則窮神盡智，極象外之談也。即之明文，聖心可知矣。」〔三三〕

校注

〔一〕放光般若經卷一一蜜問相品：「深般若波羅蜜者，空則是相，無相、無願相、無行之相、無生滅相、無著無斷相、無所有之空相、無所依相、虚空之相。」

〔二〕道行般若經卷四嘆品：「般若波羅蜜者，即是珍寶故。（中略）般若波羅蜜亦無有持法者，亦無有守法者，如空無所取，無所持，無所見，亦不無觀，亦不無見。」

〔三〕思益梵天所問經卷一解諸法品：「以無所得故得，以無所知故知。」

〔四〕元康撰肇論疏卷中：「所言相者，非有相之相，乃是無相之相耳。老子云：『虚其心，實其腹，弱其志，强其骨。』今借此語也。『虚其心』，謂不取相也。『實其照』，遍知萬法也。『故能默耀韜光』者，以不取相故能潛照萬法也。『韜光』者，謂藏匿智光而不取相也。『虚心』者，謂心無執著也。『玄鑒』者，謂幽鑒也。『閉智』者，謂不分別也。『塞聽』者，不聽納也。又，不耀而耀，名爲默耀；無光而光，名爲韜光；無心而心，謂之虚心；不鑒而鑒，名爲玄鑒；不知而知，謂之閉智；無聽而聽，謂之塞聽。雖復閉智塞聽，而獨悟空空之理，故云『獨覺冥冥』也。然『冥冥』，語出莊子。莊子云：『照照生於冥冥，有倫生於無形。』今借此語，以喻空空也。」

〔五〕見支謙譯佛説維摩詰經卷上佛國品。元康撰肇論疏卷中：「是維摩經中長者子寶積説偈文也。舊經云爾。今經云：『以無心意無受行也。』」

〔六〕放光般若經卷二〇諸法等品：「不動於等覺法，爲諸法立處。」元康撰肇論疏卷中：「等覺即般若也，謂聖智不動而無所不爲，故云『建立衆生於實際』也。」

〔七〕元康撰肇論疏卷中：「莊子外篇天道章云：『孔子舉仁義以説老聃，聃曰：何謂仁義？孔子曰：忠心勿愷悌，兼愛無私，是謂仁之情也。老聃曰：無私焉乃私。』郭注云：『世所謂無私者，釋己而愛人。夫愛人者，亦欲人之愛己。此乃其私，非亡公而公者也。』今借此語，明聖人雖無心取知會，乃是知會，如無私乃成私耳。」

〔八〕元康撰肇論疏卷中：「『功高二儀而不仁』者，二儀謂天地也。不仁者，老子云：『天地不仁，以萬物爲芻狗。聖人不仁，以百姓爲芻狗。』今借此語也。聖人功高天地，是即仁矣；而不自矜其能，是謂不仁也。」

〔九〕元康撰肇論疏卷中：「般若智明過於日月，是即明矣；而忘其知，故曰彌昏。」小爾雅云：「彌，益也。彌，久也。今取益義耳。」

〔一〇〕元康撰肇論疏卷中：「大品經意也。」大品經意者，詳見摩訶般若波羅蜜多經卷二六、卷六等。

〔一一〕元康撰肇論疏卷中：「經説象、馬、兔三獸度河，淺深有異，象盡河底而無遺，兔、馬未盡故有遺。今明般若觀真諦，真諦無遺，不如兔、馬，故云『無兔、馬之遺』。般若之智，鑒照窮盡，故云『無窮之鑒』也。」

〔一二〕怕：即今「泊」。説文卷一〇心部：「怕，無爲也，從心白聲。匹白切，又葩亞切。」段注：「子虚賦曰：『怕乎無爲。』憺怕，俗用『澹泊』爲之，假借也。『澹』作『淡』，尤俗。从心，白聲。李善：蒲各切。按，匹白者，今音之轉。葩亞者，用雅字爲俗字之俗音也。今人所云怕懼者，乃迫之語轉。」宋遵式注肇論疏卷四：「心静曰怕，怕即寂也。」

〔一三〕文才述肇論新疏卷中：「反明也，亦義引般若。智論十八云：『解脱涅槃道，皆從般若得。』」

〔一四〕元康撰肇論疏卷中：「『以緣求智，智即知矣』者，既有所知之緣，即有能知之智；所知之緣既有法，能知之智應有知也。」

〔一五〕「智」，原作「知」，據肇論改。

〔一六〕見摩訶般若波羅蜜經卷一四問相品。元康撰肇論疏卷中：「凡人皆緣色生識，所以有見，有見即有知。聖人不緣色而生識，即是無見，無見即無知也。」

〔一七〕見放光般若經卷九無作品。元康撰肇論疏卷中：「五陰無相，故云清淨。般若無知，故云清淨也。」

〔一八〕文才述肇論新疏卷中：「妄心妄境，相因相待，互各生起。心、境迢然，有能、所知。『非所知』者，境未對心之時，亦未爲境。『生於知』者，由現前境牽起内心，此即因境生心，心故能知。故起信云：復次，境界爲緣故，生六種相。即六麁事識分別取著，是名知也。『知亦生所知』者，謂因心生境也。由心分別，境亦隨生。知者，分別也。」

〔一九〕參見龍樹造、鳩摩羅什譯中論卷一觀五陰品。元康撰肇論疏卷中：「引中論意，非全文。此意明俗諦，言勢隨及真耳。」

〔二〇〕大方等大集經卷一五：「不見一法無因無緣而生者。」元康撰肇論疏卷中：「故經曰『不見有法無緣而生』者，有法皆從緣生，無有有法而非緣生，則明非緣生者是真諦也。涅槃經云：『是諸外道，無有一法不從緣生。』諸經之中，通有此意，今泛引也。」

〔二一〕元康撰肇論疏卷中：「『不物於物』者，不以物爲有物也。若以物爲有物，則是惑取，不以物爲有物，則無惑取也。」

〔二二〕元康撰肇論疏卷中：「按成此語，實無可是，實無可當也。」

〔二三〕見放光般若經卷一七無有相品。

〔二四〕「雖不是是」，肇論般若無知論第三作「雖無是可是」。

〔二五〕元康撰肇論疏卷中：「『捨有而之無，譬猶逃峰而赴壑』者，之，適也。峰謂山，壑謂水。避山而赴水，俱有害身之患也。」

〔二六〕元康撰肇論疏卷中：「和光塵勞者，老子云：『和者和其光，同其塵。』今借此語，以明聖人和光同塵，在有同有，在無同無，同有不取有，同無不取無也。周旋者，往來也。」

〔二七〕怕：即「泊」。見前注。

〔二八〕元康撰肇論疏卷中：「寂、泊，俱是静也。往即寂往，往無往矣。來即泊來，來無來矣。『恬淡無爲』者，恬然淡然，無所施爲。雖無所爲，而無所不爲也。淡音去聲也。莊子外篇天道章云：『夫虚静恬淡寂漠無爲者，天地之本，道德之至也。』」

〔二九〕元康撰肇論疏卷中：「『豈曰續鳧截鶴』下，此語出莊子。莊子外篇駢拇章云：『長者不爲有餘，短者不爲不足。故鳧脛雖短，續之則憂；鶴脛雖長，斷之即悲。故性長長非所斷，性短短非所續。』今借此語，以明境智雖異而同，不待同而後同也。」

〔三〇〕文才述肇論新疏卷中：「大品六喻品云：世尊云：『云何無異法中而分別説異相？』『又云』下，大品照明、遍學品云：『諸法無相，非一相，非異相。』『合亦無所合。』初段不分心境，即同而異。後段心境相對，非一非異，雙證前文。信受者，聖教爲定量故，亦見法無疑故。」大品六喻品云者，見摩訶般若波羅蜜經卷二三六喻品。又摩訶般若波羅蜜經卷一一照明品：「若菩薩摩訶薩如不取、不受、不住、不著、不斷，如是合亦無所合。如是，憍尸迦，般若波羅蜜一切法合亦無所合。」卷二二遍學品：「諸法無相，非一相、非異相。若修無相，是修般若波羅蜜。」

〔三一〕成具光明定意經：「不作而自具，不勞飽滿衆。不語自然使，不教令自行。不爲而過爲，是德以何將？」

〔三二〕按，宋遵式注肇論疏卷三：「證上實智，即昧而明也。净名上卷實積偈讚云：『以無心意而現行。』今則小變其文也。」則認爲此句乃化用佛説維摩詰經卷上佛國品中「以無心意而現行」而成。又，此句鳩摩羅什譯維摩詰所説經卷上佛國品中爲「已無心意無受行」。

〔三〕見肇論般若無知論第三。

釋曰：「般若無知」者，是一論之宏綱，乃宗鏡之大體，微妙難解，所以全引證明。夫般若者，是智用；無知者，是智體。用不離體，知即無知；體不離用，無知即知。若有知者，是取相之知，即爲所知之相縛，不能偏知一切。故論云：「夫有所知，則有所不知。」若是無相之知不被所知之相礙，即能偏知一切，故論云：「以聖心無知，故無所不知。」以要言之，但是理事無礙，非即非離。如論云「神無慮故，能獨王於世表。智無知故，能玄照於事外」者，不即事也。「智雖事外，未始無事。神雖世表，終日域中」者，不離事也。理非即非離，如事亦然。是以理從事顯，理徹於事；事因理成，事徹於理。理事交徹，般若方圓，故能有、無齊行，權、實雙運，豈可執有執無，迷於聖旨乎？所以論云：「欲言其有，無狀無名。欲言其無，聖以之靈。」何者？此有是不有之有，曷有其名？斯無是不無之無，寧虧其體？有、無但分兩名，其性元一，不可以有爲有，以無爲無。故論云「非有，故知而無知」者，以知自無性，豈待亡知然後無知乎？論云「非無，故無知而知」者，以無相之知，非同木石，無而失照。此靈知之性，雖無名相，寂照無遺。如論云：「考之玄籍，本之聖意，豈復真僞殊心、空色異照耶？是以照無相，不失撫會之功；覩變動，不乖無相之旨。造有，不異無；造無，不異有。未嘗不有，未嘗不無，故曰『不動等覺而建立諸法』。以此而推，寂用何妨？如何謂覩變之知，異無相之照乎？」〔一〕又論云：「知即無知，無知即知，無以言異而異於聖心也。」故知若云「有之與無，同之與異」，皆是世間言語，但有虚名，而無實體。豈可以不定之名言，而欲定其無言之妙性也？

今摠結大意，般若無知者，但是無心，自然靈鑒，非待相顯，靡假緣生，不住有、無，不涉能、所，非一、非異，而成其妙道也。所以先德云：夫聖心無思，名言路絶。體虚，不可以色取；無慮，不可以心求。包法界而不大，處毫端而不微。寂寥絶於生滅，應物無有去來。鑒徹天鏡而無鑒照之勤，智周十方而不生一相。森羅萬像，與之同原。大哉，妙用而無心者！其唯般若無知之謂乎？

校注

〔一〕見肇論答劉遺民書。

鈔〔一〕云：然無知之興，爲破邪執。有四，論文一一破之：一者、或執有知，爲常見；

二者、或執無知，爲斷見；三者、亦知亦無知，爲相違見；四者、非有知非無知，爲戲論見。

第一、破常見者。惑人聞説「般若者，智慧也。智則知也，慧則見也」，則謂聖人同於凡夫，有心取相；知見墮於常見，不了般若。論主便則斥云：「聞聖有知，謂之有心。」〔二〕爲破此執，故云「般若無知」也。斯則照俗不執相，照真不著空，無執、無著，即四句本亡〔三〕，無種不知而未嘗分別。以無緣之知，照實相之境，智則雖照而無知，境則雖實而無相，境、智冥一故，相與寂然，能、所兩亡，故云「般若無知」也。故云「是以真智觀真諦，未嘗取所知。智不取所知，此智何由知」。又云：「將無以般若體相真淨，本無惑取之知，不可以知名哉！」又云：「夫陳有無者，夫智之生也，極於相内。法本無相，聖智何知？」〔四〕故中論云：「若使無有有，云何當有無？有無既已無，知有無者誰？」〔五〕此上並破有知之常見也。

第二、破無知之斷見者。惑人聞經云「真般若者，無知無見，無作無緣」，便謂般若同於太虚、無情之流，墮於斷見。既乖般若，論主破之，故云「世稱無知者，謂木石、太虚、無情之流，靈鑒幽燭，形于未兆，道無隱機，寧曰無知」〔六〕。所以論題「無知」者，爲明聖心無有取相之知，故云「無知」，非謂則無真知也。何者？般若靈鑒，無種不知，不同太虚一向無知也。然則斷見無知，略明有十一種，論中略言三種。十一種者，一者、太虚，一向空故；

二者、木石，謂無情故；三者、聾瞽，謂根不具，無見聞故。此上三種，是論所破。四者、愚癡，謂無智慧，於境不了故；五者、癲狂，惡鬼惑心，失本性故；六者、心亂，境多惑心，不能決斷故；七者、悶絶，心神闇黑，如死人故；八者、惛醉，爲藥所迷故；九者、睡眠，神識困熟故；十者、無想定，外道伏惑，心想不行故；十一者、滅盡定，二乘住寂，心智止滅故。此上並是惑倒，非般若無知也。

第三、破亦有知亦無知者，則是學人聞經所明，或説般若有知，或説無知，不能正解，便生異執。論主而復破之，異執有三種：一者、反照故無知，則是學人謂聖人實是有知，但以知物之時，忘卻知心，不自言我能知。此只成不私自作知解，非都不知也。二者、以般若性空故無知者，則是學人謂言般若實自有知，但以知性空故則無知。此只成性空故無知，而未是無惑取之無知。第三、真諦境淨故，歎美般若無知。何者？學人則謂般若能知真諦之境，因境淨無相故，則歎美般若無知。此只成境是無知，般若常是有知也。此上三見，並參亦有亦無知，俱乖聖智，論主所以破之也。

第四、破非有知非無知者，則是惑人聞經云「真般若者，非有非無，無起無滅，不可説示人，不能亡言會其玄旨」，則謂般若唯是非有非無，便作非有非無之解。此並心量，乖乎真智，論主破之，故云「言其非有者，言其非是有，非謂是非有。言其非無者，言其非是無，非謂是非無。非有，非非有；非無，非非無。此絶言之道，知何以傳」〔七〕。此破非有知非無知也。

論若如此，則破四執之理昭然，今題目但云「無知」者，蓋是舉一隅而三隅反，所以智人聞説無，則不取無，不取亦有亦無、非有非無。斯則離四句，絶百非〔八〕，可謂真無知也。論中分明破其四執，人自不見，故云是以聖人「處有不有」〔九〕，此破有知也；「居無不無」，此破無知也。「雖不取於有無」，此破亦有知亦無知也。「然亦不捨於有無」，此破非有知非無知也。然上四破，説雖前後，辯之不同，論意只於一句中，則四句理圓。何者？處有不有，即是居無不無，即是不取有無，即是不捨有無。斯則聖心能亡四句，離諸現量，可謂無知。言偏理圓，故云無知也。

校注

〔一〕按，此鈔者，或即牛頭山幽栖寺惠澄撰肇論鈔，詳見本書卷八注。

〔二〕見肇論答劉遺民書。

〔三〕四句：所謂有、無、亦有亦無、非有非無等。遵式注肇論疏卷一：「本無一名，真俗性相俱泯。此有三重四句：先明俗諦四句，一、俗相，謂緣會；二、俗性，謂性空；三、俗性、俗相俱存，謂合上二名；四、俗性、俗相俱泯，謂本無。次明真諦四句，一、真性，謂法性；二、真相，謂實相；三、真性、真相俱存，謂合上三名;四、真性、真相俱泯,謂本無。後真俗對明四句,一、俗性相,謂緣會性空;二、真性相,謂法性實相;三、真俗性相俱存,謂通下四名;四、真俗性相俱泯,謂本無。具此三重四句,教理圓滿。」

〔四〕見肇論答劉遺民書。

〔五〕見龍樹造、鳩摩羅什譯中論卷一觀六種品。

〔六〕見肇論答劉遺民書。

〔七〕見肇論答劉遺民書。

〔八〕百非:百種否定。詳見本書卷一注。

〔九〕見肇論涅槃無名論妙存第七。下三處引文同。

今更依宗本義〔一〕意,以釋般若無知,亦是一家美也。論明般若無知者,則權實二智平等大慧也。今則以略攝廣,言約義豐,但云般若,則會二智矣。故宗本云:「漚和般若者,大慧之稱也。」〔二〕何者?若唯般若觀於實相而無權智涉有者,則沉滯於空;若唯權智涉有而無般若達空者,則涉有之時,染於塵累。若能二智圓明者,則真智觀真諦而不取空,權智化物而不著有。故論云「智有窮幽之鑒而無知焉」者,此則真智照真,不取於無也;「神有應會之用而無慮焉」者,此則權智涉俗,不取於有也。「神無慮故,獨王於世表;智無知故,能玄照於事外」者,此謂二智俱能照真,則權中有實也;「智雖事外,未始無事;神雖世表，終日域中矣」者，謂二智俱能照俗，則實中有權也。然則權實自在，事理混融，處有不取於塵，居無不沉於寂，真俗雙泯，空有兩亡，何實何權？誰境誰智？儻然靡據，蕭散縱横，不取不捨，可謂平等大慧，故云「般若無知」也。

校注

〔一〕宗本義：肇論首篇。元康撰肇論疏卷上：「宗者，宗祖；本名根本。肇法師以本無實相等是諸經論之宗本，今明此義，故云『宗本義』也。亦可以此少文，爲下四論之宗本，故云『宗本義』也。」

〔二〕見肇論宗本義。「漚和」，意譯「方便」。

如起信論云：「所言覺義者，謂心體離念。離念相者，等虛空界，無所不徧，法界一相，即是如來平等法身。依此法身，説名本覺。」〔一〕離念者，即是此論之無知。無知之真知，即是本覺。本覺，即是佛一切智也。無所不徧者，即無所不知也。夫一切境界，只於一念心中，一時頓知，無有遺餘，真俗並照，不墮有無也。故論云：「知即無知，無知即知，無以言異而異於聖心也。」知即無知，即是真智徧知，名一切智也；無知即知，即是無種不知，名一切種智也。聖心不殊，以心無二故，唯只一智，但隨境照説有二也。二既不二，一亦非一。若約天台，即言「直緣中道名一切智，雙照二諦名一切種智」〔二〕。又，「佛智照空，如二乘所見，名一切智；照假，如菩薩所見，名道種智；佛智照中，皆見實相，名一切種智，故言三智一心中得」〔三〕。一心，即般若無知之智也。以心不屬有無，常照中道，即是自性，有大智慧光明義，徧照法界義，真實識知義，故云「斯則不知而自知」矣。即不假作意故，不知也；自性明照故，而自知也。以神解之性，自然寂而常照，不依他發起也。故信心銘云：「虚明自照，不勞心力。」〔四〕

又云：若體自無取相之知，故言無知。不是前念起知，至後念妄〔五〕卻知想，然後名無知。若然者，則成無記之心，何名般若無知耶？蓋是無緣之智，照無相之境。真境無相，真智無知，境智冥一，理無不盡，鑒無不窮，可謂佛智見性也。又，夫有取相之知，則心有間礙，不能垢净同如、有無一旨，照空迷於辯有，知俗乖乎了真，不能圓照萬法，故云「有所不知」也。

校注

〔一〕見真諦譯大乘起信論。
〔二〕見智顗說、灌頂記摩訶止觀卷三下。
〔三〕見智顗說、灌頂記摩訶止觀卷三上。
〔四〕見僧璨信心銘。

〔五〕「妄」，嘉興藏本作「忘」。

永嘉集云：「若以知知寂，此非無緣知，如手執如意，非無如意手。若以自知知，亦非無緣知，如手自作拳，非無不拳手。亦不知知寂，亦不自知知，不可爲無知，自性了然故，不同於木石。手不執如意，亦不自作拳，不可爲無手，以手安然故，不同於兔角。乃至〔一〕今言知者，不須知知，但知而已，則前不接滅，後不引起，前後斷續，中間自孤，當體不顧，應時消滅。知體既已滅，豁然如托空，寂尔少時間，唯覺無所得，即覺無覺，無覺之覺，異乎木石。」〔二〕

校注

〔一〕乃至：表示引文中間有删略。

〔二〕見玄覺撰禪宗永嘉集奢摩他頌第四。

觀和尚云：「此上無緣之知，斯爲禪宗之妙，以彼但顯無緣真智以爲真道。若奪之者，但顯本心，不隨妄心，未有智慧照了心原，故須能、所平等，等不失照，爲無知之知。此知知於空寂無生如來藏性，方爲妙耳。」〔一〕

然上依教方便，雖分頓、漸，不離一心。如有偈云：「諸論各異端，修行理無二，競〔二〕執有是非，達者無違諍。」〔三〕

校注

〔一〕見澄觀述大方廣佛華嚴經隨疏演義鈔卷三七。

〔二〕「競」，高僧傳作「偏」。按，此偈智顗妙法蓮華經玄義卷八下、吉藏法華玄論卷二等引皆作「偏」，澄觀述大方廣佛華嚴經隨疏演義鈔卷八引始作「競」，故此處引文，當據大方廣佛華嚴經隨疏演義鈔。

〔三〕見高僧傳卷三求那跋摩傳。按，高僧傳卷三求那跋摩傳：「初，跋摩至京，文帝欲從受菩薩戒，會虜寇侵疆，未及諮稟，奄而遷化，以本意不遂，傷恨彌深，乃令衆僧譯出其遺文云。」此偈即出「遺文」。

音義

疇，直由反，昔也。　巵，章移反。　刻，苦得反，剥也。　瘴，之亮反。　溺，奴歷反。　詐，側駕反。　誅，陟輸反。　戮，力竹反。　讒，士〔一〕咸反。　豺，士諧反。人作「材」。　虺，許偉反。　鴆，直禁反，鳥名，食蛇。　壑，呼各反。　霹，普棘反。　靂，郎擊反。　訟，似用反。　諠，況袁反，諠譁也。　吸，許及反。　突，陁骨反，觸也。　誑，居況反。　諂，丑琰反，諂僞。　餒，奴罪反，餓也。　繢，胡對反，畫也。　猫，莫交反，又音苗。　曦，許羈反，日光也。　岷，武巾反，山名。　觴，式羊反，酒器。　籰，王縛反，收絲具也。　嚬，符真反，笑也。　渝，羊朱反，變也。　瞽，公户反，目瞽也。　怕，普伯反，静也〔二〕。　恬，徒兼反，靖也。　鳬，防無反。　癲，都年反，病也。　儻，他朗反，倜儻也。

丁未歲分司大藏都監開板

校注

〔一〕「士」，原作「夫」，據文意改。

〔二〕「也」，原作「切」，據文意改。